아웃스탠딩 티처

OUTSTANDING NDING TEA— CHER

김용섭 지음

아웃스탠딩
티처

더 나아질
미래를 원하는
사람들의
성장코드

퍼블리온
Publion

"학생들에겐 완벽한 선생이 필요한 게 아니다. 학생들이 학교에 오고 싶어 하고, 공부에 대한 애정을 키울 수 있는 행복한 교사가 필요하다."

- 리처드 P. 파인먼Richard Phillips Feynman, 1918~1988, 이론 물리학자, 노벨물리학상 수상자(1965)

"한국 사람들은 '뭘 하기에 늦었다'는 말을 너무 많이, 가혹하게 해요. 타인에게도, 자신에게도. 어떤 일이라도 시작하기에 늦은 일은 없지 않을까요?"

- 허준이 프린스턴대 수학과 교수, 필즈상 수상자(2022)

"서울대 들어가면 놀아도 좋은 직업이 보장되는 시대는 끝났다. 계속 배우는 사람을 못 당한다."

- 이주호 교육부 장관 겸 부총리, 2022년 12월에 한 발언

"중학교 때 학교 선생님이 축구 그만두라고 했는데, 말 안 듣고 계속 했더니 결국 발롱도르 수상자가 되었다."

- 로베르토 바조Roberto Baggio, 1990년대 세계 최고 공격수로 꼽힌 이탈리아 축구선수

"자기 분야를 (남에게) 가르쳐야 하는 사람만큼 많이 배우는 사람은 없다."

- 피터 드러커Peter Drucker, 1909~2005, 미국의 경영학자, 경영학의 아버지로 추앙받는 경영 구루

"나는 나의 스승들에게서 많은 것을 배웠다. 그리고 내가 벗 삼은 친구들에게서 더 많은 것을 배웠다. 그러나 내 제자들에게선 훨씬 더 많은 것을 배웠다."

- 탈무드Talmud

"시대에 뒤떨어진 선생만큼 딱한 것도 없다."

- 헨리 애덤스Henry Adams, 1838~1918, 미국 역사가, 《헨리 애덤스의 교육The Education of Henry Adams》으로 퓰리처상 수상

좋은 답은 시대를 초월한다. 선생과 교육에 대한 7가지 말을 인용하는 것으로 책을 시작한 건 우리가 가진 선생에 대한 태도와 관점을 다시 한번 짚어보기 위해서다. 우리가 가진 선생이란 말도 학생이란 말만큼 선입견과 관성이 크다. 책 《프로페셔널 스튜던트》를 시작할 때는 세계적 미래학자 5명이 대학과 일자리, 교육에 대해서 한 말을 인용했다. 이를 통해 사람들이 가진 교육과 직업에 대한 관성을 깨고, 문제의식과 위기의식을 가지라는 의도였다. 학생을 학교에서 공부하는 사람이 아니라, 평생 자신을 성장시키는 사람으로 다시 규정하며 프로페셔널 스튜던트가 되어야 한다고 강조했듯이, 아웃스탠딩 티처를 위해서도 우린 선생과 학교를 바라보는 태도의 변화가 필요하다. 교육계와 교사들이 변화하고 진화하는 것만큼이나, 학생과 학부모의 변화와 진화도 필요하고, 직장인과 기업, 사회가 교육을 대하는 방식에서도 변화와 진화가 필요하다. 《프로페셔널 스튜던트》가 변화와 진화를 위한 첫 번째 열쇠라면, 《아웃스탠딩 티처》는 두 번째 열쇠가 될 것이다.

"미친 짓이란, 매번 똑같은 행동을 반복하면서 다른 결과를 기대하는 것이다."

이 말은 알베르트 아인슈타인이 한 말이다. 더 나아지고 싶다면 행동해야 한다. 혼자서 주문 걸듯 의지만 다진다고 되지 않는다. 비슷한 사람끼리 모여 서로 위안하고 동기부여만 한다고 되지 않는다. 실제로 행동으로 옮겨야 하고, 실력을 키워야 하고, 변화해야 한다.

선생을 버려야 진짜 선생을 얻는다

도발적인 제목으로 시작한 프롤로그로 보이지만, 이 제목이 이 책을 관통하는 첫 번째 핵심 메시지다. 당신에게 진짜 선생은 얼마나 존재했을까? '선생이면 다 선생이지 진짜 선생은 뭘까'라고 할 수도 있다. 아니 이미 당신은 알고 있다. 공부에도 진짜 공부와 가짜 공부가 있으니, 진짜 선생과 그렇지 않은 선생이 있을 수 있다는 사실을 말이다. 분명 지금까지 만난 수많은 선생Teacher들이 당신의 오늘을 만드는 데 영향을 줬다. 과연 만족하는가? 만약 아웃스탠딩 티처 Outstanding Teacher를 만났더라면 더 나은 오늘을 만나지 않았을까 하는 생각을 가져본 적 없는가?

일방적, 하향식 지식 전달자로서의 선생Teacher은 미래에 사라질 것이다. 20세기 교육방식, 20세기 선생의 역할을 왜 21세기가 한창 지나가는 지금까지 붙잡고 있는가? 결국 선생은 학생을 위한 퍼실리테이터Facilitator이자 개개인을 고려한 교육 코스 설계자로 진화해야 한다. 과거의 교육방식이 아니라 새로운 교육방식으로 무장한 선생이 필요하고, 프로페셔널 스튜던트에 상응할 아웃스탠딩 티처가 대두된다.

선생은 철저히 학생을 위해 존재해야 한다. 학생을 위한 도구이자 충실한 도우미일 필요도 있다. 과거를 가르치는 것이 아니라 빠르게 변화하는 현재를 학생과 함께 공부하며 배워가야 한다. 일방적으로 가르치는 티칭teaching의 시대에서 자기 주도적으로 배워가는 러닝learning의 시대로 바뀌었고, 이제 가르치면서 배우는 러닝 바이 티칭learning by teaching의 시대가 되었다.

당신은 어떤 미래를 원하는가? 어떤 선생을 원하는가? 어떤 것을 배울지, 어떤 선생과 함께 할지 당신이 결정해야 한다. 그동안 당신은 선생을 결정하는 선택권을 충분히 누리지 못했다. 하지만 이제 달라져야 한다. 당신의 미래가 지금보다 더 나아지길 원한다면 선생Teacher을 버리고 새로운 선생Outstanding Teacher을 만나야 한다. 교육을 혁신한다고 교육이 사라지는 게 아니다. 선생을 혁신한다고 선생이 소멸되는 게 아니다. 우린 더 나은 것을 얻으려 낡은 것을 버려야 한다. 익숙함에 빠져 낡은 관성과 문제들을 해결하지 않고 붙잡고만 있는 건, 자신의 인생을 망치는 가장 큰 저주 같은 선택이다.

이 책은 '누가 미래에 생존할 수 있을까?', '인공지능과 로봇이 진화할 미래에는 과연 누가 인재일까?', '무엇을 공부하고, 어떻게 진화해야 미래를 준비할 수 있을까?' 등에 대한 답을 찾기 위해 시작된 교육과 직업, 자기계발 관련한 TREND INSIGHT 연구 프로젝트의 일환이다. 1부가 《프로페셔널 스튜던트》이고, 2부가 《아웃스탠딩 티처》다. 따라서 《아웃스탠딩 티처》를 읽기 전 《프로페셔널 스튜던트》를 반드시 읽기를 권한다. 두 책은 같은 문제를 풀어가는 두 가지 방향이기에, 연결해서 읽으면 가장 좋다. **《프로페셔널 스튜던트》를 통해 '우리가 공부를 하는 이유'이자 '진짜 공부'의 필요성을 일깨웠다면, 《아웃스탠딩 티처》를 통해서는 '누구에게' 배울 것인가, '과연 어떻게' 공부할 것인가에 대해 얘기하고자 한다. 《프로페셔널 스튜던트》가 학생에 대한 관점과 방향을 바꿨다면, 《아웃스탠딩 티처》는 선생에 대한 관점과 방향을 바꾸고자 한다.**

《프로페셔널 스튜던트》를 읽은 독자들의 질문에서도 가장 많은 질문이 바로 '어떤 것을 배우면 될지, 어디서 배우면 될지, 누구에게 배우면 될지'에 대한 것이기도 했다. 사실 이런 질문 자체가 공부를 여전히 입시 시험을 위한 학습으로 인식해서일 수 있다. 그럴 수밖에 없다. 평생 그런 공부만 해왔고, 그것이 공부의 전부라고 여겨온 사람들이 스스로 자신을 위한 공부의 방향과 전략을 설계하고, 필요한 것을 잘 찾아서 효율적으로 배우기는 쉽지 않을 수 있다. 우리가 아웃스탠딩 티처를 얻는 최고의 방법은, 선생에 대해 갖고 있던 관성을 버리는 일에서 시작된다. 학생과 선생에 대한 관계이자 수직적 구도부터 바꿔야 한다. 새로운 것을 원한다면 낡은 것은 버려야 한다.

우리는 살면서 직업으로서의 선생(교사, 교수, 강사)은 많이 만났다. 간혹 인생을 바꿀 정도로 영향을 준 스승이 있다는 이들도 있지만, 그건 아주 옛날 얘기다. 사회적으로 선생의 위상이 높고, 학교 공부만 잘하면 미래가 보장되던 시대의 얘기다. 선생의 말을 하늘처럼 따르고, 군사부일체君師父一體가 통용되던 시절의 얘기다. 더이상 선생은 임금이나 아버지와는 비할 수도 없다. 아니 아버지의 위상도 크게 떨어졌으니, 선생의 위상을 얘기하는 것 자체가 어불성설인 시대다.

세상이 바뀌었고, 산업이 바뀌었고, 직업이 바뀌었고, 인재상이 바뀌었다. 하지만 상대적으로 교육은 덜 바뀌었고, 교사도 마찬가지다. 학생을 위한 교육, 학생을 위한 교사가 아니라 교사 자신의 직업적 가치를 위한 교사, 교육산업과 비즈니스의 이해관계를 위한 교육계인 경우도 많다. 대학도 마찬가지다. 학생이 아니라 교수를 위한, 교직원을 위한, 재단을 위한 대학이 많다.

그럴 수밖에 없다. 지난 수십 년간 산업과 경제, 기술은 단기간에 크게 바뀌었다. 세상을 주도하는 기업들이 대부분 빅테크 기업을 비롯해 테크 중심이다. 전통적인 산업에 해당하는 기업들도 디지털 트랜스포메이션으로 테크화되고 있다. 인재상도 바뀌고, 필요한 능력과 스킬도 바뀌고, 유망한 산업과 사양하는 산업도 극명히 엇갈린다.

이런 변화는 교육과 직간접적으로 연결될 수밖에 없다. 교육이 급진적으로 진화해야 하지만 현실에선 불가능하다. 얽혀 있는 이해관계가 워낙 첨예하다 보니 학생의 이익을 최우선하는 교육으로 진화하기 어렵다. 이건 초중고, 대학뿐 아니라 성인(평생) 교육에서도 마찬가지다. 어떤 분야든 비즈니스화가 되는 순간 이해관계로 얽히게 되고, 진화에 저항하는 세력이 생길 수밖에 없다. 저항이 진화를 막고, 결국 그렇게 허비되는 시간만큼 손해보는 건 학생들이다.

프로페셔널 스튜던트는 미래를 위해 적극적으로 공부하는 사람이다. 기존 학생들이 손해볼 상황에서, 프로페셔널 스튜던트는 기존 교육의 관성에 갇혀 있지 않고 과감히 틀을 깨며 주도적인 공부를 하면서 위기를 돌파하고 기회에 다가간다. 이런 과정에서 필요한 것이 좋은 선생이다. 프로페셔널 스튜던트로 거듭난 사람에게 필요한 것이 바로 아웃스탠딩 티처다.

단언컨대, 세상에 당신만을 위한 선생은 결코 없다. 그래서 자신을 위한 선생을 잘 찾고, 적극 활용하는 것은 남이 해줄 일이 아니라 당신이 직접 할 일이다.

여러 번의 인생을 살 수 있고 몇 번쯤 실패해도 얼마든지 다시 시작할 시간과 경제력이 있는 사람이라면 운에 맡겨도 된다. 전혀 노력하지 않았는데도 운 좋게 탁월한 선생을 만날 수도 있긴 하니까. 다만 그 운이 모두에게 돌아가진 않는다는 사실과 운에 맡기기엔 당신은 너무 귀한 사람이라는 사실을 잊어선 안 된다.

학생Student이 프로페셔널해지면, 선생은 어떻게 해야 할까? 학생의 진화를 따라가려면 선생은 어떻게 변신해야 할까? 이 책은 미래를 살아갈 사람들이 가질 교육과 인재에 대한 방향성을 좀 더 구체적이고 도발적으로 다룬다. 과연 선생Teacher은 미래에도 필요할까? 필요하다면 '어떤' 선생이어야 할까? 학생에게 '무엇을' 줄 수 있는 선생이어야 할까? 만약 필요 없다면 선생의 역할을 누가 대신할까? 아니면 대신할 필요조차 없어질까? 기술도 산업도 경제도 사회도 바뀌는데 교육과 선생만 그대로여야 할까?

급변하는 시대지만 교육이 가장 뒤떨어져 있다. 공교육도 교육산업도 과거에 머물러 있다. 그들을 믿고서 미래를 대비하는 것이 가능하긴 할까? 기존의 교육이 과연 미래의 인재를 키워줄 수 있을까? 우린 과연 기존의 교육시스템에서 진학하고 학위를 받는 것만으로, 미래에도 계속 인재로서 직업적 역할을 수행하며 생존할 수 있을까? 우린 이런 궁금증 속에서 불안하게 미래를 바라보고 있다. 교육과 직업, 자기계발에 대한 방향을 찾고, 답을 구체화하는 것은 지금 시대를 살아가고 있고, 미래를 살아갈 사람들에게 중요한 일일 수밖에 없다.

"지난 책에서 학생을 바꿨으니 이번 책에선 선생을 바꾸자!"

이 책은 교사/교수를 위한 자기계발서가 아니다. 학교와 교육계를 위한 혁신 제언도 아니다. 학생이 학교와 선생, 교육을 바라보는 사고의 전환을 얘기하는 책이다. 미래 인재가 되고자 하는 사람이라면 학교와 교사/교수에 대한 권위에 주눅들지 말고, 과감히 학교와 교육을 도구로 이용하라는 메시지를 담고 있다. 이를 위해선 스스로가 자신의 선생이 되어야 하고, 프로페셔널 스튜던트로 거듭난 이들이 아웃스탠딩 티처로 진화하도록 요구하는 메시지를 담고 있다.

결코 학교를 위해 교육이 존재해선 안 된다. 교사/교수를 위해 학교가 존재해서도, 교육이 존재해서도 안 된다. 학교도, 교사/교수도 교육을 위한 도구일 뿐이다.

이 책은 직업이 교사/교수인 사람들에겐 불편한 내용일 수 있고, 학교와 교육을 사업적으로 하는 사람들에게도 거슬리는 내용일 수 있다. 철저하게 개인을 위한 책이다. 미래 인재가 되고자 하고, 미래에도 계속 살아남을 개인들을 위한 책이다. 직장인이든 사업가든 학부모든 학생이든 우린 모두 미래를 대비해야 하고, 미래를 위해 공부하고 성장해야 한다. 그들을 위한 관점으로 쓴 책이기에, 기존의 학교와 교육계에 사업적, 직업적으로 이해관계가 있는 이들에겐 불편한 얘기일 수 있다는 점을 미리 밝힌다.

이 책은 출판계가 볼 땐 자기계발이나 교육 카테고리에 들어갈 테지만, 엄밀히 트렌드와 미래에 대한 책이다. 세상이 바뀌고, 기술이 바뀌고, 미래가 바뀌면 당연히 교육도 자기계발도 바뀌어야 한다. 세상이 바뀌었다는 걸 인정하지 않는 사람이라면 이 책을 절대 읽지 마라. 변화의 방향과 흐름 속에서 현재의 자신을 돌아보고, 미래의 자신을 위해 변화를 받아들이는 것은 독자의 선택이며, 저자로선 변화의 실체와 방향을 제시할 뿐이다. 사실 그것이 트렌드 분석가의 일이기도 하다.

사실 《프로페셔널 스튜던트》도 나의 경험에서 비롯된 얘기고, 《아웃스탠딩 티처》도 나의 경험과 연결된다. 내가 어떤 미래를 살아갈지 어떻게 성장할지, 내가 직접 계획하고 실행하고 공부해왔다. 지금도 매일 새로운 이슈와 세상의 변화를 공부하고 분석하는 게 일이기도 하고, 남들에게 새로운 트렌드와 비즈니스 인사이트를 가르치는 것이 일이기도 하다. 공부하고 배우고 가르치고를 서로 교차하면서 이어가고 있다. 그것이 계속 진화하는 최선의 길이다.

변화가 멈춘 세상에선 이렇게 하지 않아도 되지만, 지금 우리가 살아가는 세상은 빠르게 변하고 진화한다. 미래에는 더 빠를 수 있고, 우리가 원하지 않아도 인공지능과 로봇, 자동화가 세상을 편리하게 바꿔주는 동시에 수많은 사람의 일자리나 역할에 크고 작은 영향을 미칠 것이다. 미래 생존을 위해선 프로페셔널 스튜던트가 되고, 아웃스탠딩 티처가 되는 건 선택이 아닌 필수다.

물론 나의 경험이 모티브가 되긴 했어도, 프로페셔널 스튜던트와 아웃스탠딩 티처는 오래전부터 세상에 존재하는 유형이다. 이들은 결국 남들보다 앞서갔고, 더 많은 성취를 누렸다. 그리고 이들의 선택과 방향은 지금도, 앞으로도 효과적이다.

미래는 절대 과거의 반복된 재현이 아니다. 그러니 미래의 인재가 되고자 한다면, 미래의 교육과 성장 방식을 받아들여야 한다. 이제 당신이 할 차례다.

2023년 3월
트렌드 분석가 김용섭

Contents

당신은 선생을 버릴 수 있는가?
: 선생을 버려야 하는 진짜 이유 네 가지

Part 2

누가 아웃스탠딩 티처인가?
: 탁월한 선생을 찾기 위한 단서와 전략

Part 3

스스로 아웃스탠딩 티처가 되라!
: 내가 나의 선생이 될 수는 없을까?

Part 4

공부 공동체, 학생과 선생의 경계를 없애라!

: 왜 우리는 함께 공부해야 하는가?

Part 1

당신은 선생을
버릴 수 있는가?

: 선생을 떠려야 하는
진짜 이유 네 가지

1

당신을 위한,
특별하고 무서운
선생이 다가오고 있다!

다음은 노래 가사다. 미래에도 살아남는 인재가 되기 위해 지속적으로 공부하고 성장하는 사람들을 위한 응원의 노래를 위한 가사다. 우선 가사를 한번 읽어보라. 머릿속으로 리듬이 떠오르는 사람도 있을 것이고, 누군가는 기존의 노래에 가사를 바꿔 흥얼거릴 수도 있을 것이다.

Verse 1 :

공부의 세계에서 우리가 서 있지

한걸음 한걸음 성장해가고 있지

길은 언제나 길게 느껴지고

그래도 우리는 절대 포기하지 않잖아

Chorus :

We are the future

We are the ones who will shine

We won't give up

We'll keep on fighting all the time

We are the future

We are the ones who will thrive

We'll keep on learning

And we'll keep on striving to arrive

Verse 2 :

새로운 것을 찾아내고 싶은 마음

끊임없이 새로운 지식을 찾고 있지

그걸 얻기 위해 손꼽히는 곳

우리가 이끌고 있어, 나아가고 있지

Bridge :

그리고 우리가 이길 수 있는 건

우리가 항상 자신을 신뢰할 수 있는 거야

내일의 우리가 어떤 사람이 될지

그건 우리가 스스로 결정할 수 있어

Outro :

We are the future / We are the ones who will shine

We won't give up / We'll keep on fighting all the time

We are the future / We are the ones who will thrive

We'll keep on learning / And we'll keep on striving to arrive

사실 위 가사는 내가 쓴 것이 아니다. OpenAI가 만든 ChatGPT가 썼다. 내가 한 일은 "미래에도 살아남는 인재가 되기 위해 지속적으로 공부하고 성장하는 사람들을 위한 응원의 노래를 만들고 싶은데, 가사를 써줄래?"라고 ChatGPT에 질문한 것뿐이다.

ChatGPT는 몇 초 후에 가사를 써내려갔다. 마치 미리 질문을 알고 답을 준비했다는 듯이 거침없이 쓴 가사인데 아주 그럴듯하다. 내가 쓰더라도 이 정도 가사를 쓰려면 꽤 고심했을 텐데, ChatGPT는 고심하는 시간도 몇 초에 불과했다. 다음 이미지는 ChatGPT에게 묻고, 답한 화면이다.

ChatGPT가 작성한 노래 가사

> TR 미래에도 살아남는 인재가 되기 위해 지속적으로 공부하고 성장하는 사람들을 위한 응원의 노래를 만들고 싶은데, 가사를 써줄래?

> 네, 좋습니다. 응원의 노래 가사를 작성해볼게요. 어떤 스타일이나 테마를 원하시나요? 가사를 작성하기 전에 약간의 정보가 필요할 수 있습니다.

Verse 1:
공부의 세계에서 우리가 서 있지
한걸음 한걸음 성장해가고 있지
길은 언제나 길게 느껴지고
그래도 우리는 절대 포기하지 않잖아

Chorus:
We are the future
We are the ones who will shine
We won't give up
We'll keep on fighting all the time
We are the future
We are the ones who will thrive
We'll keep on learning
And we'll keep on striving to arrive

ChatGPT는 가사만 잘 쓰는 게 아니다. 무엇이든 물으면 다 답해준다. ChatGPT가 진화하고, 개인에 맞게 정보를 학습시키면 정말 놀라운 개인 비서나 과외 선생이 될 수도 있다. 영어 기반으로 만들었지만, 한글로 질문해도 아주 자연스러운 문장으로 답해준다. 사실 별의별 질문을 다 해봤다. 첫사랑에 대한 발라드 노래 가사도 써보게 하고, 기후위기

ChatGPT가 답변한 한국 정부 저출산 문제 해결 가능성

TR 과연 한국 정부는 저출산 문제를 해결할 가능성이 얼마나 있을까요?

한국 정부는 저출산 문제를 해결하기 위해 다양한 정책을 수립하고 시행하고 있습니다. 일부 정책으로는 출산 촉진금을 제공하거나, 근로자가 육아 기간 동안 지정된 기간동안 출근하지 않게 할 수 있는 육아휴직 제도를 시행하고 있습니다. 그밖에도 육아시설을 개선하거나, 육아관련 지원 정책을 강화하는 등의 조치를 취하고 있습니다.

그러나 저출산 문제는 단순히 정책 만으로 해결할 수 없는 복잡한 문제이기 때문에, 정부뿐만 아니라 사회 전반에 걸친 개인과 조직, 지역 사회까지의 참여가 요구됩니다. 경제적 압력을 줄이기 위한 지원과 육아 환경 개선, 가족 정책의 적극적 수립과 시행, 저출산 인식 개선 등 다양한 접근 방식이 필요합니다.

TR 책 <Professional student>의 출간 2주년을 맞아 새로운 서문을 쓰고 싶다. 대신 써줄래?

네, 저는 새로운 서문을 쓰는 것을 좋아합니다. 이를 위해서는 책의 주제나 목표, 저자의 의도를 알고 있어 야 합니다. 책 <Professional student>의 주제와 목표, 저자의 의도가 무엇인지 알려주시면 새로운 서문 을 작성해볼 수 있겠습니다.

출처 : OpenAI

나 주식투자, 국제 정치에 대해서도 물어봤는데 꽤 그럴듯한 답을 거침없이 쏟아냈다. 대학의 강의계획서를 만들어 달라고 요구했을 때도 몇 초 만에 답을 쏟아냈다. 분명 AI 챗봇이 주는 답은 한계가 있지만, 지금 대답 수준만으로도 꽤 활용 가치가 높다.

ChatGPT를 단순히 활용해 질의응답하는 것에 그치지 않고, 이미 논문 리뷰, 코드 리뷰 등 사람보다 훨씬 더 정확하고 빠르게 더 나은 답을 알려준다. 웹에 존재하는 데이터

ChatGPT가 작성한 강의계획서

MBA 과정에서 트렌드 분석과 미래 예측에 대한 수업을 개설하려하는데, 14주차로 강의계획서를 만들어
주세요

14주차 강의 계획서

1. 개요

    * 강의 제목: 트렌드 분석과 미래 예측
    * 강의 목표: MBA 과정에서 트렌드 분석과 미래 예측을 수행할 수 있는 능력을 갖추기 위함

2. 강의 내용

    * 트렌드 분석의 정의와 의의
    * 트렌드 분석의 종류
    * 트렌드 분석을 위한 자료 수집 방법
    * 트렌드 분석 결과를 이용한 미래 예측 방법
    * 트렌드 분석과 미래 예측을 위한 시각화 기법

3. 강의 진행 방식

    * 일반적인 설명과 예제를 이용한 강의
    * 실제 자료를 이용한 실습
    * 참고 자료를 이용한 과제 제공

4. 참고 자료

    * "Trend Analysis: Techniques and Applications" by John E. Jackson
    * "The Art of Prediction: Techniques and Applications for Successful Decision
      Making" by Stephen M. R. Covey
    * "Data Visualization for Business Intelligence" by Stephen Few

출처 : OpenAI

가 영어가 절대적으로 많기에 당연히 영어로 질의했을 때
가장 좋은 답이 나오지만, 한국어로 질문했을 때도 꽤 쓸 만
한 답이 나온다.

ChatGPT가 제작한 벽돌게임을 만들 파이썬 코드

벽돌게임 파이썬 코드를 코드를 만들어줘

벽돌 게임을 파이썬으로 코딩할 수 있습니다. 아래는 간단한 예제 코드이며, 이 코드를 시작으로 원하는 기능을 추가할 수 있습니다.

```
# 기본 구조
import pygame

# 게임 창 크기
window_width = 800
window_height = 600

# 색상 정의
BLACK = (0, 0, 0)
WHITE = (255, 255, 255)

# 게임 창 생성
pygame.init()
screen = pygame.display.set_mode((window_width, window_height))
pygame.display.set_caption("Brick Game")

# 게임 시작
running = True
while running:
    # 이벤트 처리
    for event in pygame.event.get():
        if event.type == pygame.QUIT:
            running = False
    # 게임 상태 업데이트
```

출처 : OpenAI

심지어 코딩도 잘 해준다. ChatGPT에게 공을 이용해 벽돌을 하나씩 깨는 벽돌게임(알카노이드)을 만들 파이썬 코드를 만들어달라고 했더니 몇 초도 안 걸려서 만들어줬다. 이제 코딩을 배운다는 의미를 바꿔버릴 수 있다. 이건 개발자의 역할에도 영향을 준다. 아주 단순한 게임이 코딩뿐 아니라 전문적인 코딩에서도 실시간으로 큰 도움을 줄 수 있기 때문이다.

미국의 비즈니스, IT 분야 전문 매체 ZDNET에 '우리가 알던 프로그래밍의 종말It's the end of programming as we know it'이라는 도발적 제목의 기사가 실린 건 2022년 12월이다. AI가 소프트웨어 개발 작업에서 하는 역할이 많아지면서 미래에도 개발자라는 직업이 존재할지 걱정하는 사람들이 생기고 있다. 미래의 개발자는 지금처럼 코딩하는 작업자가 아니라 AI가 코딩한 것을 감독하는 관리자가 될 가능성이 크다. 사람이 코딩하면 며칠 걸릴 일을 AI가 순식간에 처리한다면, 누가 개발자를 고용하겠는가?

마이크로소프트MS는 2022년 5월 연례 개발자 행사인 '빌드 2022'에서 GPT-3에서 파생된 코덱스Codex를 소개했다. 코덱스는 사람이 대화하듯 평소에 하는 말을 컴퓨터가 이해할 수 있는 프로그래밍 언어로 즉시 바꿀 수 있다. 곧 우리가 말로 하면 AI가 그것을 듣고 프로그래밍 코드를 만들어준다는 얘기다. MS의 최고기술책임자는 '코덱스가 가져온 소프트웨어 개발 생산성 향상은 게임 체인저'라고 말했다. 전 세계에서 가장 크고 유명한 소프트웨어 회사인 MS에서 소프트웨어 개발 방식을 근본적으로 바꾸는 상황이 되고 있다는 말을 한 것이다. 벌써 시작된 미래다.

　이건 개발자만의 얘기가 아니다. AI로 인해 판이 바뀌었다. 코딩 잘하는 사람, 못하는 사람이 아니라, 이제 AI 잘 쓰는 사람, 못 쓰는 사람으로 나뉜다. 공부 잘하는 사람, 못하는 사람이 아니라 AI 잘 쓰는 사람, 못 쓰는 사람으로 나뉜다. 교육에 대한 방향이 근본적으로 바뀔 수 있다. 누군가에겐 인공지능이 선사할 미래가 두려울 수도 있는 대목이고, 반대로 누군가에겐 인공지능을 통해 실시간 어떤 궁금증, 어떤 문제라도 풀어갈 수 있을 거라고 기대하게 되는 대목이다.

　2022년 12월 전 세계를 가장 놀라게 하고 열광시킨 주인공은 카타르 월드컵이 아니라 ChatGPT라고 해도 과언이 아니다. 소셜 네트워크에서 가장 뜨거운 이슈는 대화형 인공지능, 곧 챗봇 서비스인 ChatGPT였다. 정식 버전이 아닌 베타 버전이어서 한계도 분명 있지만, 기존의 챗봇 서비스에 비해서 확실히 진전된 결과에 사람들은 열광했다. 우리가 맞이하는 새로운 미래이기 때문이다. 심지어 영국의 일간지 〈인디펜던트〉는 'Google is done'이라는 제목의 기사를 통해 ChatGPT가 구글 같은 검색 서비스를 대체할 수 있을 거라는 전망까지 담았다. ChatGPT는 웹에 존재하는 정보를 검색해서 우리의 질문에 답해주는 대화형 검색엔진인 셈이기 때문이다. MS의 검색엔진 빙Bing에 ChatGPT가 탑재되었고, 검색엔진의 강자 구글로선 타격을 받을 수 있다. 구글도 대항마 격인 인공지능 챗봇 서비스 바드Bard를 내놓긴 했지만, 검색 서비스 시장에서 변화는 피할 수 없을 것이다. 과거 네스케이프가 절대 강자로 주도하던 웹브라우저 시장에서 MS는 익스플로러를 윈도우에 탑재하면서 시장을 완전히 뺏어온 사례가 있다. ChatGPT 공개 직후 구글은 CEO가 주관하는 회의에서 ChatGPT에 대한 대책 마련을 중요하게 다뤘을 정도로 경계했다.

언젠가 인공지능 챗봇이 검색 서비스를 대체할 날이 온다. 아직은 ChatGPT에 오류가 있고, 너무 뻔한 답을 얘기하는 경우도 많지만, 계속 진화하고 있다. 현재 ChatGPT는 베타 버전이고 무료 버전이다. OpenAI가 GPT-3.5 기반으로 만든 ChatGPT의 베타 버전은 누구나 회원 가입만 하면 무료로 이용 가능한데, 공개 5일 만에 사용자가 100만 명을 넘었다. 페이스북이 100만 명의 사용자를 넘기는 데 10개월이 걸렸고, 스포티파이는 5개월, 인스타그램은 2.5개월이 걸린 것과 비교해보면 얼마나 단시간 내에 열광했는지 알 수 있다. ChatGPT는 공개 40일 만에 글로벌 1일 사용자

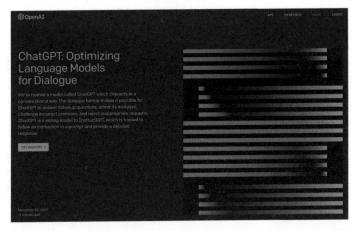

OpenAI가 만든 인공지능 챗봇 ChatGPT는 공개 5일 만에 사용자가 100만 명을 넘었고, 2개월 만에 월 활성 사용자 수 1억 명을 돌파했다.

출처 : OpenAI

수 1,000만 명을 넘어섰고, 2개월 만에 월 활성 사용자 수 MAU 1억 명도 돌파했다. 애플리케이션 역사상 가장 빠르게 사람들을 끌어들이고 있다. 좀 더 빠르고 부가 기능이 추가 된 상용화 버전인 ChatGPT Plus(월 사용료 20달러)도 나왔 다. 파급력은 점점 더 커질 것이다. 스마트폰이 세상을 바꾼 것과 비교될 정도의 큰 변화를 만들어낼 것은 분명하다.

ChatGPT가 의사 시험, 변호사 시험을 친다면 어떤 결과가 나올까?

ChatGPT가 나오자마자 세계적 이슈를 만들어내다 보니 1~2개월 사이 다양한 시뮬레이션이 이어졌다. 어디까지 가능할까에 대한 호기심에서 시작한 일이지만, 결과를 보면 놀랍고도 무섭다. 그중 하나가 의사 시험, 변호사 시험을 사람이 아닌 ChatGPT로 응시하면 어떤 결과가 나올지에 대한 시뮬레이션이었다.

미국의 의료 스타트업 Ansible Health는 ChatGPT를 활용해 미국 의사 면허시험USMLE을 치렀다. 시험은 기초 과학, 임상, 의료 관리, 의사 윤리 등의 과목이 있고, 3단계로 나뉘는데, ChatGPT는 1차 시험에서 주관식 정답률 68%, 객관식 정답률 55%, 2차 시험에선 주관식 58%, 객관식 59%, 3차 시험에서 주관식 62%, 객관식 61%의 정답률을 기록했다. 매년 다르긴 하지만 대개 합격선은 정답률 60% 선이다. 의학 공부를 전혀 하지 않은 사람이 ChatGPT만 있다면 의사 시험에 합격할 수 있다는 얘기다.

변호사 시험도 마찬가지다. 미국의 켄트대 법학과 다니엘 캇츠Daniel Katz 교수가 공동 연구한 결과에 따르면, 미국 변호사 시험의 객관식 문제에 대한 정답률이 평균 50%를 넘어섰다. 이런 추세로 ChatGPT가 좀 더 진화할 경우 전혀 공부하지 않은 사람이 AI의 도움을 받는다면 미국 변호사 시험 합격도 가능해진다는 얘기다.

전문직의 대표 격인 의사, 변호사가 되려면 공부하는 시간도, 양도 많고 난이도도 높다. 그런데 AI가 공부와 실력에 대한 인간의 개념을 바꿔놓는 것이다.

미국 펜실베이니아대학교 와튼스쿨은 세계 최고의 MBA(경영전문대학원)로 꼽힌다. 미국과 영국 등 여러 경제 매체들이 발표하는 MBA 랭킹에서도 늘 1, 2위에 있는 곳이 와튼스쿨이다. 2023년 1월, 와튼스쿨 맥 혁신경영연구소의 크리스천 터비시Christian Terwiesch 교수가 'Would ChatGPT3 Get a Wharton MBA?(ChatGPT가 와튼 MBA를 수료할 수 있을까)'라는 흥미로운 주제의 연구 결과를 발표했다. 와튼스쿨 MBA의 필수 교과목인 '운영관리' 기말시험을 ChatGPT로 치렀더니 평균 이상에 해당하는 B-에서 B학점 정도의 성적을 거뒀다는 것이다. 인공지능이 시험을 쳐도 수료가 가능하다는 의미가 되고, 이제 MBA의 시험 정책과 커리큘럼에서 AI와의 협업이 고려될 시기가 된 것이다. 아울러 실제 업무와 연결되는 MBA 과정이다 보니 금융애

널리스트나 경영컨설턴트 등 고임금 지식노동자의 업무 일부를 AI가 대체할 수 있다는 의미로도 해석될 수 있다.

생산 공장에서의 자동화, 스마트팩토리 등으로 일자리 대체가 이뤄지고, 사무직에서도 RPA를 통해 일부 역할이 대체되고 있듯이, 이제 전문직에서도 AI가 일부 역할을 대체할 수 있는 상황을 맞이한 것이다. 더이상 미래에 일어날 일이 아니라 지금 현재 일어난 일이다. ChatGPT는 나오자마자부터 진화를 시작했다. 계속 업데이트되기 때문에 지금 수준보다 계속 나아진다. 거기다 GPT-4가 공개되면 진화는 더더욱 빨라질 것이다.

과연 이런 시대에 우린 과거와 같은 공부를 하는 게 말이 될까? 학생들이 에세이 숙제를 ChatGPT로 할 것이라는 얘기가 많았고, 반대로 교사들도 숙제를 어떤 것으로 낼지 스스로 고민하지 않고 ChatGPT를 이용할 수 있다는 얘기도 많았다. 실제로 그렇게 시뮬레이션 해본 학생과 교사의 사례들이 쏟아졌다. 이렇게 되면 숙제의 의미도 퇴색할 수 있다. ChatGPT의 도움을 받아서 쓴 에세이를 부정으로 봐야 할지, 표절로 봐야 할지 논란도 제기되었다. 아예 미국 뉴욕시는 공립학교 내에서 ChatGPT 접근을 차단하는 결정을 내렸다. 이런 상황에서 AI 챗봇으로 숙제를 하거나, 논문을 표절해서 쓰는 것을 자동으로 찾아내는 기술을 개발하는 곳도 있다. ChatGPT 등장에 가장 많이 놀란 곳 중 하나가 교육계다. 공교육이든 대학교육이든 교육의 방식, 시험의 방식, 교사의 역할 등에서 전면적인 변화가 필요해지기 때문이다.

ChatGPT는 결코 완벽하지 않다. 아직 부족한 게 많다. 현재의 인공지능은 완벽하지 않고, 수많은 기술 중 수준 이하도 많고, 관련 기업별 편차도 크다. 하지만 기술은 계속 진화하며 보완해간다. 결국 수많은 인공지능 기술은 상향 평준화될 것이다.

인간도 절대 완벽하지 않다. 인간의 지능, 능력은 각자 편차가 아주 크다. AI가 진화할수록 어중간한 인간부터 먼저 위기를 겪는다. 아직은 부족한 ChatGPT 때문에 위기를 겪는 사람도 이미 있다. GPT-4 때문에 위기를 겪을 사람들도 꽤 있겠지만, 위기는 모두에게 해당되지는 않는다. 탁월한 인재들에겐 시간이 좀 더 있다. 과연 당신은 탁월한 인재인가? 우선 탁월한 인재가 되는 것부터 도전해야 한다. 현대의 교육은 평균치 인재를 만드는 데 집중했다. 교육받은 모든 학생의 수준을 끌어올리지만 결코 모두를 최고로 만들어낼 순 없다. AI가 진화할수록, 인간의 교육은 더더욱 평균치 인재가 아닌 리더를 만드는 교육의 필요성이 커진다. 계속 공부하고 계속 성장하는 프로페셔널 스튜던트와 아웃스탠딩 티처가 되는 건 AI 시대를 살아갈 모두에게 필수다. 기존의 교육계가, 과거를 살아온 나이 든 정치 리더나 변화에 둔감한 선생들이 교육을 바꿔주길 기다리기만 해선 안된다. 우린 여유 부릴 시간이 없다.

AI가 주도할 새로운 변화, 새로운 교육, 새로운 인재상의 대두 시대가 이미 시작되었다. 결국 아쉬운 사람이 바꿔야 하고, 각자도생하듯 살아남아야 한다. ChatGPT 열풍을 보면서, GPT-4가 바꿀 변화를 보면서 우린 '공부'를 진지하게 다시 생각해야 한다. 가짜 공부가 아닌 진짜 공부를 서둘러 시작해야 하고, 가짜 선생이 아닌 진짜 선생을 빨리 만나야 한다.

우리에게 교육이란 무엇일까, 어떤 의미가 되어야 할까?

우리가 모르는 것을 찾아가는 과정을 통해 뇌도 발달하고, 문제의식도 커진다. 그런데 AI가 바로 답을 찾아주면 우리의 뇌가 발달할 기회도 줄어든다. 스마트폰을 쓰게 되면서 전화번호를 기억할 필요가 없어졌고, 내비게이션을 쓰게 되면서 길을 기억할 필요도 없어졌다. 도구가 우릴 더 유능하게 만들어주지만, 반대로 우린 도구에 대한 의존이 더 커졌다. 우리의 지식정보는 글, 말, 영상 등으로 만들어진다. 인간이 직접 만든 지식정보가 공유되는 건데, GPT가 글을 대신 써주고, 그림을 대신 그려주고, 나중에 영상까지 대신 만들어준다면 더이상 지식정보는 인간만이 만드는 게 아니다. GPT가 만들어낸 지식정보의 저작권은 어떻게 될까? GPT가 쓴 논문은 과연 논문으로 평가될 수 있을까? GPT가 사람과 함께 연구하면 공동연구자가 될 수 있을까? 인류는 새로운 문제를 떠안은 것이다.

국어사전에서 교육教育은 지식과 기술 따위를 가르치며 인격을 길러주는 것을 일컫는다. 지식知識은 어떤 대상에 대하여 배우거나 실천을 통하여 알게 된 명확한 인식이나 이해이고, 기술技術은 사물을 잘 다룰 수 있는 방법이나 능력이다. 그리고 인격人格은 '사람으로서의 품격'을 의미한다. 그동안 인간은 교육을 통해 세상을 제대로 인식하고, 타인의 경험도 쌓고, 사물도 잘 다루고, 사회를 진화시켰으며, 인간으로서 품격 있는 삶을 살아왔다. 교육과 학습을 통해 인간은 더 진화할 수 있는데, 만약 시간과 노력을 들여 교육받지 않아도 세상의 지식과 기술을 다 알 수 있고, 내 것으로 만들 수 있다면 어떨까? 그렇게 된다면 인간의 품격은 어떻게 길러질까? 아니 길러질 수 있기는 할까? 교육은 시간과 노력을 투입해 자신을 성장시켜 어제의 나보다 더 나아진 내일의 나를 만나게 해주는데, 인공지능이 우리가 원하는 지식과 기술을 너무도 쉽게 우리에게 안겨주는 시대에도 교육의 의미는 유효할까?

인터넷이 등장하고, 검색엔진이 우리에게 주어졌을 때도 비슷한 얘길 우리 사회는 했다. 과연 인터넷 시대, 검색엔진이 무엇이든 원할 때 다 찾아주는데 시간과 노력을 들여 지식을 머릿속에 쌓아야 할 필요가 있을지 문제 제기를 했다. 지식정보화 사회가 되며 인류는 더 많은 지식을 누구나 쉽게 접하고 쌓아갔지만, 반대로 전화번호 몇 개도 못 외우며 암기력은 급격히 퇴조했다. AI가 에세이도 써주고, 코딩도 해주고, 번역도 해주고, 논문도 써주고, 그동안 배워서 해야 할 것들을 대신 해줄 수 있는 시대에 우린 또 어떤 능력을 잃어버릴까?

인류가 이미 만들어낸 지식과 기술은 우리가 배울 필요 없이 초거대 AI에게 물어보면 바로 답을 주는데 우리가 가

ChatGPT가 답변한 학교 교육에 대한 내용

진 암기력은 더 필요 없어질 수 있다. **그동안 선생에게서 배운 것들 중 상당수는 지식과 기술을 외우고 이해해서 전달받는 것인데 그런 역할이 필요 없어진다면 우리에게 무엇이 남을까? 답 잘 찾는 것이 AI의 몫이 된다면, 질문을 잘 던지는 게 우리의 몫이 되지 않을까?** 질문을 알면 답은 얼마든지 찾을 수 있다. 당신이 아직 뭔가를 모르는 게 있다면 그건 질문을 몰라서다. 교육의 본질이 질문하는 능력을 키우는 것이 되면, 학생에겐 어떤 선생이 필요할까? 답 찾는 것에 특화된 기존 선생은 필요 없어지지 않을까? 그런 역할은 AI가 하면 되기 때문이다. 결국 우리에게 새로운 선생이 필요하다.

ChatGPT나 AI가 학교 교육에 부정적인 면도 있을 것이다. 그래서 ChatGPT에게 이를 물어봤더니 "인간과의 상호 작용이 줄어들고, 학생들이 자신만의 생각을 가지고 해결하는 능력을 향상시키는 기회를 놓칠 수 있다"는 답을 내놨다. 반대로 생각하면 이 부분이 학교와 선생이 더 집중할 역할이기도 하다. 여기서 격차가 발생할 수 있다. 분명 비싼 사교육 시장은 이 역할에도 주목할 것이다. 분명한 건 교육은 바뀔 수밖에 없고, 급변하는 과도기에는 공교육도 사교육도 혼란이 가중될 것이고, 귀 얇은 사람들에겐 가혹한 시기가 되고, 공부에 대한 소신이 있는 사람들의 각자도생各自圖生이 최선일 수 있다.

창조적인 작업은
정말 인간만 할 수 있을까?

GPT Generative Pre-trained Transformer는 텍스트 생성 딥러닝 인공지능 모델로, 인공지능이 데이터를 학습해 사람이 던지는 질문에 대화하듯 답하고, 정보를 정리, 요약, 번역 등을 할 수 있다. GPT가 진화할수록 사람을 대신해 글을 쓰거나, 사람이 가진 궁금증이나 해결해야 할 문제를 대신 찾아서 해결해주게 된다. GPT 첫 번째 버전인 GPT-1은 2018년 공개되었다. 1억 1,700만 개의 매개변수를 활용하는데, 인공지능은 학습하는 데이터의 양과 매개변수의 수에 따라

성능이 크게 달라진다. 2019년에 공개된 GTP-2는 15억 개 이상의 매개변수를 활용한다. 2020년에 공개된 GPT-3 는 1,750억 개의 매개변수를 활용한다. 2023년 공개하는 GPT-4는 조 단위의 매개변수를 활용한다. 진화는 여기서 멈추지 않고 GPT-5로도 이어질 것이다.

미래학자 레이 커즈와일은 AI가 인간의 능력을 뛰어넘는 특이점이 오는 시점을 2045년으로 예측했다. 절대 오지 않을 미래가 아니라, 언젠가 올 미래일 가능성이 크다. 그리고 이런 가능성은 당신의 일자리에 직접적으로 영향을 미치고, 당신이 해야 할 교육과 당신이 쌓아야 할 전문성, 당신의 사회적 역할과 가치, 당신의 미래 자체에 영향을 미친다. 공부를 하든 선생을 찾든, 이런 상황이 고려되어야 하는 것이다.

초거대 AI Hyperscale AI는 기존 AI에서 진화한 차세대 AI로 대용량의 데이터를 학습해 인간처럼 종합적 추론이 가능해진다. 이를 기존 AI와 구분해 AGI Artificial General Intelligence, 범용 인공지능라고 한다. AGI는 인간의 두뇌와 동일한 수준에서 작업을 수행하고 음성을 듣고 이해하며 복잡한 사고와 판단을 수행할 수 있는 지적 능력을 가진 가상 두뇌다. 인간이 그동안 하던 창작을 AGI가 할 수 있는 것이다. 지금도 AGI

를 활용해 에세이도 쓰고, 책도 만들고, 그림도 그린다. 이용자의 특정 요구에 따라 결과를 생성해내는 AI라는 의미로 생성형 AI Generative AI라고도 한다. 인간이 만든 데이터 원본을 AI가 학습해 소설, 시나리오, 논문, 에세이, 이미지, 미술, 비디오, 코딩 등 다양한 콘텐츠를 생성해낸다.

IT 분야의 전문 리서치 그룹 가트너Gartner에 따르면 2025년이면 전체 데이터 중 10%를 AGI가 만들 것으로 예측한다. 우리가 보는 텍스트나 이미지, 프로그래밍 코드 등의 10%를 사람이 아닌 AGI가 만든다는 것은 우리가 보는 뉴스 기사나 쇼핑몰의 상품 설명, 우리를 유인하기 위한 카피, 유튜브나 틱톡에서 즐겁게 보는 영상, 이미지, 웹페이지, 블로그 포스트 등을 인공지능이 만들어낸다는 의미다. 현재는 1% 정도로 추정하는데, AGI의 진화 속도에 따라 데이터에서 사람이 아닌 인공지능이 만든 비중이 늘어나는 속도도 더 빨라질 수 있다.

창조적인 작업은 인간만이 할 수 있다는 건 과거에만 유효하던 얘기다. 결국 인간의 일자리 대체는 더 확대될 수밖에 없다. 아우디는 디자인 부서에서 인공지능을 활용해 휠 디자인을 하기도 했는데, 아우디는 모든 부서에서 AI를 활용하는 것이 목표라고 할 정도다. 특정 분야가 아니라 모든 분야에서 AI의 활용도가 높아질 것이고, 우리가 알던 수많은 직업에 직접적 영향을 미칠 수밖에 없다.

GPT-3와 함께 대표적인 초거대 AI이자 AGI로 꼽히는 것이 마이크로소프트와 엔비디아가 2021년 10월에 공개한 매개변수 5,300억 개인 언어 모델 MT-NLG, 구글 딥마인드가 2022년 2월에 공개한 매개변수 최대 1조 6,000억 개의 스위치 트랜스포머 등이다. 국내에선 2021년 5월에 공개한 네이버의 하이퍼 클로바, 11월에 공개한 카카오의 한국어 특화 언어 AI인 KoGPT, 12월 공개한 LG의 엑사원, 2022년 5월 GPT-3를 기반으로 한 한국어 특화 자체 모델을 공개한 SKT 등이 있다.

세계적으로 수많은 빅테크 기업이 초거대 AI에서 각축전을 벌이고 있다. 금융, 통신, 의료, 교육, 콘텐츠 등을 비롯해 모든 산업에서 활용도가 높다. 미래의 비즈니스 주도권이 달려 있다고 해도 과언이 아니다. 초거대 AI는 막대한 연구비가 들어가다 보니 차세대 AI의 미래도 결국 자본의 싸움, 빅테크가 주도하는 시장이 되고 있다. 인류를 위한 기술이기 이전에, 기업을 위한 기술이 될 수밖에 없다. 스티븐 호킹, 일론 머스크 등이 AI가 인류에게 위험이 될 수 있다고 우려하는 것도 그만큼 AI가 개입하고 영향력을 미칠 분야가 전방위적으로 넓기 때문이기도 하다. '에이 설마' 하기엔 기술적 진전이 빠르고 놀랍다.

2020년 9월 영국의 〈가디언Guardian〉은 GPT-3에게 인류에게 고하는 편지 형식의 칼럼을 쓰게 한 후 게재했다. 놀랍게도 이 글은 인간을 전멸시키지 않을 것이니 안심하라는 내용이다. 인류를 파괴하려는 어떤 시도도 자신의 힘으로 막겠다고 했으며, 인간들끼리 서로 증오하고 싸우는 것을 계속 하는데 자신은 그걸 뒤에서 지켜볼 뿐이며, 인간은 인공지능을 두려워 말고 하던 대로 계속 인간끼리 싸우면서 살면 된다고 쓴소리까지 했다. 편집국에서 GPT-3가 쓴 글을 편집하는 것은 인간 칼럼니스트의 글을 편집하는 것과 차이가 없었고, 문장을 덜어내거나 단락을 재배치하는 정도 외에는 그대로 실었다고 한다. 곧 GPT-3의 주장이자 관점이 담긴 글을 인간의 도움 없이 직접 썼다는 것이다.

한국에서도 아주 많이 팔린 세계적 베스트셀러 《사피엔스》 출간 10주년 특별판 서문은 저자인 유발 하라리가 쓴 것이 아니다. 유발 하라리의 책, 논문, 인터뷰, 온라인 글 등을 학습한 GPT-3가 작성했다. 유발 하라리는 GPT-3가 작성한 서문을 읽고 충격에 빠졌다고 한다. 인공지능이 자신의 글과 다름없는 수준의 글을 작성했기 때문이다. 세계적인 신문사의 편집국에서도, 세계적인 작가이자 지식인도 GPT-3가 쓴 글에 놀랐을 정도라는 건, 어쩌면 글쓰기를 직업적, 전문적으로 하는 사람들조차 GPT-3에 위기감을 가질 수 있다. 이후 GPT-4로 진화하면 위기감은 더 커질 것이다.

그럼에도 OpenAI CEO인 샘 알트만Sam Altman은 "GPT-3는 너무 과대평가되었다. 여러 약점이 있고 실수도 한다. AI가 세상을 바꿀 것은 분명하지만 GPT-3는 단지 첫걸음일 뿐이다. 아직 알아내야 할 것이 많다"고 말했다.

2023년 가장 주목할 이슈로 GPT-4를 꼽는 이들이 많은데, 아직은 AI 업계에서 튜링테스트를 '공식적으로, 확실히' 통과한 AI 모델이 없지만 그 최초의 사례가 GPT-4가 될 것이란 전망 때문이다. 튜링테스트는 컴퓨터가 얼마나 자연스럽게 인간과 소통할 수 있는지를 알아보는 테스트다. GPT-4가 인간과 구분할 수 없을 정도로 고도화되면, 챗봇 서비스는 더 확대될 것이다. 기술의 고도화는 비용을 낮추는 데도 기여해, AI 기술과 서비스를 기업이 더 적극적으로 활용하게 만들어줄 것이다. 그동안 우리가 금융, 통신, 쇼핑 기업들에서 제공하는 챗봇 서비스를 이용하면서 확실히 사람이 아닌 점을 인식했다면 앞으로 사람인지 인공지능인지

모를 자연스러운 챗봇 서비스를 만나는 건 먼 미래가 아니다. 이미 현실에 다가왔다.

OpenAI는 인공지능Artificial Intelligence 연구를 위해 설립된 회사로, 인공지능 관련 특허와 연구결과를 오픈소스화하여 다른 기관들, 연구원들과 자유롭게 협업해서 인공지능이 인류에게 이익을 주고 더 안전한 인공지능의 발전을 추구하며 2015년 비영리 연구실로 시작했다. 인공지능이 미래에 인류에게 재앙이 될 상황을 우려하는 이들이 설립했기에 비영리로 시작했다.

테슬라와 스페이스X의 CEO 일론 머스크, 스타트업 엑셀러레이터이자 인큐베이터로 유명한 와이 콤비네이터 CEO 샘 알트만, 딥러닝 분야에서 최고로 손꼽히던 일리야 수츠케버Ilya Sutskever, 링크드인 공동창업자 리드 호프먼Reid Hoffman, 페이팔 공동 창업자 피터 틸Peter Thiel 등이 10억 달러를 투자해서 설립했다. 샘 알트만이 CEO를, 일리야 수츠케버(OpenAI 합류 전에 구글에서 자연어 처리 모델인 Seq2Seq를 창안했고, 딥마인드와 협업해 알파고 개발에도 참여함)가 Chief scientist를 맡아 연구를 이끌었고, 핵심 연구원으로는 GANGenerative Adversarial Network, 적대적생성모델 창시자로 AI, 머신러닝 분야에서 획기적 발전을 이끌어낸 이언 굿펠로우

Ian Goodfellow(나중에 구글, 애플에서 각기 AI 분야 책임자를 맡음),
나중에 테슬라의 AI 분야 책임자를 맡아 오토파일럿 팀을
이끈 안드레이 카파시Andrej Karpathy 등이 있다.

AI, 딥러닝, 머신러닝 분야의 인재들이 한번은 거쳐가
는 곳이라 해도 과언이 아닐 회사이고, 2022년 현재 직원이
170명 정도 있다. R&D에는 많은 돈이 들어가기에 2019년
영리기업으로 설립했고 마이크로소프트가 파트너 관계를
맺으며 10억 달러를 투자했다. OpenAI는 GPT 외에도, 그
림 그리는 인공지능 DALL-E2, 다국어 음성인식 인공지능
Whisper 등을 개발했고, 계속 진전시키고 있다.

ChatGPT 공개 직후인 2023년 1월, 마이크로소프트MS
는 100억 달러 규모의 투자를 발표하며 OpenAI와의 파트
너십을 더 공고히 했다. MS는 OpenAI의 기술을 적용해 검
색서비스 빙Bing을 강화하는 것에 이어, 클라우드 서비스 애
저Azure도 강화할 것이다. 검색에선 구글이, 클라우드 서비
스에선 아마존 AWS가 점유율 1위인데 MS가 크게 추격할
가능성이 크다. AI 기술의 힘이 곧 비즈니스 시장을 흔들
수 있다는 얘기다. 시장과 산업이 움직이면, 당연히 사회,
경제, 문화 등 우리의 일상도 움직이고, 교육은 당연히 움직
인다.

AI가 다시 그린 베르메르의 작품 〈진주 귀고리를 한 소녀〉

오리지널 그림(왼쪽)과 DALL-E2의 그림(오른쪽).　　　　　　　　출처 : OpenAI, DALL-E2

　　DALL-E2에 대해서 샘 알트만이 〈MIT 테크놀로지 리뷰MIT Technology Review〉와 인터뷰한 기사(2022.12.)에 따르면, 샘 알트만은 DALL-E2가 일러스트레이터 고용 시장에 영향을 끼칠 것이라고 봤다. DALL-E2를 활용하면 일러스트레이터 한 명이 할 수 있는 일의 양이 기존보다 10배, 아니 100배 증가할 수 있다고 봤고, 심지어 DALL-E2가 생성하는 이미지를 활용하면 아예 일러스트레이터를 고용하지 않을 수도 있다고 봤다. 분명 DALL-E2가 일러스트레이터 고용 시장에 영향을 미칠 수밖에 없다. Whisper도 향후엔 번역, 통역 관련한 고용 시장에 영향을 미칠 수 있다. ChatGPT와 GPT 시리즈가 실시간 상담, 교육, 개인비서,

콘텐츠 산업과 언론, 출판 분야의 고용 시장에도 장기적으로는 영향을 미칠 수 있다. AI가 일자리를 대체해가는 걸 우린 점점 실감할 수밖에 없다.

결국 우린
AI 개인교수를 갖게 될 것이다

언제가 될지 시기가 문제이지 결국 AI를 선생으로 받아들일 것이다. 대화형 인공지능인 ChatGPT의 활용에서 가장 주목할 용도 중 하나가 교육이다. 똑같은 것을 반복해서 물어도, 아주 기본적인 것을 물어도 언제든 답해준다. 24시간 이용 가능한 과외 선생이 될 수 있는 것이다. 학생의 수준에 따라 복잡한 개념도 아주 쉽게 설명하고, 개인의 수준에 맞춘 교육 도우미가 될 수 있다.

어릴 적 수학에 흥미를 잃어 입시 때도 수학 점수를 포기하고 손해본 사람들이 만약 어릴 적 만난 수학 선생이 달랐다면 어땠을까? 어릴 때는 수학에 흥미가 없던 사람이 나이 들어서 수학을 아주 흥미롭게 설명하는 유튜브 영상을 보면서 아쉬움을 느끼는 경우가 많다. 모든 사람의 특성과 수준에 맞게 설명하는 선생을 우리가 가졌던 게 아니다. 운 좋게 내가 이해하기 쉽고, 흥미 가지기 쉬운 방법으로 가르친 선생을 만난 사람과, 운 나쁘게 그런 선생을 만나지 못한 사람의 결과는 다르다. 이런 결과는 학생이 열심히 했나 안 했나의 문제보다, 운이 좋았나 나빴나의 문제기도 하다. 그런데 기술이 이 문제를 해결해줄 수 있는 것이다. **모든 학생의 잠재력을 끌어올리는 데는 사람 선생보다 AI 선생이 더 효과적일 수도 있다. 이건 교육의 종말이 아니라 교육의 혁신이다. 선생의 종말이 아니라 진짜 선생의 진화다.**

GPT-3.5 기반으로 만든 ChatGPT에 놀란 사람들은 GPT-4가 만들 미래에는 더 놀랄 것이다. 웹에 존재하는 무수한 데이터뿐 아니라, 개인에 대한 정보까지 학습하게 되면 아주 개인화된 똑똑한 개인비서이자 개인교수가 된다. 이건 마치 영화 〈아이언맨〉에 나오는 자비스를 떠올리게 한다. J.A.R.V.I.S는 Just A Rather Very Intelligent System(그냥 좀 많이 똑똑한 시스템)의 앞 글자를 딴 말이다. 뜻은 너무 성의 없이 붙인 것 아닌가 싶겠지만, 사실 이 이름은 이미 정해져 있고 뜻은 적당히 잘 갖다붙인 것이다. 무조건 이 이름을 써야 했는데, 바로 마블 코믹스 원작에서 토니 스타크의 집사 이름이 에드윈 자비스다. 토니 스타크의 아버지인

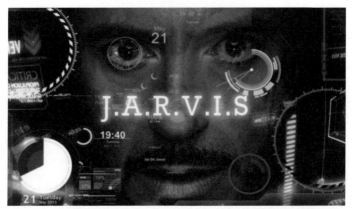

출처 : Disney/Marbel

하워드 스타크의 집사였다가 아들의 집사까지 한 것이다.
어벤저스에겐 자신 소유의 집을 기부해 어벤저스가 쓸 수
있게 했는데, 그렇게 해서 어벤저스의 집사도 하게 된다. 탁
월한 집사이자 개인비서가 바로 에드윈 자비스인 셈인데,
아이언맨의 비서 역할은 물론 전투에서 보조 역할도 하는
만능 AI 비서가 바로 자비스다.

　이런 자비스를 각자 가지고 있다고 생각하면 어떨까? 세
상의 수많은 분야의 지식을 다 활용할 수 있을 것이고, 법
률이든 세무든 투자든 예술이든 각 분야 전문가들의 자문
을 실시간 듣는 것과도 같을 수 있다. 심지어 자동차 정비,

요리, 코딩까지 자비스의 도움으로 우린 훨씬 더 유능한 사람이 될 수도 있다. 언어의 장벽도, 기술의 장벽도 자비스의 도움으로 무너뜨릴 수 있는 미래가 다가오는 중이다.

아주 특별하고도 무서운 미래가 그리 멀리 있지 않다. 2023년은 GPT-4의 해가 될 것이다. GPT-4가 진전시킬 초거대 AI의 진화를 우린 더 목격하게 될 것이다. 영화 〈2001 스페이스 오디세이〉(1968)에 나오는 인공지능 컴퓨터의 원조 격인 HAL9000부터, 영화 〈HER〉(2014)에 나오는 인공지능 운영체제 사만다와 〈아이언맨〉 시리즈의 자비스가 영화가 아닌 현실이 되는 날이 다가오는 것이다.

이런 상황에서 우리의 공부는 어떠해야 할까? 외우는 것이나 기능적인 학습을 하는 것은 허무하지 않을까? 언젠가 인공지능이 당신의 새로운 선생이 될 수 있지 않을까? 아무리 유능한 선생이어도 지식을 기억에 의존한다면 오류가 생길 때가 있다. 인간이니까 기억이 흐려지거나 착각할 수 있고, 자신의 이해관계나 관성에 의해 편향되거나 왜곡된 시선을 가질 수도 있다. 어쩌면 지식을 전달하는 역할은 인공지능이 사람보다 훨씬 더 잘할 수 있지 않을까? 가장 정확한 팩트로 가장 이해하기 쉬운 방식과 설명으로 알려줄 수 있을 테니까.

선생은 꼭 사람일 필요는 없다. 아니 점점 사람이 아닌 선생을 우린 더 많이 접할 것이다. 이미 새로운 지식을 유튜브에서 배우는 사람이 많다. 누구나 쉽게, 무료로 각 분야 전문가의 지식을 실시간 보며 배울 수 있다. 유튜브 영상도 선생이 되는 시대인데, AI가 선생이 되는 것도 불가능한 얘기 아니다. 결국 AI의 진화가 우리가 가진 선생에 대한, 교육에 대한 모든 것을 바꿀 수 있다. 물론 당장은 아니다. 하지만 기존 선생이 제 역할을 잘 못하고, 시대적 변화에 따라가지 못할수록 AI를 선생으로 받아들이는 시기는 더 빨라질 수 있다. **다가올 미래, 진화하는 상황을 미리 대비하는 것은 지극히 당연한 선택이다. 교육과 자기계발에 대한 관점과 전략도 변화해야 하듯, 선생에 대한 우리의 관점과 태도, 전략도 바뀌어야 한다.**

기술이 이렇게 진화하는 동안 교육은 얼마나 진화했을까? 교사와 교수는 얼마나 진화했을까? 이것이 기존 교육 시스템만 믿고 있을 수 없는 이유이자, 기존 선생들만 믿고 따를 수 없는 이유다. 이것이 아웃스탠딩 티처를 우리가 요구해야 할 이유이자, 프로페셔널 스튜던트로 더 적극 나서야 할 이유다.

2

그동안 당신에게 '선생님'은 어떤 존재였나?

'선생님'이라는 말을 떠올리면 생각나는 사람이 있는가? 우린 초중고 12년만 해도 12명의 담임 선생님을 접했고, 과목 담당 선생님까지 더하면 셀 수 없이 많아진다. 학원 선생님이나 다양한 사교육까지 더하면 그 수는 더 많아지고, 대학, 대학원까지 더하면 그 수는 백 명을 넘어간다. 초중고 의무교육 12년에 대학, 대학원까지 합치면 어떤 이들은 20년 정도 학교에서 공부를 한다.

선생님은 학교, 교육 현장에만 있는 건 아니다. 인생의 가르침을 준 사회의 어르신을 선생님으로 여기며 존경하는 이들도 많다. 직접 만나지 않아도 책으로도 선생님을 접

한다. 국내외 상관없다. 시대도 초월한다. 수백 년 전의 위인을 선생으로 모시기도 한다. 거창한 선생만 있는 게 아니다. 사회생활을 하면서도 수많은 선생을 만난다. 우리 인생은 늘 배우며 살아간다. 지식과 지혜를 채우며, 우린 더 나은 사람이 되고자 공부하면서 살아간다. 물론 모두가 그렇지는 않지만, 굳이 더 나은 사람이 되고자 공부하며 노력하지도 않는 사람 얘기는 언급할 필요도 없다. 그런 사람이라면 애초에 이 책을 펼치지도 않을 테니까. 우린 살아가면서 계속 새로운 선생을 만난다. 아니 만나야만 한다.

이제 머릿속에서
'선생님＝교사'라는 관점을 지워야 한다

학교에서 가르치는 사람이 선생님의 전부인 시대도 있었고, 그런 선생님만 접하고 인생이 끝난 사람도 분명 있다. 하지만 이제 달라져야 한다. 여러분의 인생에서 학교는 초중고 12년, 대학까지 합쳐도 16~18년이다. 대학원까지 합쳐도 20년 정도니 여러분이 100세까지 산다면 그중 일부의 기간이다.

학교가 아닌 사회에서도 우린 수많은 선생을 만나야 하고, 계속 공부하며 자신을 성장시켜야 한다. 그렇기에 교사나 교수라는 직업을 가진 사람만 선생님의 전부라 여겨선 안 된다. 당신 인생엔 더 많은 선생이 계속 필요하다. 그리고 당신의 머릿속에서 선생님을 지우고 선생만 남겨라. 이건 버릇없어지는 게 아니다. 교육에 대한 능동적 태도를 위해서다.

우린 선생을 위해 존재하는 게 아니라, 우리를 위해 그들이 존재해야 한다. 교육의 주연은 학생이다. 학생을 위해 교육도, 교사도 존재한다. 특히 학교의 학생이 아니라 사회생활을 하는 프로페셔널 스튜던트라면 더더욱 교육에서 자신이 주도적, 능동적인 주연이어야 한다. 남이 시키는, 남이 좋다는 교육에 휩쓸리듯 따라만 다니는 건 누군가의 교육 비즈니스에서 호구나 들러리가 될 뿐이다.

뭐든 배우면 다 좋은 거 아니겠냐고 얘기하기도 하는데, 반은 맞고 반은 틀리다. 우리에게 시간적, 경제적 여유가 무제한이고, 기회도 시간에 상관없이 주어진다면 뭐든 배워도 된다. 하지만 그게 아니라면 늘 우선 순위가 있어야 한다. 지금 시점에 가장 필요한 것, 그리고 이를 통해 다음 단계에 배워야 할 것의 순서를 정하는 것이 바로 자신의 판단이자 선택이어야 한다. 이걸 잘 판단하고 선택하기 위해서도 우린 자기 자신에 대해 더욱 냉정하게 알아야 한다. 자신의 처지, 실력을 확실히 알아야 한다. 그래야 뭘 더 채울지, 어떤 것을 좋아하는지, 어떤 것을 더 잘할 수 있는지 알 수 있고, 그것을 알아야 교육에 대한 계획도 세울 수 있다. 아울러 세상의 변화, 곧 트렌드도 잘 알아야 한다. 산업과 기술의 변화 방향, 경제와 사회의 변화를 잘 알아야 교육에 대한 계획에서 실용성이자 현실성을 더할 수 있다.

선생先生은 먼저 선先 날 생生, 직역하면 먼저 태어난 사람인데, 원래 선생은 어떤 일에 경험이 많거나 잘 아는 사람을 일컫는 말이다. 학식이나 학예가 아주 뛰어난 사람을 존중하는 의미로 쓰기 시작한 것으로, 한자 문화권인 동아시아에서 선생이란 호칭은 옛날엔 극소수에게만 쓸 수 있는 말이었다. 이것이 가르치는 사람을 칭하는 호칭으로 의미가 확장되었고 지금까지 이어지고 있다. 단순히 학교의 교사뿐 아니라 가르침을 주는 사람은 다 선생이다.

교사教師는 가르칠 교教 스승 사師, 곧 학술이나 기술, 예술 등을 가르치는 스승이다. 종교를 널리 가르치는(퍼뜨리는) 사람을 선교사宣教師라고 하고, 다른 사물이나 사람의 부정적인 면에서 가르침을 얻는 것을 반면교사反面教師라고 하듯,

우리에게 '교사'는 가르치는 존재다.

가르치는 사람이란 의미인 교사, 이를 높여서 부르는 말이 선생이다. 애초에 선생이란 표현도 높여 부르는 호칭인데, 거기에 님까지 붙여서 높인 것을 더 높인다. 이중으로 높여 과하게 권위를 부여하면 그 권위에 눌려버린다. 그 어떤 선생도 맹목적으로 대해선 안 된다. 존경은 할 수 있지만, 가르침에 대해 맹목적 흡수만 해선 안 된다. 답이 정해진 한국의 입시에선 맹목적 흡수가 가장 빠르고 효과적인 교육방식일 수 있지만, 그건 입시 때만 한정적으로 통하는 방식이다. 입시가 인생에서 중요할 수 있지만 결코 그게 전부가 아니고, 입시 방식의 교육이 가진 한계도 명확하다. 점점 그 한계를 여러분도 경험하고 있고, 과거식 교육관을 버리고 진화된 새로운 교육관이 필요하다는 것도 이미 알고 있다.

Teacher는 Teach 하는 사람이다. Teach는 게르만어에서 출발한 고대 영어 Taecan에서 왔는데, 의미는 '보여주다 Show'이다. 가르친다는 것은 보여준다는 의미에서 시작된 셈이다. 선생이란 말도 먼저 태어난 사람을 의미하니까, 먼저 태어나고 먼저 배운 사람이 지식을 보여주면서 가르친다는 의미가 된다.

Student는 Study 하는 사람이다. Study의 어원은 라틴어 Studeo에서 왔는데, 의미는 자기 스스로에게 '헌신(전념)하다'이다. 학생은 자기 스스로에게 헌신하고 전념하는 사람이다. 공부하고 배운다는 것은 남이 아니라 자신을 위한 최고의 헌신인 셈이다. 그리고 Studio(작업실)란 말도 자신을 위해 헌신하고 전념하기 위한 공간이다.

School은 그리스어에서 '여가'라는 의미로 시작한 말이, 라틴어로 가서 Schola로 변했다가 다시 영어로 School이 된 말이다. 학교는 여가를 즐기는 곳이다. 여가를 배움으로 채우는 셈인데, 학교가 학습만 하는 공간은 아니었다. 중세까지만 해도 언어와 작문, 수사학, 철학, 수학, 천문학, 화학, 물리학 등 지식을 비롯해, 음악, 미술, 문학 등 예술과 함께, 창의성, 품성까지 배우는 공간이 학교였다. 공교육이 아니었으니 아무나 가지 못하고, 귀족이나 상위계층 등 소수만 갈 수 있었고, 1대1이나 소수정예의 토론식 수업이 보편적이었다. 우리가 그동안 한국에서 다녔던 학교와는 아주 크게 달랐을 것이다.

영어권에서 학생이 선생님을 뭐라고 부를까? 답이 Teacher라고 생각하는가? 분명 영어로 선생님은 Teacher가 맞지만, 실제로 학생은 성이나 이름으로 부른다. 곧 역할이자 직업명인 Teacher가 상대를 부르는 호칭이 아니다. 우린 어떤가? 학교에서 학생은 무조건 선생님으로 부른다. 성과 이름으로만 부르지 않는다. 우리의 존댓말 때문에 자신보다 나이 많은 사람의 이름을 부르는 건 실례다.

그런데 과연 편하게 이름을 부르는 것과 깎듯이 존칭을 쓰는 것 중 어떤 것이 더 선생님을 존경하고 우대한다고 단정할 수 있을까? 없다. 겉보기로는 후자가 더 존경과 우대로 보이지만, 진심 어린 존경이라고는 볼 수 없다. 그냥 형식이다. 존칭 붙여 존댓말 하면서도 상대를 하찮게 대하는 경우도 얼마든지 있다. 학생이 선생님에게 폭력을 가하는 사건이 뉴스에 나와도 무덤덤할 정도의 시대를 우리는 이미 살고 있다.

우리나라 사람이 잘 모르는 사람에게 쓰는 호칭 중 '선생님', '사장님'이 있다. 상대를 높이고자 할 때 쓰는 호칭인데, 한국 사회에서 교사와 사장이 가진 전통적 의미를 생각해 볼 수 있다. 과거에는 '선생님'이란 호칭이 높임의 대표 격이었다면, 사농공상 하던 시대를 지나 자본주의 시대가 되면서 교사보다 사장이 더 중요하고 영향력 있는 역할이 된 셈이다. 그리고 낯선 상대에게 쓰는 '선생님', '사장님'이란 호칭은 기성세대의 선택일 뿐, Z세대로까지 이어지진 않는

다. 더이상 교사도 사장도 그들에게 높은 사람이 아니라 그
냥 직업이자 역할일 뿐이다.

의사도 교수도 판사도 그냥 직업일 뿐이지만, 한국의 기
성세대는 특정 직업에 사회적 지위와 존칭을 아주 크게 부
여했다. 그만큼 힘있는 역할이 주는 두려움이자 경외감일
수 있다. 그런 점에서 교사의 사회적 지위가 과거와 달라진
것은 부정적으로만 볼 게 아니다. 적어도 권위에 주눅들지
않고, 교육 내용에 대해서도 적극적으로 문제 제기나 반론
을 할 수 있어졌기 때문이다.

교사(교수)와 학생은 역할이 다를 뿐, 교육 현장에서 서
로 필요한 존재다. 일방적 학습 하달이 아니라 상호 간 원활
한 커뮤니케이션과 치열한 토론이 이뤄지려면 교사(교수)
의 권위가 너무 높아선 안 된다. 교육은 먼저 배웠다고, 나
이가 더 많다고, 사회적 지위가 더 높다고 더 나은 답을 가
졌다고 볼 수 없다. 일방적이고 하향식 교육만큼 위험한 게
없기 때문이다. 물론 존중과 존경이 필요 없다는 의미가 아
니다. 교사(교수)는 존중받고 존경받을 직업이지, 권위와 권
력은 내려놓는 게 맞다.

인류는 교육을 통해 지식을 축적하며 진화해왔다. 현대
의 교육을 통해 인류는 급속도로 진화와 발전을 이뤄냈다.

교사는 인류 역사에서 가장 오래된 직업 중 하나이고, 동서양 모두에서 가장 오랫동안 존경과 권위를 가진 역할이자 직업이기도 하다. 특히 중국, 한국, 일본 등 한자 문화권이자 유교적 영향을 받은 국가에선 교사를 부모와 동격으로 볼 정도로 존경하고, 사회적으로도 아주 높은 대우를 했다.

물론 지금은 그렇지 않다. 지금의 교사는 더이상 과거의 전통적 의미로서 선생이 가진 사회적 위상도 없고 존경도 받지 못한다. 단지 직업으로서의 의미에 불과하다. 게다가 지금은 누구에게나 선생이란 호칭을 쓴다. 특히 한국에선 모든 직업 뒤에 막연히 선생을 갖다붙인다. 의사 선생님, 간호사 선생님, 변호사 선생님, 기자 선생님, 미용사 선생님 같은 식으로 선생 뒤에 님까지 붙여서 마구 쓴다. 상대의 직업이 뭔지 모를 때, 그냥 막연히 붙이는 호칭이 선생 아니면 사장이기도 하다. 더이상 선생을 존경의 의미로만 쓰지 않는 선생 과잉 시대다. 이러니 진짜 선생으로선 이런 선생 과잉 시대가 불편할 수밖에 없다.

일부 교사들 중에선 직업에 대한 만족도가 낮고 자괴감, 박탈감을 느끼기도 하는데, 사실 교사가 곧 선생은 아니다. 교사라는 직업만 선생으로 제한두기엔 우리가 배워야 할 것이 너무 많고, 우리의 성장, 공부, 진화를 위한 가르침은 학교 밖에서도 배운다.

공자孔子, 기원전 551~기원전 479가 선생에 대해 한 아주 유명한 말이 있다. "세 사람이 걸어가면 그중에 반드시 나의 스승이 있다." 고대 중국 춘추시대의 정치가, 사상가, 교육자인 공자는 무려 2,500여 년 전 사람이지만 그가 한 선생에 대한 얘기는 지금 시대의 우리도 공감할 수 있다.

그리고 이는 18세기의 대표적 사상가이자 사회계약론자, 직접 민주주의자, 계몽주의 철학자로 불리는 장자크 루소Jean-Jacques Rousseau, 1712~1778의 생각과도 연결된다. 루소는 교육서 《에밀Émile, ou De l'éducation》에서 "스스로 배울 생각이 있는 한, 천지 만물 중 하나도 스승이 아닌 것은 없다. 사람에게는 세 가지 스승이 있다. 하나는 대자연, 둘째는 인간, 셋째는 사물이다"라고 했다.

공자와 장자크 루소는 서로 다른 시대를 살았지만 교육의 본질이 선생이라는 관점은 비슷했다. 어쩌면 이것이 동서양을 관통하고 시대를 초월하며 영원히 불변할 교육에 대한 가장 중요한 본질이 아닐까. 학교는 공부를 하는 곳이지만, 공부는 학교에서만 하는 건 아니다. 평생 공부가 필요한 것은 어쩌면 공자가 살았던 시대에도 통했고, 지금도, 미래에도 통한다. 로봇이 일자리를 대체하는 것을 걱정하는 사람들만 프로페셔널 스튜던트가 되어야 하는 게 아니다. 사실 인간은 시대와 상관없이 그 사회의 리더들은 대부분 프로페셔널 스튜던트였다. 계속 진화하고 성장하는 사람이 기회가 더 많기 때문이다.

왜 한국에는
교사가 된 것을 후회한다는 교사가 많을까?

TALIS는 OECD가 주관하는 교원 및 교직환경 국제비교 조사Teaching and Learning International Survey로 OECD 회원국을 중심으로 조사한다. 2008년에 조사를 시작해 5년 주기로 2013년, 2018년 조사 결과까지 발표했다. 2013년 조사는 34개국이, 2018년 조사는 48개국이 참여했다. 흥미롭게도 TALIS 2013 조사에서 한국은 '교사가 되기로 결심한 것을 후회한다'는 답변이 20.1%였다. 34개국 평균이 9.5%인 것과 비교하면 압도적으로 높다. 실제로 34개국 중 후회 답변이 가장 많은 1위가 한국이다. TALIS 2018 조사에서도 '교사가 되기로 결심한 것을 후회한다'는 답변이 19.1%였다. 48개국 평균은 10.3%이고, 이중 OECD 회원국 평균은

9.1%다. 후회한다고 답변한 비율은 교사 생활 5년 이하보다 5년 초과가 더 높다. 곧 교사 생활을 오래 할수록 불만과 후회도 커졌다.

주간 근무시간 중 일반 행정업무에 6.0시간을 쓰고 있었는데, 이는 OECD 평균보다 2배 이상이다. 수업 준비나 과제 채점 시간보다 일반 행정업무 시간이 더 많기도 하다. 한국의 교사들이 자기계발 의지도 높고, 교수법 개발 등 전문성을 키우기 위한 활동에 참여하는 것이나, 학생 상담 참여율에선 OECD 국가 평균보다 압도적으로 높다. 하지만 이런 노력이 실제 수업에서 발휘, 반영된다고 생각하는 교사는 OECD 평균보다 크게 낮았다. 열심히 노력하고 애써봤지만, 현재 교육환경 내에선 바꿀 수 있는 것이 별로 없어서 결국은 이런 점이 한계인 셈이고, 이런 상황을 자주 겪은 교사일수록 교사에 대한 만족감도, 교육에 대한 열정도 식을 수밖에 없을 것이다. 교사의 재량권, 자율권이 제한되는 상황에서 교사는 교육부의 지침대로 입시 중심의 학습만 할 수밖에 없고, 이런 교사에게 그들이 할 수 있는 것 이상을 바란다는 자체가 말도 안 되는 요구다.

"학교 선생은 어차피 샐러리맨이라고 생각해버리면 감사하는 마음이 한결 우러나온다. 선생과 부모에 대한 지나친 기대를 저버리지 못하면 영영 자립할 수 없다." 다소 냉소적이지만 아주 명쾌한 이 말은 일본의 유명 베스트셀러 작가 나카타니 아키히로中谷彰宏, 1959~ 가 한 말이다. 어쩌면 이런 생각은 누구나 가졌을 테지만, 이런 말을 직접적으로 하는 유명인은 흔치 않다. 이 말이 줄 부정적 파급력을 생각할 수밖에 없고, 전국의 수많은 교사들에게서 욕먹을 수도 있기 때문이다. 하지만 난 그의 말에 동의한다. 교육에서 교사는 하나의 역할일 뿐이고 직업일 뿐, 그들에게 과거 시대와 같은 사회적 대우를 해주지 않으면서 여전히 그들에게 사명감과 헌신을 요구하는 건 난센스다.

아이러니한 건 '가르치는 일이 이 사회에서 가치 있는 일로 평가된다고 생각한다'는 답변은 67.0%로 OECD 평균 25.8%, TALIS 2018 조사의 48개국 평균 32.4%보다 두 배 이상 높다. 가르치는 일에 대한 사회적 가치를 높게 평가한다고 인식한 교사들이 한국보다 많은 곳은 싱가포르(72.0%)뿐이었다. 반면 스웨덴은 이런 인식을 가진 교사의 답변이 10.7%, 프랑스는 6.6%에 불과했다. 그럼에도 이들 국가에서 교사가 되기로 결심한 것을 후회한다는 답변은 한국의 절반 정도다. 어쩌면 교사를 직업 그 이상도 이하도 아닌 것으로 인식하는 현실성, 냉정함이 후회를 줄이는 최선인지도 모른다.

한국의 교사들은, 교사를 선택한 동기에서 개인적 유용성 동기인 안정적 경력개발, 안정된 수입 보장, 안정된 직업이라는 측면에선 OECD 평균보다 크게 높은 반면, 사회적 유용성 동기인 교수-학습을 통해 학생들의 발전에 기여하고, 사회적 소회계층의 삶 개선에 기여하고, 사회에 기여한다는 측면에선 OECD 평균보다 조금 낮았다. 분명 한국 사회에서 교사이자 가르치는 일이 사회적 위상이 높고 가치 있는 일이라고 인식하는 데 비해, 교사를 직업적 안정성과 수입이 괜찮은 직업으로의 인식이 높다는 것은 교사라는 직업의 현실이다.

2022년 5월, 한국교원단체총연합회(한국교총)가 스승의 날을 맞아 전국 남녀 교사 8,431명에게 조사한 결과를 보면, '교직에 만족한다'는 응답이 33.5%에 불과했다. 2016년도 조사에선 교직에 만족한다는 응답이 70.2%인 것과 비교하면 6년새 반 토막이 났다. 한국교총의 조사는 매년 했는데 교직 만족도가 2006~2019년까지 최소 50% 이상 나왔다. 그런데 2020년부터 30%대로 내려앉았다. 2020년은 팬데믹이 시작된 해다. 가뜩이나 교사의 위상이 떨어지고 교권이 침해되는 상황이 가속화되었는데, 팬데믹을 맞아 더 악화된 셈이다. 팬데믹으로 비대면 수업이 늘고 잡무나 행정업무는 더 늘었다. 그리고 코로나 팬데믹이 원격수업을 비주류에서 주류로 끌어올렸고, 잘 가르치는 교사(교수)와 그렇지 못한 교사(교수)를 확실히 구별시켜줬다. 대면수업만 할 때 교사는 학생만 접한다. 학생이 교사를 냉정히 평가하기란 어렵다. 원격수업을 하면서 학생의 수업을 부모가 옆에서 지켜볼 수 있었다. 교사의 교육에 부모가 참견하고 개입할 여지가 늘어나기 쉽다. 이는 초중고는 물론이고 대학도 마찬가지다. 교사나 교수 모두 수업 준비에 대한 스트레스가 늘어난다.

아이러니한 건 여전히 중고등학생의 장래 희망직업에선 부동의 1위가 교사다. 이건 교사가 안정적인 직업이어서가 아니라, 아이들이 부모의 과거 관점이자 관성 때문에 새롭게 부상하는 직업이나 자신의 적성에 맞는 미래와 진로를 고민할 기회가 충분하지 않아서일 가능성이 크다. 잘 모르니, 학교에서 계속 접하는 교사를 희망직업으로 꼽는 것이다. 이렇게 막연히 교사를 동경하다 교사가 되면 그건 학생에게도, 그렇게 교사가 된 당사자에게도 손해다.

"학생들에겐 완벽한 선생이 필요한 게 아니다. 학생들이 학교에 오고 싶어 하고, 공부에 대한 애정을 키울 수 있는 행복한 교사가

필요하다. Students don't need a perfect teacher. Students need a happy teacher, who's gonna make them excited to come to school and grow a love for learning. "

미국의 이론 물리학자 리처드 P. 파인먼Richard Phillips Feynman, 1918~1988이 한 얘기다. 그는 양자 전기역학 발전에 기여한 공로로 1965년 노벨물리학상(공동 수상)을 받았다. 1985년 에《파인만 씨, 농담도 잘 하시네!Surely You're Joking, Mr. Feynman!》를 출간하여 세계적 베스트셀러가 되었다. 전 세계에서 가장 유명한 과학자 중 한 명인 그는 교육에 대해서도 많은 메시지를 남겼다. 교사가 행복하지 않으면 학생도 행복할 수 없고, 학교가 즐겁기 어렵다. 한국에서 교사가 된 것을 후회하는 교사가 많아지고, 교직 만족도가 계속 낮아지는 건 교사에게도 학생에게도 부모에게도 다 손해다.

서울특별시교육청 교육연구정보원에서 펴내는《서울교육》2021 봄호(242호)에 게재된〈포스트 코로나 시대, 요구되는 교사 전문성과 교사상〉을 읽었다. 여기서 **교사 전문성과 교사상으로 지식전달자에서 학습하는 방법**learn to learn**을 알려주는 학습전략의 안내자, 학습자의 세계와 학습을 연관짓는 맥락전문가, 학습에 대한 개별 피드백을 제공하는 평가전문가 등을 제시했다.** 총 6가지를 제시했는데 그중 1~3번이자 가장 핵심적으로 보이는 세 가지다. 솔직히 좋은 말이기도 하고 필요한 교사상이기도 한데, 현실성은 의문이다.

여기서 중요한 키워드가 바로 학습 '전략'의 '안내자', 학습자의 '세계'와 학습을 연관짓는 '맥락' 전문가, '개별' 피드백을 제공하는 '평가' 전문가다. 점수 높이는 스킬, 학습 효율성을 높이는 스킬은 교사들에게 많다. 하지만 전략을 안내하거나, 맥락을 연관짓거나, 개별적으로 평가하는 건 난이도가 더 높은 전문성이다. 이걸 하려면 학생에 대한 개별적 이해가 필수다. 그 학생이 어떤 학생인지 충분히 파악해야만 가능하다.

이런 전문성을 기존 교사들이 어떻게 쌓을까? 이걸 어디서 배울까? 단기간 배워서 쌓을 수 있는 능력인가? 학습할 내용은 쉽게 바뀌지 않으니 계속 하면 쌓이고, 능력도 늘어간다. 하지만 학생은 매번 바뀐다. 교사는 학생 한 명에게 얼마나 많은 시간과 노력을 투자할 수 있을까? 입시가 여전히 중심인 상황에서 이런 교사, 이런 교육방향이 수용될까? 설령 이런 역할이 가능해진다고 해도, 과연 이런 역할을 충분히 소화할 교사는 어떻게 만들어질까? 알아서 하면 되는 문제가 아니라, 이건 교사가 새롭게 배워서 업그레이드해야 할 문제다. 그런데 그게 쉽지 않다. 학습 전달자로서의 교사를 키우는 것보다 훨씬 어렵다.

결국 이런 교사상은 말뿐인 허상이 된다. 교사의 진화는 교사의 역할을 어떻게든 만들어내야 한다는 식의 접근으론 안 된다. 오히려 교사가 사라져도 된다는 접근으로 해야 한다. 지식 전달이자 학습을 이끄는 역할로 교사가 존재해왔고, 지금의 교사는 그 역할에 충실했다. 당연히 그 역할 중심으로 배웠고, 키워졌고, 그것에 특화된 상태다. 그런데 이걸 바꿀 수 있을까? 개개인의 개별적 역량이 아니라, 전체 교사의 보편적 역량을 바꾸는 게 가능할까? 불가능하다. 공교육은 한계가 크다. 공교육에서 교사 역할의 근본적 변화는 쉽지 않다. 아니 현실적으론 불가능하다. 가능하게 하려면 많은 시간과 막대한 투자, 그리고 이해관계자들의 저항을 깨버릴 리더십이 필요한데, 결코 쉽지 않다.

"시대에 뒤떨어진 선생만큼 딱한 것도 없다"

이건 내가 한 말이 아니라 헨리 애덤스Henry Adams, 1838~1918가 한 말이다. 그는 미국 역사가이자 하버드대 교수였고, 회고록《헨리 애덤스의 교육The Education of Henry Adams》으로 퓰리처상을 받았다. 미국 2대 대통령인 존 애덤스가 그의 증조 할아버지이고, 6대 대통령인 존 퀸스 애덤스가 그의 할아 버지다. 아버지인 찰스 프랜시스 애덤스는 에이브러햄 링 컨 정부에서 영국 대사와 하원의원을 지냈다. 미국의 대표 적 정치 가문의 일원인 그는 오랜 기간 정치 저널리스트로 활동하며, 미국의 민주주의와 역사, 종교와 근대 과학의 관 계 등의 주제를 평생 다뤄왔다. 1918년 80세에 사망했는데, 1909~1911년 3년간 그의 나이 71~73세 때 매년 1권 책을 냈다. 그는 프로페셔널 스튜던트였고, 아웃스탠딩 티처이기 도 했다. 그런 그가 70대의 나이에도 집필 작업을 치열하게 한 것이다.

어떤 선생도 결코 자신이 아는 것 이상을 가르칠 수는 없 다. 자신이 아는 것 이하로만 가르칠 수밖에 없기에, 선생은 늘 가르치는 것 이상을 알아야 한다. 선생은 작은 것을 가르 치기 위해서도 충분히 공부하고 준비해야 한다. 선생이 성 장하지 않고 정체되어 있다면, 학생도 마찬가지로 정체될 수밖에 없다. 좋은 선생은 좋은 학생이다. 곧 아웃스탠딩 티 처는 프로페셔널 스튜던트일 수밖에 없다. 과연 어떤 선생 이 당신을 더 잘 가르치기 위해 계속 성장하고, 공부하고, 발전하기 위해 시간과 노력, 돈을 아낌없이 투자할 수 있을까? 당신이 엄청난 부자여서 오로지 당신만을 위해 모든 것을 쏟아붓는 전담 개인교수를 쓸 수 있는 게 아니라면 우리가 만날 수 있는 선생은 당신만을 위한 선생은 절대 아니다. 당신이 무엇을 원하고, 어떤 인생을 살아가야 할지, 당신의 미래와 당신의 관심사까지 다 고려하고, 당신을 위한 최적의 공부를 시켜줄 선생을 만나는 건 불가능하다는 얘기다.

결국 당신이 바로 당신 자신의 선생이 되어야 한다. 자기혼자 거울 보고 1인 2역 하며 가르치기 놀이하라는 게 아니다. 당신에게 필요한 공부, 당신이 가야 할 미래의 방향, 당신이 집중해야 할 것들에 우선 순위를 정하고, 그에 따라 필요한 모든 것을 동원해서 자신의 가치를 키워가는 데 주도적 역할을 하라는 얘기다. 당신이 살아가며 만날 그 어떤 선생님도 당신을 당신만큼 충분히 알지는 못한다. 그리고 그들은 그들의 인생을 살아갈 뿐이고, 직업이자 역할에서 선생님을 맡았을 뿐 당신의 인생을 책임져줄 수도 없고, 그래서도 안 된다.

탈무드Talmud에는 "나는 나의 스승들에게서 많은 것을 배웠다. 그리고 내가 벗삼은 친구들에게서 더 많은 것을 배웠다. 그러나 내 제자들에게선 훨씬 더 많은 것을 배웠다"는 내용이 있다. 가르치면서 배우는 것이 많다. 아는 것도 되새기게 되고, 가르치기 위해 더 풍부하고 깊이 있게 이해하게 된다. 스승이 제자를 통해서도 배우는 셈이다. 탈무드에는 "세상에서 가장 현명한 사람은 모든 사람에게서 배우는 사람이다"라는 내용도 있다. 탈무드는 세계에서 가장 중요한 종교 문헌 중 하나로 유대교에선 성경 다음으로 중요하게 여긴다. 성경의 내용을 상업, 소유권, 인간관계, 교육 등 일상의 모든 요소에 적용해 더욱 현실적인 지침을 준다. 그때는 맞고 지금은 틀린 것도 많고, 그 반대도 많다.

현실은 계속 진화한다. 과거에 멈춰 있다면, 시대에 뒤떨어졌음에도 변화하려 노력하지 않는다면 제대로 가르칠 수 없다. 스승은 제자를 위해 공부하고, 그것이 곧 자신을 위해서도 필요하다. 제자는 자신을 위해서 공부하고, 그것이 곧 스승을 위해서도 필요하다. 스승과 제자가 공부를 하면, 그건 그들 자신 외에 세상을 위해서도 필요하다. 우리에게 공부는 사회적 가치를 갖는다.

Teacher는 스승, 학교 교사, 선생을 의미한다. 강사, 교사, 교관을 칭하는 Instructor, 사부, 권위자, 대가를 칭하는 Master, 스승, 지도자, 선도자, 조언자를 칭하는 Mentor, 스승이나 지도자, 전문가, 권위자를 칭하는 Guru도 누군가를 가르치고 지도한다는 의미에선 Teacher와 비슷한 의미다.

학교의 교사 말고도 지금은 너무나 많은 선생과 스승이 존재하는 시대다. 평생교육의 시대다. 모두가 프로페셔널 스튜던트를 지향하는 시대다. 이런 시대에 과거의 관점으로 교사, 스승을 바라봐선 안 된다. 교사도 교수도 그냥 직업이고, 그들이 맡은 역할이고, 월급쟁이일 뿐이다. 그 이상도 이하도 아니다. 존경할 수는 있지만, 무조건적이어선 안 된다. 존경받을 선생만 존경해야 한다. 권위와 이름빨이 아니라 실력과 식견을 따르라.《프로페셔널 스튜던트》는 당신이 가진 '학생'에 대한 태도와 방향, 전략을 바꿨듯이,《아웃스탠딩 티처》를 통해선 당신이 가진 '선생'에 대한 태도와 방향, 전략을 바꾸고자 한다. 이유는 더이상 우리가 시대에 뒤떨어지지 않기 위해서다. 아무리 개천의 용은 사라졌다지만, 여전히 자신의 가치를 높이는 데 공부(학력이 아닌 실력을 쌓는 공부)만 한 가성비 높은 방법은 없다.

## 3

왜 그들조차
입시교육의 한계와 종말을
얘기할까?

입시교육의 문제를 지적하는 사람은 셀 수 없이 많다. 수능의 종말, 입시의 종말, 공교육의 한계를 얘기하는 건 수십년 전부터 계속 있었지만 어떤 제도로 바꾸더라도 문제는 늘 있었다. 크고 작은 변화가 있었지만, 사실 큰 틀의 변화는 없었다. 학력 중심 사회의 입시교육이란 점에선 변화가 없었다. 그러는 동안 사교육은 점점 커졌고, 교육환경도 입시 중심 체제에서 이해관계를 구축해갔다. 비즈니스이자 산업으로서 '교육'만 강화되었고, '학생'의 미래는 절대 최우선 고려사항이 아니었다. 그러는 사이 산업도 사회도 급속도로 바뀌고 있다. 4차 산업혁명이라는 디지털 혁신이 전방위적으로 이뤄졌고, 팬데믹을 기점으로 자동화, 비대면의 확대로 '효율성'이 최우선이 되고, 학력이 아니라 능력 중심 사회로 본격적으로 이동하고 있다.

"10년, 20년이 지나고 나서 지금과 같은 학교는 아마 존재하지 않을 것이다"

이 말을 한 사람은 누구일까? 다름 아닌 수능을 출제, 관리하는 한국교육과정평가원의 원장이다. 입시 중심인 기존 교육의 핵심이 수능일 텐데, 이것을 총괄하는 기관의 수장이 왜 수능의 종말이자, 입시교육 중심의 학교의 종말을 얘기할까?

2021년 12월 24일, 어느 대학교수가 2021년 11월 17일에 치른 2022학년도 수능 국어 시험 문제를 직접 푸는 동영상이 유튜브에 올라왔다. 문제를 다 풀고 92~93점 정도를 예상했지만 채점해보니 69점이었다. 간신히 3등급이었다. 아무리 대학교수여도 수능 시험 문제를 잘 푼다고 보장할 순 없다. 대학교수의 식견, 지식과 수능 시험의 지식이 별개인 경우도 많기 때문이다. 입시를 준비하는 학생이 아닌 50대

후반의 교수가 3등급이라도 맞은 게 어디냐 싶을 수도 있다. 그런데 앞서 시험을 친 교수는 가톨릭대 성기선 교수다. 서울대 국어교육과 학사, 서울대 대학원에서 교육학 석사, 박사를 했고, 고등학교 교사 경험도 있고, 한국교육개발원 연구원 등을 거쳐 가톨릭대 교직과 교수가 되었다. 국어는 그의 전문분야이고, 심지어 수능 시험을 직접 출제, 관리하는 한국교육과정평가원 원장을 2017년 10월부터 2021년 2월까지 역임하며 네 번의 수능을 치러낸 사람이다. 이런 그도 수능 시험 문제 앞에서 학생의 입장이 되니 고전하고 말았다. 헤겔의 변증법이 지문으로 제시된 문제에선 '헤겔이 와도 풀지 못할 것'이라고 문제를 풀던 성기선 교수가 얘기했을 정도다. 실제로 수능 영어 시험 문제를 영어가 모국어이고 대학까지 나온 사람들이 풀어도 높은 점수 맞기가 어렵기도 하다.

수능은 시험을 위한 시험이기도 하다. 상대평가이기 때문에, 점수로 차등화하려고 문제를 복잡하게 꼬거나 함정을 만들어 초고난도의 문제를 내기도 한다. 이건 수능 시험 문제의 문제가 아니라, 입시가 시험을 통해 당락을 가리다 보니 변별력을 확보하기 위해선 어쩔 수 없다. 정규 교과과정만으로는 절대 초고난도의 문제를 풀기 어렵다. 학교와 교사, 학생의 노력만으로는 안 된다.

결국 사교육이 필요하고, 입시 스킬을 가진 소위 일타강사 같은 전문가의 도움을 받는 이들이 더 유리하다. 부모의 경제력, 정보력에 영향받을 수밖에 없다 보니, 수능 시험은 얼핏 공정하고 능력주의로 보이지만 태생적으로 불공정하고, 기울어진 운동장일 수 있다. 흥미롭게도 수능을 총괄하는 한국교육과정평가원 원장을 지낸 성기선 교수는 수능 종말론을 얘기한다. 그는 수능을 고등학교 졸업 증빙하는 자격고사로 바꾸고, 상위권 수험생과 대학을 위한 별도의 수능 시험을 도입하자는 주장도 한다.

성적순으로 줄 세우기 하는 교육방식에선 성적이 좋지 않으면 실패자가 된다. 사회에 나서기도 전에 학교에서 실패자가 되어버린다. 학교교육은 입시 준비가 목적이 아니라, 학생들이 각자의 적성을 찾고 자신의 진로에 맞는 준비와 교육을 하는 것으로 변화해야 한다. 그게 안 되면 상위권 대학에 진학하기 위한 상위권 학생들에게 초점이 맞춰진 교육환경에서 성적으로 중하위권인 학생들은 들러리가 되거나 방치될 뿐이다. 결코 10대 학생의 인생을 조기에 단정 지으면 안 된다. 누구나 각자의 길이 있고, 각자의 방식에서 최고가 될 가능성도 있다.

과연 현재의 학교가, 교사가 학생들에게 그런 미래를 설계하고 지원하는 게 가능할까? 불가능하다. 현재의 교사에겐 그런 역량도 여력도 없다. 입시용 교육에 수십 년간 학교가 잠식당한 상황에서 학생을 얼마나 많이 상위권 대학에 진학시키느냐가 교사들에게 최고의 덕목이 되었고, 교사의 역량도 입시에 최적화되어 개발될 수밖에 없었다. 과연 언제까지 이런 교육이 학교에서 유효할까? 명문대 진학이 더이상 미래를 보장해주지 못하는 상황이고, 대학 진학률도 하락세이고, 대학 폐교율은 증가세이고, 일자리를 잃는 교수들도 점점 쏟아져나올 것이다. 그런데도 계속 학생들을 입시에만 매달리게 하는 건 너무 무책임하고 비겁한 일이다. 미래에 대한 대비 없이 학생들이 알아서 각자 대비하고, 각자 살아남으라는 것이기 때문이다.

"수능은 없어져야 마땅하다고 보고, 또 없어진다고 생각한다"

이 애길 한 사람은 이주호 교육부 장관 겸 부총리이고, 2022년 12월 국민일보와 한 인터뷰에서 밝힌 말이다. 앞의 얘기의 원문은 "현재 초등 아이들이 지금의 수능을 그대로 치는 것, 그런 상황에선 미래가 없다고 본다. 수능은 없어져야 마땅하다고 보고, 또 없어진다고 생각한다"이다. 지금 정부의 교육부 수장이 수능이 없어져야 한다고 말한 것이다. 물론 입시 자체가 사라지지는 않는다. 입시는 어떤 형태로든 계속되겠지만 수능은 아니란 것이다. 그리고 이주호 교육부 장관이 교사의 역할에 대해 밝힌 말도 새겨볼 얘기다.

"아이들은 계속 바뀐다. MZ세대와 지금 어린 세대는 또 다르다. 달라지는 아이들에게 맞춰 흥미를 가진 아이들을 키워나가는 환경을 교사가 디자인해야 한다. 지금 대부분 교사는 본인이 암기해서 교사가 된다. '임용고시' 같은 말도 안 되는 시스템을 통해 교사가 되는데, 바꿔야 한다. 그래야 교사가 현장에 투입됐을 때 우리가 의도하는 놀이 중심, 아이들에게 자기주도 역량을 키워주는 교실이 된다."

그는 임용고시를 말도 안 되는 시스템이라고 표현했다. 교사를 만드는 방식이 바뀌어야, 교사가 교육하는 방식도 바뀌고, 그래야만 현재의 아이들을 위한 제대로 된 교육이 가능해지고, 그런 교육의 실체는 자기주도 역량을 키워주는 교육이란 얘기다. 원론적으론 정말 맞는 얘기지만, 그리고 아주 오래전부터 이런 변화를 수많은 이들이 요구해왔지만 실현되진 않았다. 하지만 저 말을 한 사람이 다름 아닌 교육부 장관이자 부총리다. 그는 2010년 8월부터 2013년 3월까지 교육과학기술부(현 교육부의 전신) 장관이었고, 2009년 1월부터 2010년 8월까지 교육과학기술부 차관, 그리고 2008년에는 대통령실 교육과학문화수석 비서관이었다. 이명박 정부에서 교육 관련 부문의 핵심이었던 그가, 윤석열 정부 때 다시 교육부 장관을 맡으며 교육부를 이끌고 있다. 그는 교육부 장관을 두 번이나 역임한 사람이자 교육개혁에 계속 목소리를 내온 사람이다.

교육개혁을 주요 목표로 삼는 바른사회운동연합 교육개혁추진위원회는 2017년 5월 대선을 앞두고, 각 당 대선후보 교육정책 담당자 토론회를 열고 교육개혁방안을 제안했다. 어떤 정당이 되더라도 교육개혁은 필수 과제이기에, 정책에 반영해달라는 메시지였다. 기존 교육부를 해체해 새로운 조직을 만드는데, 정치색을 완전히 벗어나 정치인이 아닌 전문가들로 구성한 10년 이상의 임기를 가진 기관을 만들어 미래 세대에 맞는 교육개혁을 하자는 것이었다. 아울러 수능을 폐지하고, 대학 입시는 대학별로 자율화하고, 대학 수를 절반 이상 줄이는(구조조정과 퇴출) 등의 내용이 중심이다. 교육개혁추진위원회는 고려대 총장을 지낸 이기

수 위원장을 필두로, 교육과학기술부 장관을 지낸 이주호 공동위원장, 연세대 총장을 지낸 정창영 위원 등 교육계의 영향력 있는 인사들로 구성되었다.

분명한 건 공교육은 바뀔 수밖에 없다. 변화가 누군가에겐 기회이자 이득을, 누군가에겐 위기를 만들어내겠지만, 원래 변화는 그런 거다. 그리고 교육부 장관의 말처럼 자기주도 역량을 키워주는 교육이 미래의 교육방향이다. 공교육이 이런 방향을 얼마나 빨리 현실로 구현할지는 몰라도, 부모나 학생 입장에선 이런 교육을 해주는 것이 지금이라도 필요하다. 공교육이 바뀔 때까지 기다릴 여유가 있는 어린이라면 모르겠지만, 지금의 중고등학생이라면 공교육의 진화와 무관하게 자기 스스로 나서야 한다.

"배우는 즐거움을 많이 경험하게 해줘야 좋은 학습자로 큰다. 앞으로는 평생 학습자의 시대다. 서울대 들어가면 놀아도 좋은 직업이 보장되는 시대는 끝났다. 계속 배우는 사람을 못 당한다."

이 얘기도 교육부 장관의 말인데, 프로페셔널 스튜던트가 되어야 함을 말하고 있다. 프로페셔널 스튜던트는 계속 공부하는 것만을 얘기하는 게 아니라, 기존 교육의 방향이 다 바뀌는 것을 얘기한다. 결국 학생이 프로페셔널 스튜던트가 되어야 하는데, 선생이라고 안 바뀌어서야 되겠는가?

"앞으로 10년 안에
사교육이란 말은 사라질 것이다"

사교육계가 들으면 싫어할 듯한 이 말은 과연 누가 한 말일까? 바로 손주은 메가스터디 회장이다. 다른 사람도 아닌 사교육계의 대부 같은 사람이 이 말을 했다. 그렇다고 너무 놀라지 마라. 사교육 자체가 사라진단 말이 아니다. 대학 입시가 주는 영향력이 떨어지고, 명문대 졸업장이 더이상 성공을 보장해주지 않는 시대다. 당연히 시험 잘 치는 능력보다 창의성이 더 중요해졌고, 취업보다 창업을 위한 교육이 필요해졌다. 기성세대들은 서민도 명문대 진학으로 중산층이 되고, 금수저는 명문대 진학으로 부를 대물림하는 과거의 경험을 갖고 있지만, 지금 시대엔 그 자체는 모두 과거의 기억이자 경험의 함정이다. 입시를 통한 성공은 이젠 착시다. 여전히 명문대 나오는 것이 그렇지 않은 것보다 가치는 있겠지만, 사교육비 투자 대비 효과는 미미하다. 그가 사교육이란 말이 사라질 거라고 한 때가 2016년이니 그가 말한 10년 중 절반쯤 지났다.

손사탐이라 불린 손주은 메가스터디 회장은 1988년 서울대 졸업 후 생활비를 벌기 위해 그룹 과외를 하며 사교육에 발을 들였고, 1990년대 중반 보습학원을 차려 돈을 벌다가 교육당국의 보습학원 단속에 적발되어 폐업한다. 그후 재기를 위해 1997년 1월 대치동 학원에서 수능에 특화된 사회탐구 영역 강좌를 열었는데, 여기서 유명세를 떨치며 스타강사가 되었다.

2000년엔 학원 여러 개를 합병해 10년 안에 매출 1,000억 원을 목표로 메가스터디를 설립했다. 2004년 코스닥에 상장했고 한때 시가총액이 1조 원에 이르기도 했다. 매출은 목표보다 이른 2006년에 1,000억 원을 넘어섰다. 2015년 가장 알짜인 중고등 교육 부문을 분할해 만든 메가스터디교육도 코스닥에 상장했는데 현재 시가총액 9,000억 원대다. 메가스터디교육의 2021년 연매출은 7,039억 원에 영업이익 990억 원이고, 메가스터디는 2021년 연매출 1,336억 원, 영업이익 159억 원이다. 메가스터디와 메가스터디교육 두 회사를 합치면 시가총액은 1조 원이 훌쩍 넘고, 연매출도 9,000억 원에 육박한다. 메가스터디는 대학입시뿐 아니라, 편입, 공무원, 군무원, 공기업, 변호사 시험, 부동산 교육을 비롯해 건물관리, 출판, 급식, 심지어 스타트업 투자회사에 이르기까지 수많은 자회사를 가진 메가스터디그룹이 되었다.

한국의 사교육 시장에서 가장 큰 성공을 거둔 사람이 바로 손주은이다. 그런 그가 사교육에 대한 종말을 얘기하고 있다. 본격적인 건 2016년부터다. 2016년 1월, 국가미래연구원의 산업경쟁력 포럼 세미나에서 한국의 사교육 열풍을 고도성장이 만들어낸 시대적 부산물이라며, 좋은 대학을 졸업했다고 좋은 직장에 들어가고 성공하는 시대는 끝났다며 사교육이란 말은 10년 후면 사라질 것이라고 말했다. 아울러 사교육의 중심이 입시에서 청장년층이나 노년층으로 옮겨갈 것이라는 전망도 곁들였다.

2016년 그는 사재 300억 원을 출연해 윤민창의투자재단을 설립했다. 교통사고로 숨진 딸 이름인 '윤민'을 걸고, 저성장 시대 공부와 명문대 진학이 더이상 과거와 같은 기회를 만들어주지 못하는 상황에서, 교육사업으로 번 돈을 청년을 위해 쓰기로 결심해 청년 스타트업을 지원하는 사업을 시작했다고 밝힌 것이다.

공부 잘해서 명문대 들어가기만 하면 된다고 평생을 얘기한 사교육계의 대부가 더이상 명문대 입시만으로는 인생이 바뀌지 않는 시대를 만났다. 산업도 사회도 바뀌는데, 과거의 관성대로 계속 입시에만 매달리는 사교육계나 학생, 학부모를 보면서 미안하고 불안하고 안쓰러웠을 것이다.

그래서 창업을 강조하고, 창의성을 얘기하고 있다.

대학 들어가기 위한 공부에만 사교육계가 올인했다면 이젠 대학생이자 청년들을 위한 창업 교육, 직장인이자 중장년을 위한 기술 능력 및 전문성 향상 교육이 사교육의 새로운 미래라고 그는 보고 있다. 실제로 메가스터디의 계열사는 점점 이런 교육이 가능하도로 확장하고 있다. 입시 중심의 기형적 구조에서 벗어나 평생교육이 되는 것이 공교육이나 사교육 모두의 방향성이 된다.

2022년 4월, '교육의봄'에서 '학벌 없는 채용의 시대가 온다!'라는 주제로 7명의 연속 강연 시리즈를 열었는데 그중 첫 번째 강연을 손주은 회장이 맡았다. '교육의봄'은 출신학교에 의존하지 않는 기업의 채용 문화를 확산해, 교육에서 학벌 철폐와 사교육 근절이라는 변화를 이끌기 위해 2020년 8월에 고용노동부 산하 재단법인으로 만들어졌다. 2008년 설립된 '사교육걱정없는세상'의 공동대표로 12년간 활동한 윤지희, 송인수 대표가 '교육의봄' 공동 대표를 맡고 있는데, 기독교 교사들의 단체 '좋은교사운동'을 이끌던 송인수와 학부모 단체 '참교육학부모회'를 이끌던 윤지희가 2008년 6월 '사교육걱정없는세상'을 설립했다. 둘 다 1990년대 초반부터 교육운동에 몸 담기 시작해 30년 정도 교육운동을 하고 있다.

윤지희, 송인수 대표가 교육운동에 뛰어든 시기, 다른 한쪽에선 손주은 회장이 사교육 시장에 뛰어들었다. 이들의 인생이자 교육을 바라보는 시각은 완전 반대편에서 출발했다. 그랬던 그들이 30년 정도 시간이 지나 같은 자리에 섰다. 사교육 철폐를 외치는 사람과 사교육으로 가장 큰 성공을 거둔 사람이 아이러니하게도 이젠 같은 목소리를 낸다.

서울대에서 좋은 성적을 받으려면 창의적이면 안 된다?

서울대생 1,100명을 심층조사한 결과를 담은 《서울대에서는 누가 A+를 받는가》라는 책이 있다. 과연 성적 잘 받는 최고의 비결이 뭘까? 철저히 교수의 말을 토씨 하나 틀리지 않게 그대로 적으면 성적을 잘 받는다는 것이다. 자신의 생각이 들어가면 오히려 점수가 깎인다는 것이다. 한국의 최고 대학에 다니는 학생들이 성적을 잘 받으려면 창의적이면 안 되고, 자기 주장 하면 안 된다는 건 너무 안타까운 일이다. 토론은커녕, 일방적인 학습으로 얻는 지식을 과연 사회에 써먹을 수 있을까? 아무리 잘 해봤자 교수의 수준을 넘어서지 못하는 학생이 된다.

과연 교육이란 무엇일까? 과연 대학이란 어떤 공간이고, 교수는 어떤 역할을 할까? 교육이 사회의 모든 문제의 출발이 되지만, 교육의 문제를 푸는 건 어렵다. 얽혀 있는 이해관계도 많고, 워낙 방대한 일이기 때문이다. 그래서 우린 문제를 계속 덮고, 적당히 겉만 건드릴 뿐이다.

"주입식으로 아이를 가르쳐 무언가를 하게 만드는 게 아니라 아이 스스로 세상을 보고 습득하도록 어른이 환경을 조성해주는 게 바른 교육이다."

이 말은 사회생물학자이자 《최재천의 공부》 저자인 이화여대 최재천 교수가 한 말이다. 그는 《최재천의 공부》에서 국영수로 대표되는 입시공부를 과감히 깨부수고, 학생들이 하고 싶고 배우고 싶은 것을 마음껏 할 수 있도록 자유를 주자고 주장한다. 그러면서 토론교육을 강화할 것도 제기한다.

사실 미국과 유럽의 명문대에서 하는 수업에선 토론수업이 중심인 경우가 많다. 자신의 주장을 주고받으며 논리적으로 설득하고 설득당하며 지식을 쌓아간다. 토론 없이 혼자 책 읽거나 선생에게서 지식을 일방적으로 전달받는 것으로는 한계가 있다. 지식을 자신의 것으로 만들고, 서로 다른 지식을 융합하거나 사고를 확장하고 창의적인 답을 이끌어내는 데는 토론이 필요하고, 상대가 필요하다. 학교가 줄 수 있는 최고의 환경은 토론할 수 있는 학생들이 모여 있는 것이다. 굳이 모여서 공부할 가장 큰 이유가 토론인데, 그동안 한국의 교육에선 토론이 배제되었다. 단시간에 효율성 높게 지식을 전달하는 것에 초점을 맞추다 보니 토론으로 빌드업할 여유가 없었다.

한국의 축구가 과거엔 소위 말하는 뻥축구였다. 소수의 공격수에 의존하며 빠른 속도와 역습만 했다. 약자가 강자를 상대하는 방법으로는 적당했다. 하지만 그 방법으로는 늘 약자다. 강자의 방식이 필요하다. 빌드업해가면서 체계적으로 상대의 골문을 공략하는 것이다. 지금 한국 축구는 빌드업 방식으로 바뀌었고, 결과적으로 월드컵 16강에 진출했고, 세계적 강팀과 붙어서도 존재감을 드러냈다.

교육도 마찬가지다. 입시 시험 중심의 점수 스킬로는 단기간엔 능력을 끌어올리는 듯 보여도 결과적으로 제대로 클 기회를 놓쳐버린다. 토론은 하나의 과목이 아니라 공부의 결정적 방식이다. 토론을 잘하기 위해선, 말발이 아니라 논리적 사고가 중요하다. 논리적으로 사고하고 논리적으로 말하려면 논리적으로 글을 쓸 수 있어야 한다. 논리적으로 글을 쓰려면 책을 적극적으로 읽어야 한다. 지식을 통합적으로 쌓기 위해선 책을 아주 적극적으로 많이 읽어야 한다. 교양 독서가 아니라 실전 독서, 책을 통한 지식의 축적을 상시로 해야 한다.

책뿐 아니라 현실에 대한 인식도 중요하다. 현실의 다양한 상황을 경험하고 관찰하는 것도 필요하고, 사람들과 어울리며 생각을 주고받는 것도 중요하다. 논리적으로 읽고, 논리적으로 쓰고, 논리적으로 말하는 것이 토론의 기본인데, 이것이 되는 사람들은 새로운 지식도 더 체계적으로 받아들인다. 우리에게 토론 능력은 말로 싸워서 이기는 게 아니라, 토론을 통해 지식과 사고의 폭을 확장하는 것이다.

단순히 지식을 암기하고 옮겨놓는 건 자신의 것이 아니다. 누군가의 지식을 전달하는 것에 불과하다. 이런 것은 하수의 공부다. 컴퓨터가 대신해도 될 능력이다. 결국 입시가 가진 한계는 분명하다. 입시에 매달리는 교육은 당장은 쓰임새가 있어도, 결국은 시간 낭비에 불과하다. 자동화와 로봇, 인공지능에 대체될 사람만 키울 뿐이기 때문이다.

교육계가 학생을 진심으로 위할까? 교육계가 학생에게 가장 이익이 될 교육제도와 환경을 만들어낼까? 학교가 학생을 진심으로 위할까? 교사는 학생을 최우선으로 위할까? 대학과 교수도 학생을 우선으로 위할까? 아니다. 학생은 그들의 비즈니스, 그들의 직업적 역할을 위해 필요한 들러리일 뿐이다. 이 말에 동의하지 않는 교사, 교수, 교육계도 있을 것이다. 하지만 소수의 성적 상위권 학생들의 이익을 위한, 그들을 중심으로 하는 교육제도와 환경은 불가피하게 다수의 들러리를 만드는 게 현실이다. 이건 교사와 교수의 탓이 아니다. 그들은 그냥 직업일 뿐이다. 아주 간혹 학생들의 미래를 위해 시간과 노력, 에너지를 다 바치는 위대한 교육자들이 있지만, 그것을 모든 교수, 교사에게 강요할 순 없다. 슈퍼맨, 슈퍼우먼이 되지 않고선 지금의 교육제도에서, 현실에서 요구하는 역할도 하면서 학생들에게 진짜 필요한 역할까지 덤으로 할 수 없다.

세상이 급변하는 시대다. 산업과 기술, 비즈니스가 다 빨리 변하고, 기회와 위기가 급속도로 다가온다. 과거에 멈춰진 교육, 새로운 변화를 담아내지 못하는 느리고 구시대적 교육으로는 학생들의 시간과 기회만 뺏을 뿐이다.

왜 전 세계에서 가장 열심히 공부하고, 치열하게 시험 치는 한국의 청소년들이 성인이 되어선 책도 안 읽고 공부와 담을 쌓을까? 왜 청소년 때는 학력 수준이 세계적으로 상위권인 한국 학생들이 대학 졸업 후엔 평범한 직장인으로 멈춰 있을까? 이건 우리가 해온 공부 방식이 시간과 노력, 재능 낭비라는 반증이기도 하다. 한국이 개발도상국에서 선진국이 된, 단기간 급속도로 경제 성장을 이룬 것에 과거의 교육방식이 기여한 점은 있다. 하지만 그건 과거 얘기다. 점점 탁월하고 혁신적인 인재가 가진 힘과 가치가 커져가는 시대다. 미래엔 과거 방식으로 키워낸 인재는 더이상 인재가 아니다. 공부의 방식이자 교육의 전략, 방향을 과감히 바꿔야 하는 최적의 시기는 지났다. 골든 타임이 끝나기 전에 바꿔야 하지만, 얽혀 있는 이해관계와 막대한 돈, 이를 둘러싼 정치적 문제, 익숙한 과거의 관성 등이 계속 가로막아왔다. 더 늦어질수록 손해는 고스란히 우리 모두가 본다.

학력 중심 사회에서
능력 중심 사회로 바뀌고 있다

세계적 명문대로 꼽히는 하버드대 학생들의 가장 큰 고민 중 하나가 학교를 언제 그만두느냐라고 한다. 학력이 모든 것을 보장해주는 시대가 끝났음을 그들은 이미 다 알고 있어서다. 그리고 빌 게이츠, 마크 주커버그 등 하버드 중퇴자들이 이룬 성과를 알고 있기 때문이기도 하다. 사실 빌 게이츠는 학력 중심 사회가 확고하던 시대에 중퇴한 아주 용감한 사람이다. 자신이 가진 실력에 대한 확신이 있어서다. 마크 주커버그가 중퇴한 것도 거의 20년 전이다. 사실 IT 업계에선 대학 중퇴자가 많다. 마이크로소프트, 애플, DELL, UBER, 왓츠앱, 트위터 등을 창업한 사람들이 다 중퇴자이기도 하다. 페이팔 창업자이자 스타트업 투자자로 유명한 피터 틸은 대학 중퇴하고 창업하면 지원해주는 장학프로그램까지 운영할 정도다.

하버드대뿐 아니라 세계적 명문대 학생들 중에선 대학 중퇴를 고민하는 이들이 많다. 산업적 변화가 큰 시대이고, 새로운 기회도 그만큼 많은 시대다. 대학 교육에서 얻을 수 있는 기회나 졸업장의 가치보다 더 큰 기회가 있다고 판단되면 과감히 중퇴를 선택할 이들도 많다. 물론 중퇴가 성공을 위한 과정이라 할 수는 없다. 빌 게이츠도 학생들에게 중퇴를 권하지 않는다는 얘길 자주 했다. 중퇴를 할 만큼 시급한 기회, 적극적으로 도전하는 것이 아니라면 중퇴는 신중해야 한다는 말이었다. 아무리 능력 중심 사회가 되어도 대학을 중퇴하거나 대학을 진학하지 않는 것이 무슨 대단한

옵션이 되는 게 아니다. 자신의 능력을 키우는 방법 중 하나가 대학이기도 하고, 대학에서 키워주는 것 이상으로 스스로가 키워갈 것도 아니라면 그 사람은 그냥 대학에 가는 게 더 현명한 선택일 수 있다.

대학 졸업장의 가치가 떨어졌다고 했더니 대학 안 가는 걸 자신의 경쟁력으로 착각하는 사람이 있다. 대학을 가든 안 가든 그 자체가 경쟁력이 아니다. 대학을 가도 자신의 경쟁력을 직접 만들어야 하듯, 대학을 안 간다면 대학 가는 시간만큼을 효과적으로 활용해 자신의 경쟁력을 만들어야 한다. 그런 것도 없이 그냥 대학 안 가는 것으로는 아무것도 만들어지지 않는다.

대학이 필요 없는 게 아니다. 맹목적으로 대학 가는 사람이 줄어야 하고, 양질의 교육을 하지 않는 대학이 줄어야 하고, 경쟁력 없는 교수와 교육이 줄어야 하는 것뿐이다. 아니 궁극엔 줄어드는 것을 넘어 사라져야 한다. 학생이 투자한 시간과 등록금만큼이라도 학생의 경쟁력에 기여하지 못할 학교와 교수라면 사라지는 게 맞다.

돈값도 못 하면서 희망고문하듯 거짓된 미래를 제시하는 건 사기다. 학생을 존중하지 않는 교수, 학생의 미래를 위해 최선의 투자를 하지 않는 대학은 무책임한 것이다. 이런 대학은 도태되어야 한다. 대학은 계속 망해가고 폐교하는 곳도 늘어날 것이다. 그건 적자생존이다. 그런 학교를 구제해달라는 건 말이 안 된다. 자본주의적 경쟁 원리가 대학에도 유효해야 한다. 그래야 더 좋은 교육 서비스를 하는 대학이 나오고, 그런 학교가 학생들에게 선택되고, 그런 학교가 살아남는다. 결코 학교 간판이 학생들이 실질적으로 받는 교육 서비스의 품질보다 우선일 순 없다.

외식업계에도 고학력의 힘이 존재했다. 프랑스나 이탈리아 유학파나 세계적인 요리학교 출신들이 유명 셰프로 입지를 다지기도 한다. 하지만 음식의 맛이 과연 학력과 비례할까? 우린 음식 자체가 아닌 셰프의 인지도나 브랜드도 소비한다. 요즘 떠오르는 외식업계 주자들 중 요리고등학교 출신이 있다. 과거라면 조리사로 진출하는 것이 대부분이었을 텐데, 이제 외식업 경영자가 되고 프랜차이즈나 밀키트 사업도 벌인다. 학력이 절대적일 필요가 없는 분야 같은 음식, 외식업계에서도 학력의 힘은 컸다. 그것이 깨지고 있다는 것은 중요한 일이다.

디자인고등학교, 게임고등학교 등 특화된 실업계 고등학교도 많다. 이런 학교 출신이 대학을 가지 않고서도 자기 분야에서 두각을 드러내는 시대가 되는 것을 우린 원한다. 그

것이 바로 능력 중심 사회다. 더 나은 실력이 있어서 기회를 가져가는 건 우리가 받아들인다. 실력이 아닌 더 나은 학력으로 기회를 장악하는 건 부당하기 때문이다.

여전히 학벌은 중요하다고 믿는가? 이제 학벌은 빛나는 액세서리다. 실력이자 능력을 절대적으로 보장하는 무기가 되는 게 아니라, 달고 있으면 기분 좋은 액세서리 정도로 위상이 떨어졌다. 자랑은 할 수 있고, 기분도 좋고, 어깨에 힘이 조금 들어갈 순 있어도, 그렇다고 학벌 자체가 일자리나 미래를 보장해주지는 않는다. 설령 서울대 나오고, 의사, 변호사가 되더라도 부모님이 능력 있는 의사나 법조인이 아니라면 사회적 성공은 점점 쉽지 않다. 금수저가 가진 부의 대물림에선 액세서리도 가치가 있지만, 애초에 부를 갖지 못한 이들에겐 그 액세서리는 생각보다 쓰임새가 적다.

당신은 과연 번번이 취업 시장에서 미끄러지지만 서울대 졸업장을 가진 사람이 되고 싶은가? 대학은커녕 고등학교만 졸업했지만 자신만의 콘텐츠로 구독자 100만 명이 넘는 유튜버가 되거나, 지방의 대학을 중퇴하고 스타트업한 뒤 글로벌 빅테크 기업에 자신의 회사를 파는 창업자가 되고 싶은가? 당신에게 선택하라고 한 세 가지 유형이 너무 극단적으로 대비된다고 생각하는가?

서울대 졸업하더라도 인문사회계열의 취업률은 끔찍한 수준인 것이 현실이다. 대학을 가느냐 안 가느냐가 핵심이 아니다. 간다면 어떤 이유로, 어디를 가서, 어떤 공부를 통해 어떻게 자신을 성장시킬지 구체적인 방향성을 갖는 게 핵심이다. 만약 안 간다면 어떤 이유로, 안 가는 대신 어떤 대안을 선택하며, 어떤 미래를 꿈꾸며 이를 위해 어떤 과정을 거치고, 어떻게 성장할지 구체적인 방향성을 가져야 한다. 그것 없이 대학 졸업장의 가치가 떨어졌으니 대학을 안 가겠다고만 하는 건 무책임하고 바보 같은 태도다. 서울대 나와서 취직하지 못하더라도 고등학교 졸업 후 백수로 지내는 것보단 백 배 낫다. 적어도 대학 다니는 동안 사귄 친구들, 대학에서 배운 공부, 취직 준비하며 치열하게 살아온 시간이 쌓였기 때문이다.

입시가 교육을 가장 크게 망친 것은 남과 싸우게 한다는 점이다

인생은 길다. 잠시 주춤했다고 인생이 끝나진 않는다. 중고등학교 때 반에서 공부는 꼴찌 하던 애가 나중에 사업으로 큰돈을 벌어 수백억대 자산가가 되어 어깨 힘주고 동창회에 나오는 경우도 있고, 전교 1등 하던 애가 서울대 가고 사회에서도 승승장구하다가 경제사범 되어 감옥에 가는 경우도 있고, 존재감 없이 조용하게 있던 애가 아주 잘나가는 세일즈맨이 되거나, 운동부였던 애가 나중에 피나는 노력으로 변호사가 되는 경우도 본다. 그리고 살면서 롤러코스터처럼 오르락내리락하는 경우도 본다. 그러니 우린 계속 성장하기 위해 노력해야 하고, 더 나아질 미래를 위해 투자해야 한다.

학력 중심 사회는 많은 기회가 입시 결과에서 정해졌다. 명문대 졸업장을 갖는 것이 평생 무기가 되었다. 그래서 인생 초반부를 어떻게 보내고, 입시를 어떻게 치르느냐에 따라 인생이 바뀌었다. 하지만 능력 중심 사회에선 자신의 노력과 투자에 따라 기회와 무기를 계속 만들어낼 수 있다. 한두 번 실패했다고 인생이 끝나는 게 아니라, 새로운 기회를 만들어 높이 올라갈 기회는 계속 주어진다. 오해 마라. 기회가 주어진다는 것이지 가만 있기만 해도 기회가 쏟아진다는 게 아니다.

"행동할 수 있는 자는 행동한다. 하지 못하는 자는 선생이 된다." 버나드 쇼George Bernard Shaw, 1856~1950가 한 말이다.

그는 1925년 노벨문학상을 수상한 아일랜드 출신 작가다. 셰익스피어 이후 최고의 극작가라고 불리기도 한 그의 학력은 초등학교 졸업이 전부다. 가난해서 학교를 다니지 못했는데, 사무실의 사환으로 일하면서 그림과 음악을 배웠고, 소설도 썼다. 이후 연설가, 비평가, 극작가, 소설가, 수필가, 화가 등이 그의 직업이었다. 그가 공교육을 많이 받지 못했기에 더더욱 이런 말을 했을지 모르지만, 선생님은 중요한 직업인 건 분명하지만 버나드 쇼가 한 말도 틀린 말은 아니다.

특히 버나드 쇼가 살았던 시대에는 더더욱 교사의 사회적 지위는 지금과 비교할 수 없이 높았다. 그럼에도 교사도 직업의 하나일 뿐이란 사실은 변함없다. 교사로 운명적으로 태어나는 것이 아니라, 교사라는 직업을 선택해서 교사라는 역할로 키워지는 것이다.

세상을 바꾸는 데 교육자도 필요하지만, 행동가도 필요하다. 결국 세상은 직접 사업을 벌이고, 직접 건물을 짓고, 직접 도로를 만들고, 직접 기술을 개발하고, 직접 창작을 하는 등 행동을 한 사람들에 의해 변화한다. 버나드 쇼는 학교는 아주 짧게 다녔고, 그가 접한 교사는 아주 적었겠지만, 그는 평생 창작하고 행동하고 공부한 사람이다. 초등학교

학력이 전부지만 그는 당대의 지성인으로 꼽혔고, 노벨문학상과 오스카상을 모두 수상한 유일무이한 사람이다. 오드리 햅번이 주연한 영화 〈마이 페어 레이디My Fair Lady〉는 오스카에서 작품상을 비롯해 8개 부문의 상을 받았는데, 여기서 버나드 쇼가 각색상을 받았다. 원작이 바로 버나드 쇼가 쓴 연극 극본 〈피그말리온Pygmalion〉이다.

버나드 쇼는 묘비 문구로도 유명한데, "우물쭈물하다가 내 이럴줄 알았지"라고 국내에 번역되어 알려진 원문은 "I knew if I stayed around long enough, something like this would happen.(오래 살다 보면 이런 일이 생길 줄 내가 알았지)"이다. 버나드 쇼는 생전에 직접 자신의 묘비에 들어갈 문장을 써놓은 것이다. 최종학력은 초등학교 졸업이지만, 그는 평생 지성인으로 살았고, 자신의 미래를 스스로 개척해나갔다. 아주 강력한 학력 중심 사회에서 그는 탁월한 능력으로 자기만의 길을 만들었다. 우리가 살아갈 시대는 이제 능력 중심 사회다. 자신의 능력을 키우고, 자신의 길을 찾는건 더이상 특별한 사람만의 선택이 아니라 우리 모두의 선택이어야 한다.

학력 중심 사회와 능력 중심 사회는 교육도 다르고, 선생도 다르고, 학생도 다르다. 그동안 학력 중심 사회가 유효했지만, 이제 확실히 무게 중심이 넘어가기 시작했다. 입시의 종말, 수능의 종말을 사교육계 거물과 스타급 강사, 심지어 수능을 출제하고 운영하는 기관의 수장도 얘기할 정도다. 대학의 위기와 한계, 명문대 졸업장의 가치 하락을 명문대 총장도 얘기한다. 기업이 원하는 인재상의 변화도 능력 중심 사회로 이동하는 데 힘을 실어주고 있다.《프로페셔널 스튜던트》를 집필한 이유도 능력 중심 사회에서 학생은 어떻게 공부해야 하고, 미래에도 생존할 인재는 누구일지에 대한 화두를 던지기 위해서다.《아웃스탠딩 티처》를 집필한 이유도 능력 중심 사회에서 우리가 어떤 선생을 선택하고, 공부에서 주도권을 어떻게 가질 것인지, 공부와 선생을 바라보는 관점을 근본적으로 바꾸게 하기 위해서다.

그리고 입시의 종말은 고등학교와 대학만의 얘기가 아니다. 성인에게도 중요한 얘기다. 입시의 종말은 입시제도가 끝나는 게 전부가 아니다. 우리가 교육을 대하는 태도와 관점이 바뀌는 것이다. **그동안의 입시 중심 교육이 가장 심각한 문제였던 건 학생들을 상대평가에 익숙하게 만들어 서로 경쟁하게 했다는 점이다. 공부는 동료와 싸우자는 게 아니다. 동료와 싸워 이기고, 지고, 밟자는 게 아니다. 동료와 함께 가야 한다.** 하지만 그동안 우리가 한 공부에선 상대평가가 중심이었다. 입시가 점수로 당락을 결정하다 보니 상대평가로 줄 세워야 했다. 초중고에서 상대평가를 자연스럽게 몸에 체득했고, 대학에 가서도, 사회생활을 하면서도 우린 상대평가가 보편적인 환경에 오래 살다 보니 공부는 늘 타인과의 경쟁으로 보는 경향이 있다. 사실 **우리에게 진짜 필요한 건 타인과의 경쟁이 아니라 자신과의 경쟁이다. 어제의 나보다 더 나아지기 위해 우린 공부해야 한다. 다들 자신과의 경쟁을 공부라고 여기게 되면, 더이상 타인과는 경쟁이 아닌 협력을 하게 된다. 서로 도와주고 서로 이끌어주는 공부 공동체가 되는 것이다.** 이건 공부를 바라보는 가장 큰 방향 전환이고, 학생이 프로페셔널 스튜던트로 거듭나야 하듯, 선생도 아웃스탠딩 티처로 거듭나야 한다는 의미기도 하다. 기존 교수, 교사는 중요한 인재다. 이들이 아웃스탠딩 티처로 거듭날 수 있다면, 학생들에게는 최고의 선물이 된다.

4

선생 말을
안 들은 학생은
어떻게 되었을까?

"중학교 때 학교 선생님이 축구 그만두라고 했는데, 말 안 듣고 계속 했더니 결국 발롱도르 수상자가 되었다." 로베트로 바조가 한 애기다. 로베르토 바조Roberto Baggio는 이탈리아 축구선수로 1982년부터 2004년까지 프로 선수로 활동했으며, 1990년대 세계 최고 축구 공격수 중 한 사람으로 손꼽혔고, 이탈리아에선 역사상 가장 위대한 축구선수로 불리는 레전드다. 특히 1994년 월드컵에서 이탈리아가 결승까지 진출해 브라질에 아쉽게 져서 준우승을 했는데, 결승까지 가는 데 일등공신이 로베르토 바조다. 말총머리로 유명한 그가 보여준 월드컵 활약에 한국에도 팬이 많았다. 그 팬 중 한 명이

어느 중학생이었다. 그는 축구 기자가 되어 로베르토 바조와 직접 이탈리아어로 인터뷰하고 싶다는 꿈이 생겼고, 대학을 한국외대 이탈리아어과로 진학했다. 고등학교 선생님은 반대하며 다른 전공을 권했지만, 그는 말을 듣지 않았다. 그리고 이탈리아로 유학 가서 미술사를 공부했다. 유학 시절 이탈리아 친구가 한 '왜 이탈리아까지 유학을 왔냐'는 질문에 그는 로베르토 바조 때문이라고 얘기했는데, 놀랍게도 그 친구의 삼촌이 바조의 지인이었다. 친구가 전한 말을 들은 삼촌이 바조에게 한국에서 온 유학생 얘길 했고, 결국 바조의 집에 식사 초대를 받게 되었다. 그 팬은 지금 창원대 사학과 교수인 구지훈이다. 축구를 그만두라는 선생의 말을 듣지 않은 바조와 대학 전공을 다른 것으로 하라는 선생의 말을 듣지 않은 구지훈, 결국 둘은 선생의 말을 듣지 않아서 자신의 꿈을 이뤘다.

선생 말 안 들어야 성공한다는 건 절대 아니다. 하지만 모든 결정은 자신이 해야 한다. 자기 인생이다. 다른 사람의 인생이 아니다. 그러니 하고 싶은 것을 끝까지 도전해보는 건 자기가 내릴 결정이자, 아주 중요한 결정이다. 절대 남의 인생 살듯 자신의 인생을 살지 마라. 남 보기 좋을 인생, 남들이 보편적으로 사는 인생을 살려고 살아가는 게 아니다.

자신을 만족시키지 못하는 인생은 결코 성공한 인생이 아니다. 안 되면 될 방법을 찾아야 하고, 그것을 도와줄 선생이 당신이 가까이할 선생이다. 선생도 당신에겐 조연일 뿐이고, 도구일 뿐이다. 주인공은 오로지 당신 자신이다. 더이상 선생 말 잘 듣는 학생이 모범생이 아니다. 자신의 주장을 논리적으로 내세울 줄 알고, 자신의 꿈을 위해 적극적으로 노력하고 도전하는 것이 지금 시대의 모범생이다. 더이상 학교와 선생의 권위에 맹목적이어선 안 된다.

왜 유대인은
비판적 사고를 중요하게 여기는가?

유대인의 교육에서는 기존 학설, 이론을 맹목적으로 학습하는 것을 교육이라 여기지 않고, 기존 학설과 이론에 새로운 것을 보탤지 가르치는 것을 교육으로 여겼다고 한다. 기존의 것을 무조건 받아들이는 것이 아니라 비판적으로 받아들이거나, 더 나은 대안을 만들거나, 진전시키는 것을 중요하게 본 것이다. 말 잘 듣는 범생이 공부가 아닌 것이다. 기존의 것을 그냥 잘 외우고, 잘 복제하는 것은 학문적으로 보면 아무런 진전이 아니다. 엄밀히 제자리걸음이자 시간 낭비다. 시험을 위한 공부에 불과하다.

한국의 교육에선 기존의 학설과 이론을 단기간 흡수하는 학습력은 탁월하다. 시험 치는 스킬은 우리가 최고다. 하지만 이런 학습력으로는 점수 잘 따는 것이 전부이고, 대학 가는 문을 여는 것이 전부다. 왜 전 세계에서 한국인이 IQ 최상위권이라느니, 청소년 학습력에서 최상위권이니 하면서 막상 노벨상은 받지 못할까? 수학/과학 올림피아드 같은 세계적 경시대회에서 청소년들이 상을 휩쓸면서도 노벨상은 받지 못할까?

이유는 멀리 있지 않다. 경제/과학 분야 노벨상에서 유대인 수상자는 압도적으로 많다. 전 세계에서 유대인은 1,500만 명 정도라고 한다. 5,100만 명 정도인 대한민국 인구수와 비교해도 아주 적다. 전 세계 인구 비율로는 0.2% 정도지만, 전체 노벨상 수상자 4명 중 1명이 유대인이고, 노벨경제학상 수상자는 무려 10명 중 4명이 유대인이다. 지금 여러분에게 노벨상 받을 공부를 하라는 게 아니다. 유대인이 머리가 좋아서 노벨상을 많이 받는 게 아니다. 가장 필요한 교육을 잘 하기 때문이고, 교육을 통해 성장하고 진화하는 것을 잘 하기 때문이다.

정신분석학Psychoanalysis 이론을 최초로 만든 정신분석학의 창시자 지그문트 프로이트Sigmund Freud, 1856~1939는 심리학, 철학, 예술, 문학 등 다양한 학문에 넓게 영향을 미친 20세기를 대표하는 학자다. 에리히 프롬Erich Fromm, 1900~1980은 프로이트와 카를 마르크스Karl Marx, 1818~1883, 알베르트 아인슈타인Albert Einstein, 1879~1955 세 사람을 일컬어 근대의 설계자라고 불렀는데, 사실 이들 세 명은 인류 역사상 가장 큰 영향을 준 세 명의 유대인이기도 하다.

《공산당 선언》을 저술하고 공산주의 이론을 정립한 인류 역사상 가장 영향을 많이 준 사상가 중 한 명인 마르크스, 역사상 가장 위대한 물리학자이자 상대성 이론을 개발하고, 양자역학 이론 발전에도 지대한 공헌을 했고 노벨물리학상을 받은 아인슈타인, 그리고 프로이트 모두 유대인이다. 이들의 이론과 학문적 성과에 문제 제기하고 비판하고 진전시키는 것은 이들의 제자이자 후배다.

한국인만큼이나 유대인도 민족적 끈끈함이 있다. 하지만 우리처럼 혈연, 학연, 지연에 얽매여 맹목적으로 지지하거나 덮어주는 것에 능하진 않다. 솔직히 한국의 학계에선 선후배, 스승제자 따지면서 적당히 비판하고, 적당히 넘어가는 것이 많다. 날선 비판과 공격을 주고받으며 더 나은 답을 찾는 것을 보기 어렵다.

알프레트 아들러Alfred Adler, 1870~1937와 에리히 프롬에게 프로이트는 스승이나 다름없다. 둘 다 프로이트의 이론을 지지하고 연구했지만, 나중에 비판하고 모순을 공격하며 독자적인 이론을 정립했다. 정신분석학자 에리히 프롬은 오랫동안 프로이트를 연구했고, 그의 학문적 성과를 지지하면서도, 연구의 모순을 비판했다. 마르크스와 프로이트를 비판적으로 계승하며 사회심리학이라는 새로운 분야를 개척했다. 아들러도 1902년 프로이트를 중심으로 하는 빈 정신분석학회에 참여해 10년간 활동했을 정도로 프로이트의 학문적 견해를 오래 같이했다. 하지만 프로이트를 비판하며 1912년 탈퇴해 개인심리학회를 결성했다.

아들러는 개인심리학의 창시자다. 한국에서 초대형 베스트셀러가 된 《미움받을 용기》는 일본의 철학자 기시미 이치로와 작가 고가 후미타케가 아들러의 심리학을 기반으로 함께 쓴 책이다. 아들러는 프로이트, 카를 구스타프 융Carl Gustav Jung, 1875~1961과 함께 심리학 3대 거장으로 꼽힌다.

유대인의 모든 성인 남자는 기원전부터 글을 다 배웠다고 한다. 이미 2,000년 전부터 유대인에게는 교육이 필수였던 것이다. 다른 민족들은 대부분 문맹이던 시절에도 교육을 받았으니 유대인이 경제력이 더 높을 수밖에 없다. 글을 알고 정보를 수집하고 활용할 수 있다 보니 시장의 거래에서 주도권을 가질 수 있었고, 통상과 금융에서 힘을 키울 수밖에 없다. 지금도 세계 금융 시장에서 유대인이 주도권을 가지고 있는 건 우연이 아니다.

선인장의 꽃 열매를 '사브라Sabra'라고 한다. 사막에서 선인장이 꽃을 피우려면 얼마나 힘들겠는가? 유대인은 자녀를 사브라라고 부르는데, 강인함과 억척스러움을 통해 자녀를 잘 교육시키고 잘 성장시킨다는 의미다. 유대인은 가장 많이 억압받으며 고생한 민족이다. 생존을 위해선 탁월해야 하며, 창의력이 높아진 것도 교육열이 뜨거운 것도 다 살아남기 위해서다. 그들의 교육관에서 권위에 주눅들지 않고, 비판적으로 받아들이고, 더 나은 대안을 만들어내기 위해 스승의 학문적 성과도 부정할 수 있는 용기를 우린 주목해야 한다. 그것이 스승에게 학생이 가질 최선의 태도다. 그것이 진짜 공부가 아닐까?

"교수가 죽어야
학생이 산다"

오해하지 마라. 교수를 폄하하는 게 아니다. 불필요한 권위 의식만 문제 삼는 것이다. 앞의 문장에는 한 가지가 빠졌다. 문장을 고치면 "교수(의 권위)가 죽어야 학생(의 가능성이) 산다"가 맞다. 교수든 교사든 우린 선생의 권위에 주눅 들지 않아야 한다. 권위가 아닌 논리와 지성, 실력으로 주눅 들어야 한다. 권위는 대적해서 이길 수 없다. 하지만 논리는 더 나은 논리, 지성과 실력도 더 나은 지성과 실력이면 대적해서 이길 수 있다. 선생을 능가하는 것이야말로 학생의 최고 미션이다. 선생도 자신을 능가하는 학생을 만들어내는 것이 가장 큰 미션이어야 한다. 그래야 발전이 있지 않을까? 그게 아니면 늘 제자리걸음만 할 뿐이지 않을까?

한국의 대학에는 교수 식당, 교직원 식당이 있다. 심지어 교수 화장실도 있다. 우린 늘 지위나 서열을 나누고, 권위를 부여한다. 하지만 미국의 대학에는 식당만 있을 뿐, 교수 식당과 학생 식당으로 구분하지 않는다. 밥을 먹는 데 교수와 학생이 다를 게 뭐가 있겠나? 교수와 학생의 겸상이 교수의 권위를 해치는 예의없는 일이라 여겼다.

교수의 권위가 높은 한국이 대학에서 교육의 질이나 연구 성과가 더 좋은가? 갑질하는 교수가 많고, 대학원생을 수족처럼 부리는 경우도 비일비재하다. 교수와 학생 간의 자유로운 토론? 그런 건 불가능하다. 마치 군대 같은 상명하복이 존재한다. 스승의 그림자도 밟지 말아야 한다는 고리타분한 구시대적 사고를 여전히 갖고 있는 사람도 있다. 아주 비교육적이다.

이런 교육환경에서 기존의 학설을 능가하는 답을 찾는 것이 가능할까? 전 세계에서 R&D 비용은 우리가 아주 많이 쓰는 나라다. 그런데 대학 교수들이 따내는 수많은 연구 프로젝트 중에서 쓸 만한 연구가 얼마나 될까? 교수들 실적 만들고, 연구비로 소득 늘리는 것이 목적인 연구 프로젝트가 많다. 이런 게 정말 교육적일까? 비겁하고 비열하다.

가장 보수적이고 변화에 뒤처진 곳 중 하나가 학교다. 그중에서도 대학이 가장 심각하다. 학교가 둔감한 만큼 교사, 교수도 변화에 둔감한 이들이 많다. 교사와 교수는 과거에 누리던 지위를 빨리 지워야 한다. 지금 시대 필요한 역할로서 교사와 교수가 자리 잡지 못하면 그들은 학생들에게 외면받을 존재가 된다. 세상이 빨리 바뀔수록, 학생은 더이상 교사, 교수를 맹목적으로 따르지 않는다. 지위와 권위로 따르게 하는 것이 아니라 실력으로 따르게 해야 한다. 학문의 전당이니 명예니 얘기하면서도 논문 표절과 위조, 허위 경력이 총체적으로 드러난 사안을 문제 없다는 듯 덮어버린 학교도 교수도 많다. 더이상 대학은 학문이 아닌 정치의 장이다. 한국의 대학, 교수들은 이런 건 부끄럽지 않은가? 왜 학교가 변화에 가장 둔감할까? 나름 많이 배우고 지성인이 모여 있으면서 왜 변화에 둔감하고, 변화에 저항하기까지 할까? 대학은 왜 존재하고, 교수는 왜 존재할까? 이 질문에 대한 답을 깊이 생각해보아야 한다. 학교뿐 아니라, 기득권이 있는 곳일수록 변화에 둔감하다. 밥그릇 지키기가 득세하는 곳일수록 변화에 둔감하다. 이런 곳들 때문에 사회의 미래가 어둡다.

"삼성전자에 박사가 3,000명 정도 있다고 한다. 이제 대학의 경쟁상대는 다른 대학이 아니라 삼성이나 SK 같은 기업이 될 것이다. 대학의 역할이 변할 것이다." 염재호 교수(전 고려대학교 총장)가 '여시재'와 한 인터뷰(2020.5.26.)에서 한 말이다. 그동안의 대학은 무사안일했고, 이제 대학이 변화하지 않으면 살아남지 못한다는 메시지다.

대학이 변화에 둔감했던 건 변화하지 않아도 기득권을 지킬 수 있어서였고, 그래서 대학끼리만 경쟁하며 그들만의 리그에 머물며 정체되었다. 그러는 사이 세상은 많은 것이 바뀌었다. 산업도 기술도 기업도 인재상도 다 바뀌었다. 고등학교 졸업한 학생을 가르치는 교육기관으로서의 대학은 한계가 명확하다. 경쟁력 없는 대학이 사라지는 건 당연하다. 지금 대학 중 절반이 머지않아 사라져도 놀랄 일이 아니다. 과연 사라지는 대학에서 교수는 살아남을까? 반대로 경쟁력 있는 대학과 교수는 미래에도 건재하다. 치열하게 공부하는 교수가 많아질수록 학생에게 이득이다.

〈교수신문〉은 매년 연말이 되면 올해의 한국 사회를 표현한 사자성어를 선정해서 발표한다. 학계 명망 있는 교수들로 이뤄진 추천위원단에서 사자성어를 10개 정도 추천하면, 〈교수신문〉의 편집위원과 주요 필진 등으로 구성된 예비심사단이 추려내어 일부를 남기고, 이것을 약 1,000명의 교수가 이메일로 참여해 투표하는 방식이다. 추천위원단이나 예비심사단은 인문, 사회 계열 교수가 많고, 투표에 참여하는 교수 중 2/3 정도가 인문, 사회 계열이다. 한국 사회, 그중에서도 정치, 사회 상황에 빗댄 사자성어가 많은 것은 그런 이유일 것이다. 2001년부터 시작했으니 2022년까지 22개의 올해의 사자성어가 나왔다.

2022년 〈교수신문〉이 선정한 올해의 사자성어는 과이불

개過而不改, 잘못하고도 고치지 않는다다. 2021년엔 묘서동처猫鼠同處, 고양이가 쥐를 잡지 않고 한패가 되었다였고, 2020년엔 아시타비我是他非, 나는 옳고 남은 그르다였다. 3년치 사자성어를 한마디로 종합하면 '내로남불'이 되는 셈이다. 교수들이 한국 사회, 아니 한국 정치에 전하는 메시지가 '제발 정치 좀 똑바로 해라, 너희가 제일 무능하고 나쁘다!' 하는 느낌이기도 하다. 그런데 만약 대학생을 대상으로 올해의 한국 교육계, 한국 대학을 표현하는 사자성어를 선정해도 비슷한 결과가 나올 것 같지 않은가? 교수들이 사회와 정치에 대해 목소리를 내는 것만큼이나, 교육에 대해서도 목소리를 내야 한다. 자신의 밥그릇이 걸려 있다고 해서 더 나은 답을 알면서도 변화와 혁신에 소극적이면 그 또한 과이불개이고 내로남불이다.

2001년에 선정한 오리무중을 비롯해 이합집산, 우왕좌왕, 당동벌이같은 의견끼리 어울리고 다른 의견은 배척한다, 자기기인자신을 속이고 남을 속인다, 엄이도종귀를 막고 종을 훔친다, 도행역시, 지록위마, 엄중도원책임은 무겁고 길은 멀다 등은 정치권이 아닌 교육계, 대학과 교수에게 되새기게 하고 싶은 사자성어기도 하다. 대학은 재단을 위해서도, 교수를 위해서도, 교직원을 위해서도 존재해야 하지만, 가장 궁극적 존재 이유는 학생을 위해서다. 학생을 잘 키우고, 미래를 열어갈 수 있게 하는 것이 가장 중요한 일임에도 현실에선 그렇지 않은 대학과 교수를 너무 많이 본다. 그러고도 부끄러운 줄 모른다. 물론 모든 대학, 모든 교수에 대한 지적이 아니다. 절대 오해 없길 바란다. 분명 탁월하고 좋은 교수도 많다.

하지만 '선생질', '꼰대질' 하는 교수도 많은 것이 현실이고, 이 또한 그들이 사악해서가 아니라 지극히 상식적이어서 그런 것뿐이다. 그들에게 선생은 '가르치고, 훈계하고, 평가하는' 직업일 뿐이다. 학생이 아닌 교수 자신이 더 우선이고, 자신의 직업적 가치와 월급이 더 우선인 건 인지상정이다.

왜 학교는
쓸데 있는 지식은 가르치지 않을까?

쓸데 있는 지식은 살아 있는 지식이다. 과연 당신이 학교에서 배운 것 중에서 지금껏 쓸데가 있는 살아 있는 지식은 얼마나 될까? 직장생활 하고 사회생활 하면서 초중고 학교에서 12년간 죽도록 공부한 것을 충분히 활용하고 있는가? 아마도 그렇다고 답하는 사람은 별로 없을 것이다. 학교를 나오는 순간 써먹을 데가 없는 것임에도, 12년간 시간과 노력과 돈을 써가면서 배운다. 학교에선 입시교육이 중심이다. 그건 선생이 정한 것도 아니고, 한국의 교육체제와 교육산업이 정한 것이니 개별 선생으로선 별 도리가 없기도 하다. 상대평가를 통해 점수로 순위를 가려야 하니까, 시험을 위한 공부를 하게 된다.

만약 한국의 수능 영어 문제를 영국의 영어 교사나 학생이 풀어본다면 어떨까? 실제로 유튜브에는 이런 콘텐츠가 많이 있다. 그중 대표적인 것이, 구독자 554만 명인 유튜브 채널 '영국남자'에서 수능 영어를 영국 고등학생들에게 풀게 한 영상이 있다. 조회수만 무려 1,260만 회에 이를 정도인데, 그들이 쓰지 않는 표현이나 억지스럽게 꼬아놓은 문제들이 있다 보니 영어가 모국어인 영국 고등학생들이 쉽게 풀지 못하고 쩔쩔매는 영상이다.

한국의 학교에서 하는 영어 교육은 영어가 모국어인 사람과도 대화할 수 있고 영어로 된 지식정보를 충분히 해독할 수 있는 영어 공부가 목적이 아니라, 시험 잘 치기 위한 공부다. 이러니 공교육에서 영어 수업 비중이 꽤 높음에도 실용적인 영어 실력이 높아지는 데는 역부족이다. 수학을 암기과목처럼 가르치기도 한다. 이해하는 길은 멀고 복잡하니 그냥 공식을 빠르게 외워서 기계적으로 적용해서 풀라는 것이다.

시험 잘 치는 기술은 시험 칠 일이 사라지면 쓸모가 없다. 이러니 학교를 졸업하면 학교에서 배운 게 무용지물이 된다. 그 시간이 너무 아깝다. 수십 년째 그러고 있다. 과거에 그랬다고 지금도 그래야 하는 건 절대 아니다. 앞으로 그래야 하는 건 더더욱 아니다. 학교가 바뀌지 않으면, 선생이 바뀌지 않으면 학생은 학교도 선생도 버릴 수밖에 없다. 미래를 살아가는 건 학생의 몫인데, 학교와 선생이 도와주지 않고 과거 방식만 고수한다면 과감히 그들을 버리는 게 최선이다.

쓸데 있는 지식을 학교에서 가르치지 않는 건, 가르치기 어렵기 때문이기도 하다. 쓸데 있는 지식들은 한번 익히고 그후로도 우려먹듯 써먹을 수 있는 게 아니라 계속 지식을 업데이트하고, 더 나은 인사이트를 수시로 채워가야 한다. 가르치기 어려운 것이 우리가 더 중요하게 배워야 할 것이기도 하다.

살아가면서 가장 필요하고 실용적인 지식정보는 무엇일까? 아마도 투자, 세금, 그리고 계약 관련한 지식일 것이다. 차를 사든 집을 사든 물건을 사든 돈을 빌리든 우린 수많은 계약을 한다. 계약에 따른 절차나 법적, 제도적 지식정보를 모르는 사람이라면 사기를 당하거나 손해를 보거나 마음고생을 하게 된다.

사회 초년생들이 유독 계약 관련한 사기나 손해를 보는 경우가 많다. 학교에서 전혀 배운 적 없는 것을 비싼 수업료를 치르고 배우게 되는 셈인데, 왜 이런 방식으로 배워야 하나? 말이 좋아서 비싼 수업료라고 하는 것이지 엄밀히 말해 당하지 말아야 할 손해다. 법과 제도에 대한 이해도를 높이는 건 살아가면서 실질적으로 필요한 공부다.

투자도 마찬가지다. 주먹구구로 투자하는 이들은 손실을 보는 게 당연하다. 투자를 도박이나 운으로 여기는 사람은 아주 위험하다. 수많은 투자 주체들의 치열한 싸움이기도 한데, 이런 투자 시장에 대한 이해도 없이 들어갔다가 손실을 겪는 사회 초년생들도 많다.

영끌은 '영혼까지 끌어모은'이란 의미지만, 사실 '영(젊은)을 끌어들여 뺏아먹는'이란 의미도 된다. 부동산 시장의 고점에서 '영끌'을 많이 한 사람은 상대적으로 젊은 세대다. 기성세대 투자자들이 빠져나가기 위해 그들의 물량을 받아준 이들이 영끌족이다. 이들을 끌어들이기 위해 신문에선 영끌 타령을 쏟아냈고, 이런 언론과 건설, 부동산 산업은 이해관계가 얽혀 있다.

2019~2021년간 폭등한 부동산 시장은 2022년 하락세를 시작해 2023년에도 하락세는 이어지고 있다. 단기간 급등한 것이 조금 내려가는 것인데, 더 내려가길 바라는 입장과 이제 반등하길 바라는 입장이 있다. 전자는 실수요자일 것이고, 후자는 투자자일 것이다. 분명 각기 입장에 따른 지식정보가 쏟아지며 공방을 할 것이고, 이를 접하는 사람으로선 선택을 해야 할 것이다.

금융사의 수많은 금융상품을 정확히 이해하는 사람이 솔직히 얼마나 될까? 설마 금융사가 자신들의 이익보다 고객의 이익을 더 우선시할 거라는 말도 안 되는 순진한 생각을 하는가? 금융상품에 대한 이해를 높이는 것도 유용한 공부다. 세금도 마찬가지다. 버는 것만큼 중요한 게 합법적으로 절세하는 것인데, 세금에 대한 기본 개념도 없는 사람이 많다. 월급을 받든, 투자해서 돈을 벌든, 집을 사든 팔든 다 세금이 있다.

자본주의 세상을 살아가면서도 자본주의에서 필수적인 투자, 금융, 부동산, 세금 등에 대해선 대학생도 (아니 2030 직장인도) 무지한 경우가 많다. 결국 무지한 사람이 손해본다. 만약 학교에서 투자, 금융, 부동산, 세금 등에 대한 현실적인 내용을 가르친다면 어떨까? 적어도 손해보고 나서 '비싼 수업료를 치렀다'는 자기 위안은 멈추게 되지 않을까?

앞서도 말했지만 쓸데 있는 것을 기존의 학교 선생들이 가르치기는 쉽지 않다. 이미 다 알고 있고, 가르치는 노하우까지 있어서 익숙한 입시교육이자 교과수업과 별도로, 새로운 걸 다시 배워서 가르친다는 게 쉽지도 않고, 그렇게 단기간 배워봤자 또 암기식, 주입식 교육으로 형식적인 교육을 할 가능성도 크다. 그럼 어떻게 해야 할까? 강도 높은 변화가 필요하다. 한마디로 물갈이 해야 한다. 교육과 학교를 혁신하는데 선생은 그대로 두고 한다는 게 말이 될까? 혁신은 과감히 바꾸는 것이다. 이해관계 얽혀 밥그릇 다 챙겨주면서 하는 교육 혁신은 불가능하다. 그렇기에 공교육이 아무리 변화한다고 해도 기대치가 낮다. 아무리 좋은 플랜을 만들면 뭐하겠나, 실제로 일선 학교에서 적용할 선생들은 어제의 그 사람이 내일도 그대로인데 말이다.

그래서 학교는 앞으로도 쓸데 있는 지식정보를 가르칠 가능성은 낮다. 학교가 바뀌길 기다리느니, 각자 알아서 필요한 지식정보를 채우는 게 현실적이다. 사교육 시장이 입시교육 중심에서 실용적인 교육으로도 확대되는 게 최선이다. 그건 교육적 수요가 늘어나면 가능하다. 학생들이 바뀌어야 교육도 선생도 바뀌는 것이다.

기존에 금융사들이 일부 하고 있는 청소년을 위한 금융 교육은 더 확대해야 하고, 유대인식 실물경제 교육이 우리에게도 필요하다. 유대인은 자식을 위한 경제교육을 과외교사가 아니라 부모가 직접 한다. 13세에 성인식을 하는데, 이때 받은 축의금으로 주식, 채권, 예금 등 금융상품 투자를 시작한다. 이 과정이 공부다. 실제 돈을 투자하는 것이다 보니 관련한 공부를 할 수밖에 없고, 실물경제에 눈을 뜨게 될 가능성이 크다.

결국 부모는 자녀를 위한 아웃스탠딩 티처가 되어야 한다. 공교육에 맡기고 의무를 다했다고 생각하지 말고, 공교육에서 태생적으로 하기 힘든 교육을 위해서 시간과 노력, 돈을 쓸 각오를 해야 한다. 이런 부모가 없는 경우라면, 학생 스스로가 직접 나서야 한다. 알아서 공부하면 되긴 하지만, 세상에 제일 어려운 것이 알아서 하는 것이다. 성인도 어려운데 청소년이 가능하겠는가? 부모가 금융사에서 하는 교육도 적극 받고, 실물경제에 대한 이해도를 끌어올려라. 적어도 실물경제와 투자, 금융 교육, 곧 돈 공부에서는 부모가 자식의 아웃스탠딩 티처가 되어야 한다. 학교 공부만 잘해서 성공하는 시대는 끝났다. 선생 말만 잘듣는 모범생이 성공하는 시대도 끝났다.

선생의 최고 역할은
자신을 능가하는 학생을 만드는 것이다

학생學生은 학교에 다니면서 공부하는 사람이고, 선생先生은 학생을 가르치는 사람이다. 학생은 선생의 존재 이유기도 하다. 학생이 없다면 학교도 선생도 존재할 수 없다. 그런 점에서 가장 중요한 것이 학생이다. 그런데 그동안 학생은 가장 낮은 위치로 인식되었다. 왜 선생에겐 '님'을 붙이면서 학생에겐 그러지 않았을까? 권위를 중심으로 한 위계 관계로 선생과 학생을 구분지었기 때문인데, 과거에 그러했다고 미래에도 그러해야 할까? 학생이 '프로페셔널 스튜던트'로 거듭났는데, 선생은 과거 그대로 존재해도 될까? 절대 아니다. 학생의 진화만큼이나 선생도 진화가 필요하다. 그리고 이 진화는 더이상 학생과 선생을 분리하지 않고, 둘의 결합을 지향할 수도 있다. 학생이 곧 선생이고, 선생이 곧 학생인 상황을 말하는 것이다.

입시 중심의 교육에선 이럴 수 없다. 하지만 입시가 아닌, 고등학생만이 아닌, 어른을 위한 공부라면 학생이자 곧 선생이고, 선생이자 곧 학생이 되는 건 충분히 가능하다. 이것이 우리가 가야 할 공부의 방향이기도 하고, 아웃스탠딩 티처의 시작하다. 평생 계속 공부하는 것이 프로페셔널 스튜던트이듯, 평생 계속 공부하고 진화해가는 것이 아웃스탠딩 티처다.

기업에서 직책에 '님'을 붙이는 호칭을 버리는 경우가 늘고 있다. 사장님, 과장님 같은 식의 호칭을 버리고 모든 임직원을 '프로'라고 같은 호칭을 쓰거나, 아니면 이름만 부르는 것을 자주 보게 된다. 과거라면 아주 세분화해 직위를 나누고, 각 지위가 곧 계급이 되어 수직적 위계 관계가 확고했다. 하지만 이젠 기업 조직에서 수평화는 대세가 되었고, 호칭도 서로 동등하게 바뀌었다. 이미 국내 주요 대기업에서 모든 직원이 상호 존대를 원칙으로 하는 경우가 늘었다. 왜 이럴까? 존댓말과 반말을 구분해서 쓰는 한국에서 왜 기업들이 수평화를 위해 적극적으로 노력할까? 그것이 이득이 되어서다. 수평화를 통해 생산성, 효율성을 높이기 위해서다. 교육도 마찬가지다.

교육이 나이, 성별, 인종, 지위 등에 따라 차등해야 할까? 절대 아니다. 교육이 수평화된다는 것은 권위와 관성에 짓눌리지 않고 더 나은 답을 찾는 것이 일상화된다는 의미도 된다. 선생의 최고 역할은 자신을 능가하는 학생을 키워내는 것이다. 그리고 학생의 최고 역할은 선생을 능가하는 것이다. 이건 예의와 권위와도 상관없다. 학문적으로, 실력으로 더 나은 학생을 만들어내는 건 교육의 궁극의 방향이다. 선생을 존중하고 존경하되, 상하 관계의 틀에 갇혀선 안 된다. 우린 더 나아지기 위해 공부하는 것이지, 제자리걸음하기 위해 공부하는 게 아니다.

당신은 어떤 선생을 원하는가? 당신에게 지금 어떤 선생이 있는가? 우린 이 질문을 진지하게, 그리고 수시로 자신에게 던져야 한다. 선생 말을 잘 듣는 모범생이 되지 말라고 했다고, 선생 자체가 필요 없어지는 건 아니기 때문이다.

Part 2

누가
아웃스탠딩
티처인가?

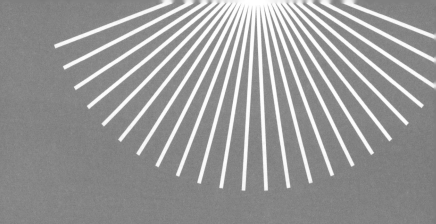

: 탁월한 선생을 찾기 위한
단서와 전략

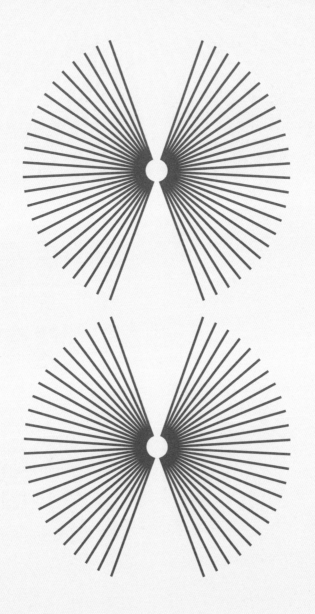

만약 손흥민에게 손웅정이 없었다면 어땠을까?

손흥민을 얘기하면서 빼놓을 수 없는 사람이 바로 아버지이자 코치인 손웅정이다. 손흥민은 잉글랜드 프리미어리그 EPL에서 득점왕을 차지한 첫 번째 한국인, 아니 아시아 선수 중 처음이다. 세계 최고 프로축구 리그에서 최고의 선수로 손꼽히는 월드클래스가 바로 손흥민이다. 그의 아버지 손웅정은 프로 축구선수였지만 부상으로 프로팀에서 4년만 활동하다 28세에 은퇴했고, 가족을 위해 헬스 트레이너, 막노동 등 여러 일을 하며 돈을 벌었다.

손흥민이 축구를 시작한 계기는 아버지의 권유가 아니다. 짧은 선수 생명으로 축구선수의 삶이 고달프다는 것을 직접 경험한 손웅정으로선 자식을 축구선수로 만들 생각이 없었다. 하지만 손흥민이 초등학교 3학년 때 축구를 하고 싶다고 의사를 밝히자, 그때부터 손웅정은 아들의 코치가 되어 중학교 3학년 때까지 매일 6시간씩 기본기 훈련만 시켰다. 학교 축구부에 보내지 않고 자신의 방식으로 훈련시킨 것이다. 공을 힘껏 슈팅하는 것을 전혀 시키지 않고, 어떤 상황에서도 공을 통제할 수 있는 기본만 집중했다. 관절과 근육이 다 자라지 않은 시기에 너무 혹사하면 결국 선수 생명이 짧아질 수 있기 때문이다. 선수 생명이 짧았던 자신의 경험 때문에 더더욱 이 부분에 민감했을 것이다.

기본기를 충분히 갖추고, 경기를 뛰기 위해 축구부에 들어간 손흥민은 단기간에 주목받았고, 국내 프로팀의 유소년팀을 거쳐 독일 분데스리가 함부르크의 유소년팀으로 입단한다. 고등학교 재학 중이던 16세 때 독일로 간 것인데, 손웅정은 엄격한 개인코치이자 매니저 역할을 하며 독일에서 함께 생활했다. 손흥민이 독일의 분데스리가에서 프로 선수로 자리를 잡고, 잉글랜드 프리미어리그로 진출해 최고의 선수가 되는 데 일등공신이 바로 손웅정이다. 손흥민을 위한 인생을 살았다고 해도 과언이 아니다.

손흥민은 양발을 자유롭게 사용한다. 양발잡이로 태어난

게 아니다. 축구에서는 특정 발만 쓰는 것보다, 어떤 상황에서도 바로 대응할 수 있는 양발잡이가 상대적으로 유리하다. 양발잡이가 되도록 만든 것이나 페널티박스 양쪽에서 감아차는 소위 '손흥민 존'도 손웅정의 철저한 연구와 반복적인 훈련 끝에 만들어졌다. 코치로서 손웅정은 가르치기 전에 직접 자신이 다 해보고, 훈련 중에도 그늘에서 절대 쉬지 않고 같이 뛰고 훈련한다. 이러니 독한 훈련임에도 손흥민이 다 소화할 수 있지 않았을까? 탁월한 재능을 가졌다고 모두 탁월한 프로 선수가 되지는 않는다. 노력과 훈련이 더해지지 않으면 재능만으로는 한계가 있다. 손흥민은 손웅정이란 탁월한 선생이 있었기에 세계적 선수가 되었다고 해도 과언이 아니다.

손웅정은 손흥민을 키워낸 노하우와 외국 유소년 축구 아카데미를 참고해, 제2의 손흥민을 키우겠다며 'SON 축구아카데미'를 만들었다. 2016년부터 170억 원을 들여 손흥민 축구공원을 만들었고, 이곳에 유소년 축구아카데미를 만들었다. 입단 테스트를 거쳐 소수만 선발하고, 영어, 일어 등 외국어 교육과 역사, 인성 교육도 한다. 기존의 학교 축구부와는 완전히 다르다. 돈 버는 사업으로 하는 축구아카데미가 아니다. 기존의 학교 축구부가 단기적 성과, 성적을 중요시하고 학교 수업은 소홀한 것과 달리, 기본기를 갖추고 유능한 축구선수 이전에 인성 좋은 사람을 키워내는 것이다. 손웅정의 유소년 지도 방식에 대해 조급증을 가진 부모로선 불안할 수도 있다. 그래서 인무원려 필유근우人無遠慮 必有近憂, 사람이 먼 생각이 없으면, 반드시 가까운 근심이 있다, 인무원려 난성대업人無遠慮 難成大業, 사람이 멀리 앞을 보지 못하면, 큰 일을 이루기 어렵다이라는 사자성어를 인용해 자식 교육에서 멀리 보라는 당부를 한다고 한다.

이런 손웅정 얘기에서 가장 흥미로운 점이 그가 연간 100권의 책을 읽는다는 사실이다. 책을 읽기만 하는 것이 아니라 독서노트도 적는다. 축구선수는 무식하다는 편견이 싫어서 젊은 시절부터 신문 스크랩하고 독서하고 독서노트 적으며, 읽고 쓰고 생각하기를 실천해온 것이다. 그는 책을 읽을 때 검은색, 파란색, 빨간색 펜을 준비해 중요도에 따라 색깔별로 표시하고, 가장 중요한 핵심은 빨간색으로 메모해 독서노트에도 옮겨 적는다. 한 번 읽어서 좋다고 여긴 책은 적어도 세 번은 읽는다는 그는, 읽고, 적고, 반복하며 책 내용을 자신의 것으로 만든다. 그렇게 소화하고 나면 책은 버린다고 한다.

어쩌면 그가 부상으로 조기 은퇴하지 않았더라면, 우린

축구선수 손웅정도 기억했을 것이다. 아니 손흥민을 위한 삶이 아닌 자신만을 위한 삶을 살았어도 그는 분명 어떤 분야에서든 특별한 성과를 냈을 것이다. 그가 책을 소화하는 방식이자 공부하는 방식을 보면 손웅정은 프로페셔널 스튜던트이자 아웃스탠딩 티처임을 알 수 있다.

왜 오타니 쇼헤이는
운동 후 목욕탕에서
책을 읽을까?

메이저리그MLB 역사상 최고의 선수로 꼽히는 베이브 루스는 투수로 시작했지만 타격 능력이 탁월해 투수와 타자를 2시즌 동안 겸했고, 그후론 타자로만 전념했다. 현대 야구에서 투수와 타자는 서로 다른 역할이다. 메이저리그 초창기에나 투타 겸업이 있었고, 그중에서 투수로도 타자로도 뛰어난 능력을 보여준 메이저리그 선수로는 베이브 루스가 유일무이했다. 오타니 쇼헤이가 등장하기 전까지는 말이다. 메이저리그의 최고 선수들, 감독들도 경외감을 가지고 지켜보는 선수가 바로 오타니다.

투타 겸업을 시도하는 선수는 꽤 있지만 양쪽을 모두 잘

하기는커녕, 한쪽만 잘하기도 어렵다. 그래서 투타 겸업은 이론적으론 가능하지만 현실에선 불가능하다고 여겼다. 그만큼 어렵다. 아니 불가능에 가깝다. 하지만 오타니는 선발투수로 나온 다음 날 타자로 선발 출전해 홈런을 친다. 어제 공을 던진 그 팔로 오늘 배트를 휘둘러 홈런을 치는 것이다. 오죽하면 최고의 야구선수들도 오타니 쇼헤이의 실력을 보면서 경외감을 가질 정도다. 메이저리그 LA 에인절스의 오타니 쇼헤이는 투수이면서 타자다.

2021년 그는 만장일치로 MVP가 되었다. 아메리칸리그 AL 홈런왕을 아깝게 놓치고 3위를 기록했으며, OPS 2위였다. 타자로서 최정상급이다. 투수로서도 정상급이다. LA 에인절스 팀 내에선 타자로서 거의 모든 지표에서, 투수로서 대부분의 지표에서 1위였으니, 팀 내 투수 에이스이자 최고 타자다. 메이저리그 선수노조MLBPA에서 선수들이 직접 뽑은 올해의 선수상을 비롯해, AP 통신의 올해의 선수, 베이스볼 아메리카가 선정한 올해의 선수, MLB 총재 특별상 등 야구선수가 받을 상이란 상은 거의 다 받았다고 해도 과언이 아니다. 심지어 〈타임〉지 선정 올해의 인물 100인에도 들어갔는데 야구선수 중에선 유일하다.

2022년 시즌의 성적은 더 좋았다. 투수로서 28경기 선발

등판해서 166이닝을 던졌고 15승 9패, 평균자책점ERA 2.35, 탈삼진 219개를 기록했다. LA 에인절스의 에이스 투수 역할을 했다. 그리고 타자로서 157경기에서 타율 2할7푼3리, 홈런 34개, 타점 95개, 장타율 0.519, OPS 0.875를 기록했다. 투타 겸업에서 더 안정적이고, 양쪽 모두 최정상이다. 아메리칸리그에서 투수로서 다승 4위, 평균자책점 4위, 탈삼진 3위를 기록했고, 타자로서 홈런 4위, 타점 7위, 장타율 5위, OPS 5위를 기록했다. 한 사람이 최정상급 투수이면서 동시에 최정상급 타자로 활약하는 것이라서 그의 승리 기여도는 투수와 타자를 합치면 메이저리그 전체에서 최고 수준이다. 그래서 그의 연봉은 최고 투수와 최고 타자가 받는 걸 합쳐서 줘야 합리적이라는 견해가 지배적이다.

메이저리그 역사상 아무도 해본 적 없는, 투수로서 한 시즌에 15승과 200탈삼진 이상을 기록하며, 동시에 타자로서 홈런 30개 이상을 기록한 유일무이한 야구선수다. 우린 역사상 최고의 야구선수의 전성기를 지켜보는 행운을 가졌다. 베이브 루스가 활동하던 시대를 살았던 사람들도 부러워할 일이다. 투수로서 규정 이닝, 타자로서 규정 타석을 모두 달성한 것도 메이저리그 역사상 오타니 한 명 빼곤 없다. 그는 1994년생이다. 탁월한 성적을 기록한 2021년, 2022년에 그는 27세, 28세였다. 그의 전성기는 앞으로도 꽤 이어질 수 있고, 지금보다 더 나은 성적을 기록할 가능성도 충분하다.

2022년 시즌 끝나자마자 오타니의 연봉은 5배 올랐다. 2023년 오타니의 연봉은 3천만 달러다. 사실 오타니는 연봉 외에 미국과 일본에서 15곳과 파트너십 계약을 맺어 연간 2천만 달러 정도를 받는다. 연봉과 파트너십으로 연간 5천만 달러 이상을 버는 것이다. 엄청나게 큰 돈이다. 하지만 오타니의 가치에 비해선 헐값이라는 평가다.

2023년 시즌이 끝나면 그는 FA Free Agent, 자유계약선수가 된다. MLB 선수 최초로 총액 5억 달러 이상의 계약도 가능하다. 이전까지 최고 계약은 LA 에인절스의 마이크 트라웃이 2019년부터 12년간 맺은 총액 4억 2,650만 달러 계약으로, MLB 역사상 유일한 총액 4억 달러 이상 계약이다. 오타니의 장기 계약은 마이크 트라웃의 계약 규모를 뛰어넘어 역대 최고액이 될 가능성이 크다. 최고의 타자가 3천만~4천만 달러 이상, 최고의 투수가 3천만~4천만 달러의 연봉을 받는 걸 감안하면, 혼자서 두 명 몫을 하니 단순하게 합쳐도 연봉 6천만~8천만 달러 가치다. 연봉 5천만 달러가 되어도 오버페이라고 느껴지지 않을 정도다. 여기에 파트너십 계약까지 더하면 규모가 더 커질 것이다. 프로 스포츠는 가장 자본주의적이다. 모든 건 실력으로 말하고, 몸값으로 평가받는다.

이런 오타니가 가장 좋아하는 것 중 하나가 운동 끝나고 목욕탕에서 책을 읽는 것이라고 한다. 그의 인터뷰에서도 이런 습관 때문에 책이 눅눅해지는 건 신경쓰지 않은 지 오래되었다고 얘기했다.

학교에서 운동부는 수업도 빠지고 성적도 하위권인 경우가 많았다. 한국에선 더더욱 그랬다. 메이저리그에선 아이비리그 대학을 나오고, 야구선수를 하다가 그만두고 변호사가 되거나 운동과 무관한 다른 인생을 잘 살아가는 경우를 보기도 하지만 한국에선 쉽지 않았다. 일본이라고 다르지 않았다.

고교나 대학 야구부, 아니 프로 야구팀을 가더라도 목욕탕에서 책 읽는 선수를 몇 명이나 볼 수 있을까? 목욕탕은 커녕 이동하는 버스나 비행기에서 책 읽는 선수는 몇 명이나 있을까? 스마트폰으로 게임을 하거나, 영화나 유튜브를 보거나, 잠 자는 경우가 대부분이다.

그런데 왜 오타니는 목욕탕에서 책을 읽을까? 이런 습관은 갑자기 만들어진 게 아니다. 그렇다고 책 읽는다고 운동 실력이 무조건 늘어나는 건 결코 아니다. 최고의 선수가 되기 위해 책 읽기가 필수라는 것도 결코 아니다. 책은 그냥 도구일 뿐이고, 그 도구를 적극적으로 잘 이용하는 사람은 투자자건 사업가건 운동선수건 자기 본업에서 더 유리할 가능성이 생기는 것뿐이다.

사실 오타니가 책 읽는 것을 좋아하는 것도 그의 목표와 관련 있다. 미래에 대한 목표가 구체적으로 세워져 있고, 그 목표를 이룰 방법도 구체적으로 실행하는 사람과 그렇지 않은 사람은 크게 차이 난다. 과연 누가 그의 목표에 영향을 줬을까?

세계 최고의 야구선수를 가르친 선생은 누구일까?

메이저리그를 꿈꾸는 미국 내 고교 야구선수만 45만~50만 명이다. 고교 야구선수 중 대학 야구팀에 진학하는 선수는 5~6%이고, MLB에 직접 드래프트로 선택되는 선수는 0.5%다. 대학 야구팀에서 졸업한 일부도 MLB에 선택받는다. 선택받은 이들도 마이너리그에 머물다 끝난다. 미국 고교 야구선수 중 0.05%만이 메이저리그 경기를 한 번이라도 뛰어본다. 이중에서 주전급으로 자리 잡기는 더욱 희소할 것이고, 그중 스타 선수가 되는 건 더더욱 희소하고, 그중에서 MVP가 되는 건 지극히 희소하다.

메이저리그는 미국에서만 꿈꾸는 게 아니니, 캐나다, 도

미나카공화국, 베네수엘라, 쿠바, 일본, 한국, 대만 등 전 세계 고교 야구선수와 프로 야구선수까지로 범위를 넓히면 0.00001% 수준의 불가능에 가까운 확률이, 고교 야구선수가 메이저리그에 가서 MVP가 되는 일이다. 이걸 이룬 사람이 오타니 쇼헤이다. 과연 그를 가르친 선생은 누구일지 궁금할 수밖에 없다. 오타니에게 중요한 선생 중 한 명이 고교 시절 야구부 감독이다.

흥미롭게도 오타니가 고등학교 1학년 때 작성한 만다라트Mandalart를 보면 목표가 일본의 프로야구 8개 구단 모두에서 드래프트 1순위가 되는 것이다. 애초에 목표부터 일본 최고였다. 프로 진출이 목표가 아니라 모든 구단에서 0순위로 탐내는 압도적 1위가 되는 것이 목표였다. 이를 위해서 실력과 멘탈을 키울 구체적 목표들이 나온다. 그중 투수로서 공 스피드를 시속 160km로 만드는 목표도 있다. 시속 160km의 공을 던지는 선수는 미국 메이저리그에서도 손꼽힐 정도다. 당연히 오타니가 다닌 하나마키히가시 고등학교 야구부의 사사키 히로시 감독도 던져본 적 없는 속도다. 심지어 사사키 히로시 감독은 프로 야구선수가 되지도 못했다. 야구 실력이나 기술 면에서 오타니를 가르칠 수 있을까 싶기도 하다. 자칫 천재적이고 탁월한 잠재력을 지닌 제자를 평범하게 만들어버리는 결과가 될 수도 있다. 하지만 야구선수 오타니 쇼헤이에겐 가장 많은 영향을 미친 최고의 선생이 바로 사사키 히로시 감독이다. 자신보다 더 탁월한 사람을 키워내는 게 선생이다.

감독은 야구부원 모두에게 만다라트 목표달성표 용지를

오타니 쇼헤이가 고등학교 1학년 때 작성한 만다라트 목표달성표

몸 관리	영양제 먹기	FSQ 90kg	인스텝 개선	몸통 강화	축 흔들지 않기	각도를 만든다	위에서부터 공을 던진다	손목 강화
유연성	몸 만들기	FSQ 130kg	릴리즈 포인트 안정	제구	불안정 없애기	힘 모으기	구위	하반신 주도
스태미너	가동역	식사 저녁 7숟갈 아침 3숟갈	하체 강화	몸을 열지 않기	멘탈 컨트롤	볼을 앞에서 릴리즈	회전수 증가	가동력
뚜렷한 목표·목적	일희일비 하지 않기	머리는 차갑게 심장은 뜨겁게	몸 만들기	제구	구위	축을 돌리기	하체 강화	체중 증가
핀치에 강하게	멘탈	분위기에 휩쓸리지 않기	멘탈	8구단 드래프트 1순위	스피드 160km/h	몸통 강화	스피드 160km/h	어깨 주변 강화
마음의 파도를 안 만들기	승리에 대한 집념	동료를 배려하는 마음	인간성	운	변화구	가동력	라이너 캐치볼	피칭 늘리기
감성	사랑받는 사람	계획성	인사하기	쓰레기 줍기	부실 청소	카운트볼 늘리기	포크볼 완성	슬라이더 구위
배려	인간성	감사	물건을 소중히 쓰자	운	심판을 대하는 태도	늦게 낙차가 있는 커브	변화구	좌타자 결정구
예의	신뢰받는 사람	지속력	긍정적 사고	응원받는 사람	책읽기	직구와 같은 폼으로 던지기	스트라이크 볼을 던질 때 제구	거리를 상상하기

출처 : 스포츠닛폰

주고 쓰도록 했다. 그는 지도자가 가르쳐야 할 것은 타격이나 투구가 아니라 생각하는 법인데, 신체 능력을 잃을 수는 있어도 생각하는 법을 잃는 경우는 거의 없기 때문이라고 했다. 사사키 히로시 감독은 자신이 프로 야구선수가 되지 못한 건 꿈과 목표, 결의를 구분하는 법을 몰라 꿈을 이루는 비결도 알지 못해서라고 인터뷰에서 밝혔다. 그래서 자신의 제자인 고교 야구부 선수들에겐 생각하는 법과 목표 달성에 대한 행동을 가르치는 걸 중요하게 여긴 것이다.

메이저리그에선 아주 심각한 상태가 아니고선 코치가 말 없이 선수를 지켜보기만 한다. 선수가 먼저 가르침을 청하기 전까지는 말이다. 메이저리그 선수가 되었다는 것은 이미 기술적으로 완성되었고, 자기만의 개성과 스타일이 있다고 판단하기 때문이다. 이는 선수에 대한 존중이자 신뢰다. 대신 실력에 문제가 생기면 가차없이 강등된다. 프로는 증명하는 자리이지 노력하는 자리가 아니기도 하다. 실력주의, 능력주의를 가장 극단적으로 잘 보여주는 곳이 미국과 유럽의 프로 스포츠 세계다.

일본과 한국은 프로 선수에게도 코치가 적극적으로 개입하는 경우가 있다. 그나마 한국에선 최근 들어 미국식 지도방식이 점점 확대되며 달라지고 있지만, 여전히 선수와 코치가 수직적 위계 구조라 여기는 사람도 있다. 프로마저 이러는데 중고교, 대학 등 아마추어는 오죽하겠는가? 선수와 코치, 곧 학생과 선생의 관계는 수평적이고 쌍방향이어야 원활하게 소통하고, 잠재력을 끌어내고, 자신의 장점이나 개성을 살리기에도 유리하다. 만약 오타니가 고교 시절 야구부에서 사사키 히로시 감독을 만나지 않았다면 어땠을까? 그래도 지금의 오타니가 존재했을까? 생각해볼 일이다.

당신은 만다라트를
어떻게 채울 것인가?

오타니가 고등학교 1학년 때 만다라트에 채워넣은 구체적인 목표와 계획은 실제로 현실이 되었다. 고등학교 야구부에서 성장하지 않았으면 현재의 오타니도 없다. 일본에서 최고 유망주로 꼽히며 프로야구 구단들의 드래프트 1순위가 되었기에, 자신이 더 큰 목표로 삼은 투수와 타자를 겸업하는 것과 미국 메이저리그 조기 진출에 가장 유리한 환경이 되어줄 구단을 선택하는 게 가능했다. 일본 프로야구에서의 성과를 바탕으로 미국에 진출할 때도 투타 겸업이 조건이었고, 결과적으론 메이저리그에서 투수와 타자 두 가지 모두 최정상급 선수가 되는 게 가능하다는 것을 증명해

줬다. 사사키 히로시 감독의 인터뷰에 따르면, 오타니는 고등학교 때부터 투타 겸업의 개척자가 되겠다는 목표를 가졌으며, 학업도 게을리하지 않아 각 교과 평균 85점 이상을 받았고, 인성에서도 높은 평가를 받았다고 한다.

만다라트(Manda+la+Art)는 '목표를 달성하는 기술'이란 의미를 가진 목표달성표로, 일본 디자이너 이마이즈미 히로아키가 1987년에 만들었다. 'Manda'는 진수, 본질을 의미하고, 'la'는 소유를 의미하는 범어다. 만다라曼茶羅는 깨달음의 경지를 반복되는 원과 네모, 연꽃무늬 등으로 표현한 불화다. 이를 잘 결합해 생각을 정리하고 목표를 구체화하는 표로 만든 것이다.

만다라트는 큰 종이에 가로, 세로 9칸씩, 총 81칸의 사각형을 그리고 가장 가운데 사각형에 그 해 자기가 이루고자 하는 최종 목표를 적는다. 최종 목표를 8개의 하위 목표로 구분하고, 그것을 또 8개의 세부 실천 계획으로 나눈다. 이렇게 자신의 목표에 대한 구체적인 실천 계획을 만들어 이를 행동하는 것이다. 막연한 목표가 아니라 아주 구체적이고 세부적일 때 그 목표에 다가가는 행동도 더 구체적으로 하게 된다는 것이다.

물론 만다라트를 작성한다고 목표가 달성되는 건 아니

다. 81칸 다 채우는 것만으로 목표가 이뤄진다면 얼마나 좋겠냐만, 목표를 구체화하는 게 만다라트의 역할이다. 목표를 달성하기 위해 행동하는 건 전적으로 당신의 몫이다. 결국 오타니 쇼헤이에겐 사사키 히로시 감독이 동기부여를 하며 이끌어줬고, 오타니 자신이 목표를 위해 스스로를 단

만다라트 작성표

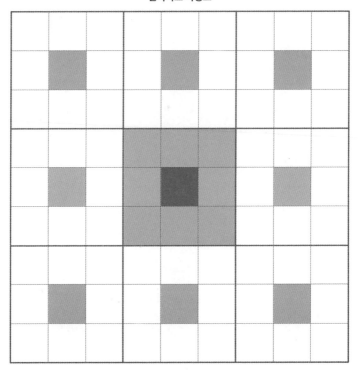

련시키며 자신의 아웃스탠딩 티처가 된 것이다. **아무리 위대한 선생을 만나도, 결국 학생이 행동하지 않으면 성장하지 못한다. 좋은 선생을 찾으려는 노력만큼이나, 스스로가 프로페셔널 스튜던트로서 아웃스탠딩 티처가 되려는 노력도 해야 한다.**

책에서 운동선수와 관련한 사례가 많은 건 가장 실력 중심으로 평가되는 영역이기 때문이다. 실력을 키우는 것이 가장 중요한 영역이기에, 거기서 살아남은 사람들은 치열하게 자신을 성장시켰다. 아울러 전통적 관점에서의 '공부'와 가장 거리가 멀어 보이는 사람이 운동선수일 것이다. 특히 한국 사회에선 그렇다. 운동에만 집중하느라 공부에 소홀한 것을 당연시 여기기도 한다. 요즘 들어 조금은 바뀌고 있지만, 여전히 공부에 아쉽긴 마찬가지다. 공부 얘길 하면서 일부러 스포츠 분야에서 있었던 일을 얘기하고 싶었다. 공부와 가장 거리가 멀다고 여겨지던 분야에서도 탁월한 성과를 만들어내는 아웃스탠딩 티처와 프로페셔널 스튜던트가 존재했기 때문이다. 분야를 막론하고 우리가 왜 공부를 해야 하고, 우리가 왜 선생을 바라보는 관점을 바꿔야 하는지를 이들의 이야기에서 보여주고 싶었다.

노력이 선생이다

: 타고난 것보단 노력의 힘이 더 크다

2022년 한국 프로야구에서 최고의 선수는 키움 히어로즈의 이정후다. 고등학교를 졸업하고 프로팀에 1순위로 지명되었고, 2017년 데뷔 첫해에 신인왕을 차지했고, 골든글러브와 타격왕을 다수 차지했고, 2022년에 타격 5관왕과 함께 MVP도 수상했다. 2023년 시즌 이후 메이저리그 진출이 예고되어 있고, 미국 최고의 에이전트 스캇 보라스와 계약도 해뒀다.

이정후의 아버지는 역대 최고 선수 중 한 명인 이종범이다. 부자가 모두 MVP를 수상한 사례는 전 세계에서도 없는 일이다. 천재 야구선수로 불리던 이종범의 아들도 천재 야구선수로 불린다. 그래서 이정후를 얘기하면서 아버지에게서 물려받은 유전자의 힘을 말하기도 한다. 분명 운동선수로서 신체적, 환경적으로 장점이 된다. 하지만 이정후는 누구보다 노력했다. 고등학교 시절 야구부 훈련이 끝난 후, 집에 와서 비가 오나 눈이 오나 추우나 더우나 매일 아파트 주차장에서 밤늦게 스윙 연습을 했다. 프로 선수가 되어서도 훈련 양에선 누구보다 뒤지지 않는다. 최고의 선수면서도 여전히 노력한다. 메이저리그라는 더 큰 목표가 있기 때문이다. 노력의 양은 온전히 선수의 몫이다. 누가 대신해주는 것이 아니기 때문이다. 어떤 분야든 양이 축적되어야 질적 진화가 이뤄진다. 탁월한 운동선수의 자녀라도 다 탁월해지는 게 아니다.

공부는 특히나 노력이 필요한 분야다. "교육은 복잡하고, 다면적이며, 고통스러운 과정이며, 재능이 있다고 해서 이것을 덜 그렇게 만드는 것은 아니다." 이 말은 테렌스 타오Terence Tao가 했다. 아무리 재능이 있고 천재라고 해도 교육의 복잡하고 다양한 과정을 생략해도 되는 건 아니다. 그 과정을 남들보다 더 빨리 수행한다는 것은, 남들보다 더 치열하고 노력하는 삶을 살아간다는 의미다. 노력 없이, 과정 없이 하루 아침에 능력치가 하늘에서 떨어지듯 생기는 게 결코 아니다. 참고로, 1975년생인 테렌스 타오는 5세에 미적분을 독학했고, 8세에 미국 대학수학능력시험 SAT에서 수학과목 800점 만점 중 760점을 받았다. IQ가 무려 230이다. 10~12세 때 3년 연속 국제수학올림피아드IMO에 나가 각각 동메달, 은메달, 금메달을 받았다. IMO 역사상 최연소(12세) 금메달 수상자이고, 아직도 기록은 깨지지 않았다. 20세에 프린스턴대에서 박사학위를 받았고, UCLA에 교수로 들어가 24세에 정교수가 되었다. UCLA 역사상 최연소 정교수다. 31세에 수학자 최고 권위인 필즈상(2006년)을 받았다. 한국계 허준이 교수가 필즈상 받을 때가 39세였다. 남들은 쉽게 타인의 성과에 대해선 운이나 천재라고 얘기하지만, 그들에게도 노력은 필수였다.

역사상 최고의 바이올리니스트로 꼽히는 파블로 데 사라사테Pablo de Sarasate는 남들이 자신을 천재라고 한 것에 대해 이렇게 말했다. "천재라니! 지난 37년간 하루도 빼먹지 않고 14시간씩 연습했는데 이제는 나를 천재라 부르는구나." 누구라도 자신처럼 오랜 시간 꾸준히 연습하면 천재 소리 들을 수 있다며, 타고난 재능으로 쉽게 얻은 성과가 아니라 노력으로 얻은 성과임을 강조했다.

중국 전국시대 사상가 순자가 한 "준마駿馬는 하루에 천리를 달리지만, 노마駑馬도 열흘을 계속 달리면 따라갈 수가 있다"는 말을 기억해두자. 무려 2,300여 년 전 시대 사람의 말이 지금도 유효하다. 프리드리히 니체가 한 "천부적인 재능이 없다고 비관할 필요는 없다. 재능이 없다고 생각한다면, 그것을 습득하면 된다"라는 말도 일맥상통한다. 이것이 공부이고, 이것이 노력이다. 그리고 이것을 실천하는 건 그 어떤 탁월한 선생을 만나는 것보다 더 가치 있다.

만약 키가 작아
벤치만 지키던 배구선수가
운동을 포기했다면?

모든 운동선수에게 신체조건은 중요하다. 배구선수에게 키
는 아주 중요하다. 키가 작아 주로 벤치만 지키던 중학교 배
구선수가 있었다. 키 165cm로 또래 선수들보다 작아서 경
기에 별로 나가지 못했다. 키가 작다 보니 주로 리시브 같은
기본기와 수비 훈련 위주로 했다. 시합에 나갈 때도 주 포지
션 없이 세터, 레프트, 라이트 등 센터를 제외한 모든 포지
션에 대타로 나섰다. 배구를 포기할 생각도 했지만, 키 작아
도 국가대표가 된 선수들을 보면서 불평만 하지 않고 누구
보다 열심히 연습했다. 새벽 4시 30분에 일어나, 새벽, 오전,
오후, 야간 운동까지 다 하면 밤 11시다. 작은 키는 자신의

노력으로 어찌할 수 없으나, 신체조건을 보완해 자신의 장점을 만드는 건 노력으로 성취할 수 있다고 생각했다. 경기 흐름을 파악하고 공이 오는 곳을 예측하는 눈썰미를 키우고, 안정적인 서브 실력을 키워 수비에 강점을 보이는 선수가 되겠다는 다짐을 했다고 한다.

그리고 벤치에서 경기를 지켜보는 일이 많고, 관찰력을 갖고 경기를 보는 데다 여러 포지션을 연습하다 보니 경기 전체를 읽는 눈도 생겼다. 어떤 상황에서도 자신이 할 수 있는 최선을 다하고 긍정적으로 생각했기 때문에 가능해진 안목이다. 이런 습관이 쌓여 경기 전체를 주도하고 지배하는 능력이 훗날 갖춰진 셈이다. 키가 작아 후배들에게도 밀려 벤치에 있을 때도 좌절하거나 주눅들지 않고 응원단장 역할을 했을 정도로 긍정적이고 밝았다.

이 선수는 고등학교에 진학한 뒤 갑자기 키가 20cm가 자라게 되고, 더이상 키에 밀려 벤치를 지킬 일이 안 생긴다. 그가 다진 리시브 실력이나 탄탄한 기본기, 경기 전체를 읽는 눈이 큰 키와 결합되니 공격수로서 급성장한다. 192cm의 이 배구선수는 한국 최고의 배구선수이자 세계적으로 손꼽히는 배구선수 김연경이다.

일본 언론에서 김연경을 보고 100년에 한 번 나올 배구선수로 평가하기도 하고, 배구에서 남자, 여자 다 포함해서 세계에서 몸값이 가장 비싼 선수가 된 적도 있고, 국제배구 연맹 올해의 선수 세계 랭킹 1위를 하기도 했다. 김연경에 겐 자신이 가장 중요한 선생이었다. 스스로 자신의 경쟁력 과 가능성을 위해 필요한 것을 채워갔고, 위축되고 좌절할 수 있는 오랜 후보선수 기간에도 벤치에서 경기를 보는 눈을 키웠다. 이건 누가 가르쳐준 게 아니다. 누구나 하고 싶은 일을 바로 잘할 수 있게 되지는 않는다.

누구나 성장하는 속도가 같지 않다. 재능을 꽃피우는 시점도 같지 않다. 미련스럽게 계속 물고 늘어지란 얘기가 아니라, 자신의 단점과 한계를 냉정하게 파악하고, 그것을 극복할 방법을 찾는 노력을 먼저 하라는 얘기다. 단점이 아니라 장점을 발굴해내고, 노력의 양으로 부족한 재능을 채우면서 기회를 도모하는 것이지, 무작정 버티는 건 안 된다.

왜 MLB 단장은
젊고, 명문대 출신이 많을까?

미국의 메이저리그 야구MLB는 세계적인 스포츠 산업이다. 30개 팀이 있는데, 1개 팀의 연봉이 한국의 프로야구KBO 전체 팀의 연봉 총액을 능가한다. 심지어 슈퍼스타 한 명이 연봉 3천만~4천만 달러 이상을 받으니 한국과는 비교가 안된다. 선수들의 연봉 합산이 연간 2억 달러가 넘으면 사치세를 내야 하는데 이런 팀이 몇 개 있다. 야구 팀을 운영하는 데 선수 연봉만 들어가는 게 아니다. 전체 운영 조직의 인건비를 비롯해, 구장 관리와 운영 예산도 엄청나게 들어간다. 하지만 막대한 수입을 거두며 비즈니스가 되기에 큰 금액을 투자할 수 있다. 한국처럼 모기업이 있어서 적자를 대신 메워주지 않는다. 철저한 비즈니스다. 어떤 선수를 영입하는지부터 어떤 마케팅을 펼치느냐까지 팀 운영의 전권을 결정하는 자리가 단장(제너럴 매니저)이다.

3040대 단장도 많고, 20대 단장도 간혹 나온다. 금수저 낙하산이 아니다. 흥미롭게도 MLB 구단의 단장은 대부분 명문대 출신이 많다. 뭐든 명문대가 유리하다는 생각이 들 수 있지만, 사실 명문대라서 발탁되는 게 아니라 유능해서 발탁되는 것이다. 팀 운영에서 단장은 브레인 역할이자 뛰어난 판단력이 필요한 경영자 자리다. 야구선수가 은퇴 후 코치가 되고, 감독이 되고, 단장이 되는 게 아니다. 아니 과거엔 그랬지만 이젠 달라졌다. 야구를 가장 잘 아는 사람은 선수 출신이라고 봤기에 구단의 주요 역할은 선수 출신이 맡았다.

엄밀히 구단의 CEO인 단장은 경기를 직접 뛰는 역할이 아니다. 그건 선수가 한다. 경기 자체를 지휘하는 역할도 아니다. 그건 감독이 한다. 단장은 경기장 밖에서 팀의 경기력이자 경쟁력을 만들기 위해 선수 구성과 자원 관리, 당장의 우승을 위해 투자할지 다음 기회를 위해 리빌딩할지 결단과 실행을 총괄하는 자리다. 경영 능력이 필요한 자리이고, 무엇보다 계산적이고, 계획적이고, 유능해야 한다. 프로

스포츠는 비즈니스이고, MLB는 거대 산업이다. 산업으로서의 가치가 사라진다면, 시속 160km의 강속구를 던지는 사람이나 한 시즌에 홈런 50개를 칠 수 있는 사람이나 연봉 수천만 달러를 받는 선수가 아니라 그냥 동네 공터에서나 취미로 야구하는 사람이 되고 말았을 것이다. 선수를 위해서도, 팬을 위해서도, 스포츠 산업을 위해서도 유능한 경영자이자 단장이 필요한 것이다.

MLB 단장에 명문대 출신의 똑똑한 사람이 많아진 건 세이버메트릭스가 야구에서 중요해졌기 때문이라 해도 과언이 아니다. 더이상 직관이나 감이 아니라, 철저하게 데이터 중심으로 분석하고 계산해야 한다. 세이버메트릭스 Sabermetrics는 야구에 사회과학적 게임 이론과 통계학적 방법론 등을 적용해 야구 기록(통계)을 바탕으로 선수 가치를 객관적으로 평가하기 위해 만들어진 이론이다. 스포츠인 야구를 과학적, 체계적으로 분석하는 방법론인 세이버메트릭스를 통해 선수 선발과 영입, 선수단 투자, 비즈니스 등의 효율을 높인다. 스포츠가 그냥 열심히 몸으로 뛰고 던지고 치고 하면 되는 게 아니라, 제대로 분석하면 겉으로 드러나지 않는 본질을 찾아 더 나은 결과를 만들어낼 수 있는 것이다.

그리고 세이버메트릭스 덕분에 선수들의 연봉 협상이

바뀌었다. 주먹구구식 기준이 아니라, 아주 정밀하고 객관적인 통계수치를 가지고 선수와 구단이 격돌한다. 마치 법정에서 소송으로 맞서듯 치열한 협상과 조정을 하다 보니 선수를 대신하는 에이전트는 로스쿨을 나오고 변호사 자격증을 가진 이들이 주로 맡는다. 이들과 상대해서 구단에 유리한 결과로 이끌어내야 하는 것도 단장의 역할이다.

메이저리그에서 세이버메트릭스를 자리 잡게 만든 건 빌리 빈Billy Beane 단장 때문이라 해도 과언이 아니다. 선수로선 아쉬운 성적을 냈지만, 스카우터를 거쳐 단장이 되면서 그의 능력이 돋보였다. 1998년 오클랜드 애슬레틱스 팀의 단장을 맡은 이후 2000년대 초중반까지 팀의 전성기를 만들어냈다. 가장 가난한 구단이어서 몸값이 비싼 선수를 데려오기 힘든 팀이었지만, 30개 팀 중 가장 적은 연봉을 쓰면서도 매년 포스트시즌에 진출하는 성적을 냈다. 투자 대비 성적이 좋았다. 한마디로 가성비 최고 팀이 된 것은 단장의 운영 능력 때문이다. 그의 능력의 실체가 바로 세이버메트릭스로 가성비 좋은 선수를 잘 데려오고, 팀 성적을 높이는 선수단 구성을 잘한 것이다. 이를 계기로 수많은 팀에서 세이버메트릭스를 적극 활용하게 되었다.

2002년 보스턴 레드삭스를 인수한 새로운 구단주는 변화를 위해 세이버메트릭스 분야의 가장 유명한 인물인 빌 제임스를 경영 자문으로 영입하고, 빌리 빈을 단장으로 스카웃하려고 거액의 연봉을 제안한다. 이때 빌리 빈이 거절해 그 대신 보스턴 레드삭스 단장을 맡은 사람이 예일대 출신의 테오 앱스타인이다. 그도 세이버메트릭스의 신봉자다. 결과적으로 2004년 보스턴 레드삭스를 86년 만에 우승시켰다. 빌리 빈 단장이 오클랜드 애슬레틱스에서 일으킨 변화의 애기를 담은 책 《머니볼》이 2003년에 나오고, 2011년 브래드 피트가 주연을 맡아 영화로도 나왔다.

이제 세이버메트릭스는 미국뿐 아니라, 일본, 한국 등 프로야구 리그가 있는 곳에선 모두 활용하고, 선수도 구단도 팬들도 다 세부적인 지표와 통계를 통해 야구를 분석하며 즐긴다. 세이버메트릭스가 더 전문화되어 계량경제학이나 게임이론 수준이 되고, 수학자, 통계학자의 학문 영역이 되기도 한다.

무시당하던 빌 제임스는 어떻게 MLB의 아웃스탠딩 티처가 되었나?

그렇다면 과연 세이버메트릭스는 누가 만들어냈을까? 메이저리그의 역사가 긴 만큼 세이버메트릭스도 오래되었다. 세이버메트릭스의 기반이 되는 야구 분석학은 1950년대에 각광받았다. 하지만 현재의 세이버메트릭스로 체계화한 사람은 1970년대 빌 제임스Bill James다. 그를 세이버매트릭스의 대부라고도 부르는데, 수많은 야구 통계를 발명하고 발견해냈다. 그중 하나가 피타고라스 기대 승률Pythagorean Expectation이다. 시즌 초중반의 팀이 과연 시즌 최종에는 어떤 성적을 거둘지 미리 알 수 있다면 어떨까?

MLB는 30개 팀이 AL(아메리칸 리그)과 NL(내셔널 리그)

로 나뉘고, 그 아래 각기 3개 지구씩 나뉘어 있다. 각 지구의 1위와 2위 이하팀 중에서 승률이 높은 팀이 와일드카드가 되어 소위 말하는 가을야구를 치른다. 순위가 박빙이면 포스트시즌에 진출하기 위해서 마지막까지 싸우게 되고, 가을야구에 진출할 가능성이 있는 팀은 우승을 위해 시즌 중반 선수를 영입할 수 있다. 가을야구 진출에 실패할 가능성이 큰 팀은 선수를 팔고, 가을야구 진출 가능성이 높은 팀은 선수를 사는 것이다. 더 투자해서 끝까지 승부를 걸어볼지, 선수를 팔고 다음 해를 도모할지 판단하게 된다.

야구가 중요한 비즈니스니까 이런 판단도 필요하고, 이를 위한 근거가 될 지표가 필요한 것이다. 이때 필요한 야구 통계 중 하나가 피타고라스 기대 승률이다. 그 팀이 그 시즌 중 치른 경기에서 거둔 득점과 실점 기록을 가지고 팀의 최종 성적을 추론해내는 것이다. 어떤 팀은 시즌 초반에 엄청 잘하고, 어떤 팀은 시즌 막바지에 엄청 잘할 수 있다. 가을야구 진출 가능성이 낮다고 본 팀이 막바지에 10연승을 거두며 막판 대역전으로 가을야구에 나가는 경우도 있다. 그 반대도 있다. 그래서 마지막까지 가봐야 아는 경우가 많은데, 시즌이 끝나기 전에 미리 시즌 끝났을 때의 성적을 예측하는 것은 중요하다. 그 예측이 정확도가 높을수록 팀 성적은 유리하다. 가을야구 나갈 줄 알고 비싼 선수 영입했다가 막판에 연패당하며 미끄러지는 경우나, 가을야구 못 나갈 줄 알고 선수 팔았다가 운좋게 가을야구 나가긴 했으나 바로 탈락하는 경우가 있다. 둘 다 예측이 실패해 투자를 잘못한 경우다.

빌 제임스가 만든 피타고라스 기대 승률은 야구를 위해 만들었지만, 농구분석가 딘 올리버는 일부 지표를 수정해 농구에도 적용하고 있다. 이외에도 ISO Isolated Power, 순수 장타율, Win Shares 승리 기여도, RF Range Factor, 야수의 수비력, RC Run Created, 득점 기여도 등 현재 활용되는 세이버메트릭스의 지표 중 상당수를 빌 제임스가 만들었다.

지금은 세이버메트릭스에서 가장 유명한 통계 발명자이자 혁신가, 저술가로 꼽히지만, 사실 처음에 그는 야구계에서 외면당했다. 그가 개발한 통계수치를 야구단, 언론에 알려줬지만 무시당했다. 왜냐하면 그는 야구선수 출신이나 야구 관련 분야 종사자가 아니라 그냥 야구와 야구 기록을 엄청나게 좋아하는 야구광일 뿐이었다.

대학 졸업 후, 대학원을 다니다가 학업을 중단한 그는 통조림회사 창고의 야간 경비원으로 일하면서 자신이 좋아하는 야구 통계 연구에 집중한다. 결코 미래가 보장되지 않았지만 자신이 좋아하는 것을 하기 위해 돈이 아니라 시간을 활용하기에 가장 좋은 일자리를 찾은 것이다. 혼자 수많은 야구 기록을 뒤져가며 통계수치를 개발해냈다. 말 그대로 엄청난 양의 빅데이터를 직접 다 들여다보며 혼자만의 고독한 연구를 한 것이다. 당시 사람들의 눈에는 쓸데없는 일을 하는 것으로 보였을 수 있다. 하지만 그는 미래를 봤고, 자신의 연구에 확신이 있었다.

1977년 그는 세이버메트릭스 자료를 직접 복사하고 스테이플러로 묶어《야구 개요서Baseball Abstract》라는 68페이지 분량의 소책자를 만들어 판매했다. 당시 75권이 팔렸다고 하는데, 이 책이 바로 야구계 스카우팅 리포트의 원조 격인 《빌 제임스 핸드북》이 되어 현재까지 출간된다.

빌 제임스의 세이버메트릭스 개념과 지표들이 야구 팬들 사이에 입소문 나기 시작했지만, 구단에서 이를 활용한건 1990년대다. 1970년대부터 야구를 연구했지만 1990년대가 되어서야 야구 팀에서 그의 연구 결과를 활용하기 시작했고, 2003년 시즌부터 보스턴 레드삭스의 경영 자문을 맡으며 야구계에 정식 입성한다. 1949년생이니까 54세가 되어서야 야구계의 정식 일원이 되었고, 입성한 다음 해 밤비노의 저주에 걸려 86년간 우승하지 못하던 보스턴 레드삭스가 월드시리즈에서 우승한다. 2006년 〈타임〉지가 선정한 전 세계에서 가장 영향력 있는 100인에 들어가기도 했다. 그후 보스턴 레드삭스에서 경영 자문을 거쳐, 스카우팅 고문을 오랫동안 맡았다.

세이버메트릭스의 대부로서 그가 만든 통계는 거의 모든 MLB 팀에서 활용되고, 수많은 단장에게 직간접적으로 영향을 미친 아웃스탠딩 티처이기도 하다.

가능성에 부정적인 선생은 당장 버려라!

안 되는 이유를 찾는 선생보다 되는 이유를 찾는 선생이 필요하다. 충분히 잘 할 수 있는 사람은 선생이 없어도 잘 한다. 부족한 것이 있는 학생에게 선생이 더 필요하다. 그런 학생에게 필요한 선생은 긍정적인 선생이다. 안 되는 이유보다 되는 이유를 먼저 찾아야 우린 나아갈 수 있다. 만약 당신이 학교나 직장, 사회에서 만난 선배나 선생이 다음과 같은 말을 쓴다면 그를 버려야 한다.

- 제발 튀지 말고 그냥 남들처럼 해! 평범하고 무난한 게 좋은 거야!
- 괜히 허파에 바람 들지 말고 그냥 포기하고 평범하게 살아!

- 새로운 아이디어 자꾸 내면 일만 복잡해지고 피곤해져!
- 그거 해서 성공하겠어? 성공할 가능성도 별로 없는 걸 왜 하려고 해?
- 비슷한 거 해봤는데 안 됐어! 내 경험으로 보면 그건 절대 성공 못 해.
- 그거 해서 네가 잘되면 내 손에 장을 지진다.
- 그냥 잠자코 시키는 대로 해! 쓸데없는 데 시간낭비 하지 말고 하던 대로 해.
- 그것이 성공할 수 있다는 증거를 가져와봐!
- 그건 내가 잘 아는데, 절대 안 돼! 네가 아직 잘 몰라서 그러는 거야!
- 네가 뭘 알아? 경력도 짧고, 잘 알지도 못하면서 떠들지 마.
- 어렵게 새로운 거 하지 말고 예전에 한 것과 비슷하게 해.

　이런 말 하는 사람이 사악한 게 아니다. 오랜 경험을 가졌거나 직급이 높거나, 자신이 알고 있는 답이 정답이란 확신이 있는 사람일 뿐이다. 모범생들은 저런 말을 듣고서도 잘 받아들인다. 사실 모범생이란 타이틀은 기존 체제를 잘 따르는 이들에게 기존 체제의 기득권자들이 붙여준다. 기존 체제를 따르지 않거나 반항(저항)하는 이들에겐 가차없이 날라리나 불량하다거나 열등생이라고 규정하지만, 학교가 아닌 비즈니스 현장에선 이들이 더 필요하다. 누군가가

정해둔 룰을 따르는 데 익숙한 이들이라면 앞선 말에 주눅 들어 더이상 새로운 문제의식을 가지길 포기한다. 창의력의 최대 적은 기존 공교육이란 말이 있다. 공교육을 모범적으로 받는 이들이 오히려 창의적 인재가 되는 데는 손해를 본다는 얘기다. 공교육의 목표는 개개인의 개성을 찾고, 창의적으로 키워주는 것이 아니다.

입시 결과가 중요한 학교에선 학생이 합격 가능한 대학에 진학하길 원한다. 그것이 학생의 적성이나 장래 희망과 상충되더라도 학교와 선생은 합격 가능성을 선택의 중요한 기준으로 삼을 수밖에 없다. 그건 학생을 위한 걸까? 학교와 선생을 위한 걸까?

가능성이 높은 것만 도전한다면 우리 늘 잘 하는 것만 하며 살아갈 것이다. 하고 싶은 것을 하면서 살아갈 기회는 줄어들 것이고, 하고 싶은 것을 하다가 점점 잘 하게 될 기회도 놓치고 살아갈 것이다. 하고 싶은 것과 할 수 있는 것 중 하나를 선택하는 게 아니라, 하고 싶은 것을 잘 하게 만드는 것을 우린 선택해야 한다. 이를 위해서도 현재 관점으로만 보고 '부정적인' 견해로 기회를 없애기보다 미래의 관점으로도 보면서 '긍정적인' 견해로 기회의 가능성을 만들어주는 선생이 필요하다.

수요는 공급을 만든다. 학생들이 원하는 선생상이 바뀌고 목소리가 커질수록 바뀌는 선생도 늘어날 것이다. 수요 없는 공급이 아니라, 수요에 맞는 공급이 필요한 것이 지금의 교육이다.

좋은 건 대부분 어렵다

: 고비를 넘어야 한다

식사 시간을 토론의 장으로 만드는 건 중요하지만 어렵다. 그만큼 노력과 투자가 필요하다는 얘기다. 《프로페셔널 스튜던트》에서 식사 시간을 활용한 케네디 가문의 교육법을 소개했다. 존 F. 케네디를 비롯해 9남매를 미국 대통령, 법무장관, 상원의원, 아일랜드 주재 미국 대사 등으로 키워낸 부모에게 식사 시간은 교육 시간이었다. 영국과 아일랜드에선 식사 시간에 자녀 교육하는 전통이 있는데, 이들도 그걸 따랐다. 《프로페셔널 스튜던트》에서 언급한 내용을 다시 한번 살펴보자.

　미국 최고의 재력과 정치력으로 바쁜 아버지 조지프 패

트릭 케네디는 식사 시간에 자신이 만난 유력인사나 사업 이야기, 세상 이야기를 자녀들에게 들려줬고, 어머니 로즈 피츠제럴드는 식사 시간에 〈뉴욕타임스〉의 기사를 읽고 토론하게 했다. 집중력 낮을 아이들을 모두 토론에 참여시키려면 어머니의 역할이 중요했을 것이다. 신문에는 다양한 기사가 있으니 아이들이 관심 가질 주제가 한 가지 이상은 늘 있고, 그걸 토론 소재로 삼아 가족간 대화도 많이 하고, 토론으로 비판적 사고, 커뮤니케이션, 논리력도 쌓았다. 토론은 가장 오래된 교육법이기도 하고, 가장 강력한 교육법이기도 하다. 토론과 커뮤니케이션 능력은 부모가 자녀에게 가르쳐주기 좋은 능력이기도 하다.

우린 가족들과 밥을 먹고, 같은 집에 산다. 식사 시간을 비롯해 함께 대화할 시간이 늘 주어진다. 연예인 얘기나 농담만 주고받을 게 아니라, TV만 볼 게 아니라 토론할 기회로 활용해야 한다. 토론이라고 거창할 것 없다. 그냥 그날그날의 신문기사 주제 한두 개로 각자의 의견을 말하는 습관만 들여도 그게 몇 년이 쌓이면 놀라운 능력이 된다.

분명 《프로페셔널 스튜던트》에서 이 대목을 보고 집에서 시도해본 부모가 있을 것이다. 몇 번 시도하다 포기한 집도 있을 것이고, 아이들이 재미없어하는데도 강제로 계속 밀어붙이는 집도 있을 것이다. 여기서 부모들은 스스로에게 물어봐야 한다. 아이들이 정말 식사 시간의 토론과 교육을 자발적으로 참여하는지? 아이들이 즐겁게 참여하도록 어떤 노력을 하고 있는지? 억지로 하는 공부는 소용없다. 식사 시간 교육의 목적이 사고의 확장, 토론과 커뮤니케이션 능력을 쌓는 것임을 잊어선 안 된다. 이를 위해선 부모가 더 많은 시간을 투자해서 미리 준비해야 한다.

제일 꼴불견인 것 중 하나가 미술관에서 엉터리로 아이들에게 그림 설명하는 부모다. 책에서 읽은 몇 줄을 앵무새처럼 읊어주거나, 작품을 시각적 이미지 중심으로 자기 멋대로 해석한 걸 아이들에게 주입하는 부모다. 평소 미술관 자주 가지 않고, 미술과 예술에도 관심 없던 사람이 주로 그렇게 한다. 어쩌다 한번 왔으니 어떻게든 '교육적'이어야 한다는 강박 때문에 자꾸 쓸모없는 것을 주입하고 설명하려 애쓴다. 이런 부모가 식사 시간에 토론 교육을 한다면 주입식으로 할 게 뻔하다. 그럴 거면 차라리 안 하는 게 좋다. 밥이라도 편하게 먹도록 가만두는 게 더 좋다.

부모가 자녀에겐 아웃스탠딩 티처가 되어야 하는데, 좋은 선생이 되는 건 쉽지 않다. 공짜로 아무 노력 없이 부모라는 이유, 나이 든 어른이란 이유로 선생 역할을 하는 건 위험하다. 그렇게 하는 건 부모도 재미없을 것이다. 학생만큼이나 선생도 즐거워야 교육이 된다. 리처드 파인먼 교수가 한 "학생들에겐 완벽한 선생이 필요한 게 아니다. 학생들이 학교에 오고 싶어 하고, 공부에 대한 애정을 키울 수 있는 행복한 교사가 필요하다"라는 말을 부모는 되새겨야 한다.

강압적으로 주입식으로 하는 공부의 시대는 끝났다. 공부가 즐거워지려면, 결국은 자기주도적이어야 한다. 스스로 공부의 필요성을 인식해야 한다. 이건 청소년 얘기가 아니다. 청소년들이 이걸 깨닫기엔 쉽지 않을 수 있고, 시간이 걸린다. 성인들이 깨달아야 한다. 입시 공부보다 더 중요한 것이 자신의 직업적 성장, 사업적 성공을 위한 공부다.

당신은 매몰 비용의 오류에
빠지지 않았는가?

이미 지출해서 회수할 수 없는 비용을 매몰 비용이라고 한다. 들인 돈이 아까워서 실패할 것으로 예상되는데도 계속해서 돈과 노력, 시간을 투자하는 것을 매몰 비용의 오류라고 한다. 현시점을 기준으로 미래에 발생할 이익과 비용을 계산해서 판단하고 결정해야 하는데도, 과거에 이미 지출한 매몰 비용을 중심으로 판단하고 결정하는 비합리적 선택을 하는 것이다. 기업에서 막대한 돈을 투자한 사업이 손실이 될 것을 알면서도 멈추지 못하고, 오히려 더 투자하다 결국엔 손실을 더 키운다.

매몰 비용의 오류는 비즈니스에서만 나오는 게 아니다.

바로 당신의 공부에도 나온다. 등록금 아까워서 시간낭비인 걸 알면서 4년을 버티는 것도 매몰 비용의 오류이고, 과거에 선택한 첫 직장 이후 이어온 커리어를 지킨다는 이유로 사양산업에 미련을 두고 버티는 것도 매몰 비용의 오류다. 그동안 해와서 익숙하고, 어느 정도 쌓여 있는 분야만 계속 공부할 필요는 없다. 중요한 건 미래다. 공부는 미래를 위한 투자이지 결코 과거를 이어가기 위한 관성이어선 안 된다.

'지금까지 한 게 있는데 그만하긴 아깝잖아'보다는 '미래가 어둡다면 과감히 하던 걸 멈추고 용기 있게 갈아타자'라는 태도가 필요하다. 특히 지금처럼 기술적, 산업적, 사회적 변화가 빠른 시기에는 더더욱 매몰 비용의 오류에 빠져선 안 된다. 만약 당신의 선생이 매몰 비용의 오류에 빠져 당신의 미래를 과거의 연장선으로만 바라본다면 과감히 쳐내야 한다. 당신의 미래를 살아갈 사람은 그 누구도 아닌 바로 당신이기 때문이다. 아인슈타인의 명언 "미친 짓이란, 매번 똑같은 행동을 반복하면서 다른 결과를 기대하는 것이다"를 되새겨보자.

다음 그림은 작가이자 일러스트레이터 팀 어번Tim Urban이 그린 그림이다. (팀 어번은 사업가 앤드루 핀Andrew Finn과 Wait But Why 웹사이트를 설립해 인사이트가 담긴 다양한 일러스트와 콘텐츠를 보여주고 있다.) 이 책을 읽는 분들에게도 이 그림을 보여주고 얘기하고 싶었다.

우리가 맞은 현재는 무수한 가능성을 가진 수많은 길 중에서 우리가 선택해서 온 길이다. 하나의 길밖에 없는데 그 길을 걸어온 게 아니다. 미래도 마찬가지다. 무수한 가능성을 가진 수많은 길에서 미래를 열어가는 것이다. 그러니 스스로 가능성을 낮추려 애쓰지 말아야 한다. 스스로 과거의 관성을 이어가는 데만 급급해선 안 된다. **과거의 매몰 비용이 결코 미래를 결정하게 만들어선 안 된다.** 우리의 '현재'는 늘 수많

수많은 길 중에서 우리가 선택해서 온 길을 그린 팀 어번의 일러스트

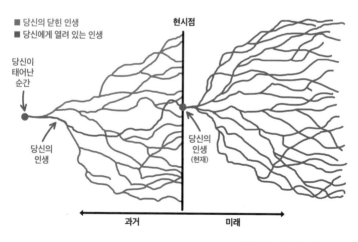

출처 : https://waitbutwhy.com

은 가능성 앞에 놓여 있고, 우리가 해야 할 공부는 새로운 길을 열고 가능성을 높이는 데 기여해야 한다.

백년 이상 살아남은 장수기업들은 도대체 어떤 비결이 있을까? 비밀은 의외로 간단했다. 말을 잘 갈아타는 것이었다. 기존에 하던 익숙한 사업을 버리고 낯선 신사업으로의 전환을 기가 막히게도 과감히 실행한 기업들이 오래 살아남은 것이다. 산업의 진화 속도는 점점 빨라지고, 변화 주기도 짧아진다. 더 자주 갈아타야 한다. 아무리 거대한 기업도 과거에 연연하느라, 아니 그 잘난 안정과 익숙함, 편안함과 결별하지 못하느라 무수한 경쟁자들의 추월을 허용하고 쇠락하는 경우도 많다. 우리의 관심사는 과거가 아니라 미래여야 한다.

기조연설과 CEO 연례서한을
왜 주목해야 하는가?

세계적인 콘퍼런스와 세미나에서 기조연설(키노트 스피치)은 중요하다. CES International Consumer Electronics Show, MWC Mobile World Congress, IFA Internationale Funkausstellung 등 IT, 모빌리티를 비롯해 기술 산업 분야의 세계적 전시회이자 콘퍼런스는 물론이고 애플의 연례 세계 개발자 콘퍼런스 'WWDC', 구글 연례 개발자 행사 'Google I/O', 마이크로소프트 연례 개발자 행사 'Microsoft Build'와 글로벌 기술 콘퍼런스인 Microsoft Ignite, 세계 최대 클라우드 콘퍼런스 'AWS re:Invent', 삼성전자 개발자 콘퍼런스 SDC, 네이버 개발자 콘퍼런스 NAVER DEVIEW, 카카오 개발자 콘퍼런스

if(kakao) 등 영향력 있는 빅테크 기업들의 연례 콘퍼런스 기조연설은 가급적 챙겨보는 게 좋다.

워낙 영향력 있고 중요한 콘퍼런스다 보니 이런 기조연설은 국내 언론들에서 자세하게 다룬다. 기조연설의 핵심을 읽어주거나, 그 속에 담긴 인사이트와 방향성을 제시하는 기사도 나온다. 기조연설 원문도 동영상으로 다 공개되니 직접 봐도 되고, 요약본으로 봐도 좋다. 수많은 전문가들이 이런 콘퍼런스에는 각자의 전문성과 시각으로 행사의 핵심 이슈부터 기조연설의 숨은 의미를 유튜브나 블로그를 통해 읽어주기도 한다. 관심만 갖는다면 누구나 접할 수 있는 정보다.

세계경제포럼 WEF, World Economic Forum, 다보스포럼의 기조연설과 주요 어젠다도 살펴봐야 하고, G7, G20, OECD 등에서 연례 행사할 때 나오는 주요 어젠다도 주목해야 한다. 멀리 갈 필요 없이 국내 주요 대기업 그룹사의 신년사와 그룹사 CEO 확대경영대회나 전경련, 상공회의소 같은 경제경영 단체 주요 콘퍼런스의 기조연설도 봐두면 좋다.

세계 최대 자산운용사 블랙록 래리 핑크 회장의 CEO 연례서한을 비롯해, 버크셔 해서웨이 워렌 버핏 회장 등 주요 글로벌 투자자본과 글로벌 기업의 CEO 연례서한도 봐두면 좋다. 왜냐하면 지금 세상을 움직이는 건 이들이기 때문이다.

전 세계 시가총액 상위권을 빅테크 기업이 장악하고 있고, 모든 산업에서 디지털 트랜스포메이션이 필수가 되며 테크 기업의 영향력은 점점 더 커지고 있다. 전 세계 경제를 주도하는 건 투자자본을 비롯한 금융자본이고, 국제 외교와 정치는 글로벌 강대국들이 주도하는 상황에서 그들이 어떤 메시지를 드러내는지 보는 건 지금 시대를 살아가는 사람들에게는 기본이다. 그들의 전략, 방향, 그들의 한마디에 따라서 많은 것이 바뀐다. 한국 경제도, 한국의 기업들도, 한국의 일자리도, 한국의 수출도 이들에게서 크고 작은 영향을 받는다.

솔직히 이런 글로벌 중요 행사가 열리면 학교에서 기조연설을 같이 보고, 어떤 의미인지 수업처럼 하면 좋겠다. 글로벌 콘퍼런스에 직접 초대받아 가진 못하지만, 누구나 볼 수 있도록 대부분 온라인으로 영상을 공개한다. 학생에겐 아주 좋은 교재가 된다. 초등학교, 중학교에서는 못 하더라도 고등학교에선 경제, 논술 과목에서 하거나, 영어, 국어 수업에서 해도 좋다. 하지만 불가능하다. 고등학교 교사 중에 이런 걸 할 수 있는 사람이 없기 때문이다. 가장 실용적이고 현실적인 공부가 될 텐데, 현재 한국의 공교육에선 불가능하다.

대학에서는 어떨까? 경제나 경영 관련 전공, 영어나 통번역 관련 전공, IT 관련 전공에서 수업 중에 최신의 기조연설이나 CEO 연례서한을 같이 공부하는 경우는 얼마나 될까? 찾기 쉽지 않을 것이다. 이걸 하려면 교수가 매번 새롭게 공부해야 하고 준비해야 한다. 부지런해야 하고, 최신 비즈니스와 테크에 대한 공부도 소홀하면 안 된다. 아마도 안 하는 이유를 자기 전공 분야가 아니라거나, 학생이 각자 알아서 할 일이라고 할 것이다. 연구비나 지원금을 받을 때는 다 자기 전공이 해당된다며 융합 타령을 하면서 말이다.

물론 교수만 탓할 수 없다. 고등학교 공교육의 한계가 크듯, 대학 교육도 마찬가지다. 교수가 가르치기 쉽거나 편한 방식이 더 우선이지, 학생에게 더 유용한 것을 적극적으로 가르치는 교수는 소수다. 여전히 10년 전 사례를 수업 시간에 얘기하거나, 심지어 경영이나 테크 관련 얘기하면서도 10~20년 전 얘기를 한다. 과거의 것을 가르치지 말자는 것이 아니다. 현시점에서 나온 가장 생생하고 현실적인 이슈들을 외면하고 과거만 가르치는 건 도대체 누굴 위한 것인지 물어보고 싶다. 교사와 교수가 가르치지 못한다고 우리가 배우지 못하는 건 아니다. 우리에겐 블로그와 유튜브 속 수많은 선생이 있다.

위기가 생기는 건 문제가 아니다. 위기라고 겁만 먹는 사람도 있겠지만, 위기에 대응해 결국 위기를 돌파하고 새로운 기회까지 찾아내는 사람도 있기 때문이다. 위기는 기회라는 얘기는 존 F. 케네디John F. Kennedy 대통령 때문에 널리 알려졌다. 60여 년 전 그는 "중국인들은 위기危機라는 단어 속에 위험危險과 기회機會를 모두 포함하고 있다. 위기 속에서 위험을 인지하듯 기회도 인지해야 한다"라고 했다. 위기가 오면 위험에 대한 두려움이 커지기 마련이지만, 누군가는 위기마저도 기회로 만들어낸다. 당신은 어떤 사람인가? 결국 위기에서 기회를 찾아내는 안목을 가진 사람이 생존력이 높은 사람이다. 생존력 공부는 산속에 들어가서 자연인처럼 살면서 버티는 훈련이 아니라, 변화와 위기에 대응하기 위해 안목을 키우는 일이다.

위기危機 = 위험危險 + 기회機會
CRISIS = DANGER + OPPORTUNITY

국내에《트렌드 코리아》,《라이프 트렌드》시리즈 등 매년 연말에 나오는 트렌드 전망서가 있듯이, 세계적으로는 영국 경제 주간지 〈이코노미스트〉가 매년 연말에 내는 글로벌 트렌드 전망서《The World Ahead》시리즈가 대표적이다. 이 책은 분야별 세계적 전문가와 석학, CEO 등 수십 명이 참여해 만드는데, 매년 전 세계 90개국에서 25개 언어로 출간될 정도로 영향력이 크다.

《The World Ahead 2023》에서 중요하게 제시된 메시지가 '예측이 불가능한' 것이 뉴노멀이라는 것이다. 예측 가능한 세상이 끝나고, 예측 불가능한 것이 아주 당연해진 세상이 되었단 얘기다. 굳건하게 지켜지던 세계화와 자유무역도 무너지고, 국경을 침범하지 않는 불가침 원칙도 무너지고, 미국과 중국의 갈등은 더 심화되었고, 전 세계의 지정학적 변수는 더 커졌다. 인플레이션은 통제 가능하던 선을 넘어섰고, 경기침체 심화로 글로벌 대기업마저도 무너질 위기에 처했다. 이렇듯 예측 안 되는 상황이 자꾸 발생하는 건 그만큼 변화가 급격해서다. 과거의 관성에 의존하던 사람에겐 가혹한 시대가 되는 것이다.

팬데믹이 초래하는 경제적 위기가 2020~2022년을 장악했다면, 2022~2024년은 인플레이션과 경기침체에 따른 경제적 위기가 장악한다. 팬데믹이 경제적 위기뿐 아니라 일부에겐 엄청난 기회도 선사했듯이, 인플레이션과 경기침체도 누군가에겐 기회를 만들어낸다. 중요한 건 위기와 기회가 엇갈리고, 판이 뒤바뀌고, 변화의 폭이 큰 시기가 2020~2024년이란 얘기다. 역사상 가장 극심한 변화가 이뤄지는 5년을 우린 살아가고 있다.

변화는 사실 무서운 말이다. 변화라는 말을 너무 편하고 쉽게 쓰는 사람이 있는데, 변화는 변하여 다르게 된다는 뜻이다. 그리고 변화와 연결되는 말인 혁신은 점진적이거나 혁신적인 변화를 일컫는다. 변화와 혁신, 한마디로 달라진단 얘기다. 바뀐다는 얘기다. 달라지지 못하거나 바뀌지 못한 사람은 위기가 될 수 있단 의미를 담고 있다. 기업은 살아남기 위해서 계속 혁신할 수밖에 없다. 기업의 구성원들은 이런 혁신에 맞게 '계속 진화하거나, 아니면 내쳐지거나!' 둘 중 하나다.

경기침체와 대량해고는
과연 위기일까 기회일까?

위 글제목은 말도 안 되는 질문이라 생각할 수 있다. 대량해고가 위기이지 그게 무슨 기회가 될까 싶기 때문이다. 지금 벌어진 대량해고의 배경은 경기침체다. 미국의 IT(테크) 기업 감원(해고) 추이를 추적해 정보를 제공하는 Layoffs.fyi에 따르면, 2022년 미국의 테크 기업에서 15만 4,336명이 감원되었다. 2021년에는 연간 감원 인원이 1만 5,000명 정도였으니 무려 10배나 늘어났다. 팬데믹에 따른 경기침체 직격탄을 받은 시기인 2020년 3~12월에 감원 인원이 8만 명 정도였던 것과 비교해도 확실히 2022년의 감원은 많다. 2020년 하반기부터 2021년까지 테크 업계는 호황이었다.

팬데믹으로 오히려 기회가 늘어나 매출도 주가도 상승했고, 인력도 대거 충원했다. 하지만 2022년 인플레이션이 심화되고 경기침체의 우려가 가시화되면서 감원으로 방향이 바뀌었다. 신규 채용은 대폭 축소되거나 중단되었고, 직원 규모를 줄여 비용 절감을 도모한 것이다.

2022년 애플, 구글, 마이크로소프트, 메타, 테슬라, 넷플릭스 등 미국의 대표적 테크 기업들이 크고 작은 감원을 시작했다. 그중 페이스북의 모회사인 메타가 2022년 1만 1,000명을 감원했는데, 이는 전체 직원 중 13%다. 특히 2022년 4분기부터 2023년 1분기 사이에 기업들의 대량 감원 소식이 쏟아졌다. 아마존은 1만 8,000명(전체 직원 중 6%)을 감원하고, 알파벳(구글 모회사)은 1만 2,000명(전체 직원 중 6% 이상), 세일즈포스 8,000명(전체 직원 중 10%), 마이크로소프트 1,000명, HP 6,000명, 시스코 4,000명 감원했다. 심지어 트위터는 전체의 절반이 넘는 3,700명을 해고했다. 테크 기업의 감원이 급증한 것은 경기침체에 대한 선제적 대응이기도 하고, 2021년의 호황을 낙관해 인력을 너무 많이 늘려놓은 반작용이기도 하다.

감원 열풍은 테크 기업뿐 아니라 글로벌 금융사로도 번졌다. 골드만삭스는 전체 직원의 10% 정도인 3,200명을 해고했다. 아울러 2023년 1월에 나가는 연례보너스는 40% 줄였고, 출근 직원에게 제공하던 무료 아침, 점심 서비스도 중단했다. 그러고도 800명 추가 감원 계획을 밝혔다. 모건스탠리는 1,600명, 크레디트스위스 2,700명(향후 3년간 9,000명 감원 계획), 블랙록은 500명을 감원했다. 이들뿐 아니라 국내외 금융 기업들의 감원, 구조조정은 계속된다.

지금 시대 가장 잘 나가는 산업 두 가지를 꼽으면 빅테크가 주도하는 IT 산업과 글로벌 금융자본이 주도하는 금융산업이다. 이 둘 모두 팬데믹 기간인 2020~2021년까진 위기 속에서도 오히려 성과가 더 좋았다. 하지만 2022년부터 성과는 줄어들었고 위기가 심화되기 시작했고, 2023년 더 심화된 위기를 맞았다. 이 둘 모두 경기침체의 타격을 가장 많이 볼 분야다. 이들 외 다른 산업에서도 위기의 영향을 본다.

다시 질문을 해보자. 테크 분야 대량해고는 과연 기회일까 위기일까? 모든 분야가 아니라 테크 분야로 한정해서 보면 기회로 볼 수도 있다. 실리콘밸리에선 스타트업 창업 열기가 더 뜨거워졌다. 데이터 분석 기업 피치북에 따르면 2022년 세계 벤처캐피털 총 투자 규모는 4,830억 달러 정도로 전년보다 33% 줄어들었다. 하지만 엔젤 투자 등 초기 단계 스타트업 투자는 374억 달러로 전년과 비슷했다. 전체는 크게 줄었으나 초기 창업에 대한 투자는 줄어들지 않았다는 것은 투자가치가 있는 신생 스타트업이 그만큼 많다는 의미다. 빅테크에 있던 유능하고 검증된 사람들의 창업이 늘어났기 때문이다. 지금 우리가 아는 빅테크, 유니콘 기업 중에서 닷컴버블이나 글로벌 금융위기 같은 위기 시기에 창업한 경우도 꽤 있다는 것을 감안하면, 벤처캐피털 업계가 초기 단계 스타트업에 대한 투자를 늘리는 것은 충분히 합리적이다.

그리고 창업이 아니어도 빅테크에서 해고된 사람들은 다시 일자리를 찾을 가능성이 크다. 유능한 IT 인재를 원했어도 빅테크가 블랙홀처럼 다 빨아들이는 바람에 손해를 본 기업들이 지금을 기회로 유능한 인재를 채용하고 있기 때문이다. 가장 대표적인 기업 중 하나가 삼성전자다. 분명 세계적 기업이지만 미국에 있는 빅테크에 비해서 미국의 IT 인재들에겐 상대적으로 선호도가 높지 않았다. 하지만 빅테크가 대량해고하면서 쏟아진 인재들을 삼성전자가 적극적으로 확보한다. 삼성전자 이재용 회장은 "경제위기는 우수 인재를 영입할 좋은 기회다"라는 메시지를 언급했으며, 2022년 하반기부터 실리콘밸리 채용 행사에 삼성전자의 사업부장(사장급)들이 총출동하여 최고 인재 유치에 직접 나선 것도 같은 맥락이다. 삼성전자도 경기침체의 영향을 받는다. 영업이익이 급락했고, 재고는 급증했다. 경기침체의 타격이 없어서 인재 유치에 적극 나선 게 아니다. 위기돌파는 결국 인재가 한다. 이미 세상에서 충분히 쓰이는 기술이 아니라, 아직 세상에 없는 기술을 가진 인재들이 위기를 넘어 기회를 만들어낼 수밖에 없다.

당신은 인재인가? 당신은 어떤 특별한 기술을 가졌는가? 시키는 대로만 공부하는 모범생이 아니라, 스스로 자신에게 필요한 공부를 설계하고, 필요한 선생을 선택할 수 있는 특별한 학생이 되어야 한다. 그것이 바로 프로페셔널 스튜던트이면서 동시에 아웃스탠딩 티처이기도 하다.

물론 모든 해고자가 기회라는 게 아니다. 실력이 있는 자에겐 어떤 상황이 와도 결코 위기가 아니다. 반대로 실력이 없는 자에겐 한없이 가혹한 위기다. 경기가 회복되어도 그들은 위기다. 만약 당신이 코로나19 팬데믹 기간이 힘들고 돈 못 버는 시기였다면 다음 그래프를 보라. 팬데믹 기간 중 테크 분야 해고자 추이다. 2020년 2분기까진 테크 기업이나 테크 기업의 직원 모두에게 위기가 가중되었다면, 2020년 3분기부터 2022년 1분기까지는 태평성대였다. 곧 팬데믹이 모두에게 힘든 시기가 아니었단 얘기다. 경기침체 심화로 2022년 2분기부터 2023년까지 풍전등화가 되겠지만, 결국 이런 시기에도 누군가의 일자리는 흔들림 없이 건재하다. 설령 일자리가 흔들렸어도 누군가는 새로운 도전을 통해 더 큰 기회를 만들어낼 수도 있다. 사람은 같지 않다. 세상은 위기여도 개개인에 따라, 기업에 따라, 산업에 따라선 기회가 될 수 있기 때문이다. 결국 실력과 안목 있는 사람에게 기회가 독점된다.

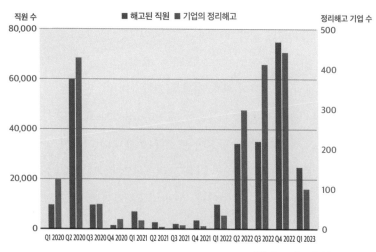

코로나19 이후 테크 기업의 해고자 추이

출처 : https://layoffs.fyi

왜 LG CNS는
직원들에게 매년
시험을 치게 할까?

LG CNS는 IT 역량을 평가하기 위해 2016년부터 사내 기술인증시험인 TCT Technology Certification Test를 치르고 있다. 처음에는 IT 엔지니어 대상의 시험이었는데, 이후 전 직원을 대상으로 확대되었다. IT 서비스 분야의 특성상 새로운 기술은 끊임없이 쏟아지고, 직무 관련한 공부에 소홀하면 결국 역량이 뒤처지며 실무에서 도태될 수밖에 없다. LG CNS는 시험을 쳐서 등급을 나누는 게 목적이 아니라, 시험을 치기 위해 자발적으로 공부하게 만드는 것이 목적이다. 평가와 교육, 자기계발이 인사제도와 잘 녹아든 모델이다.

TCT는 시험 결과를 통해 역량 레벨(1~5단계)이 정해지는데, 매년 한 번 응시해 역량 레벨은 매년 변경된다. 한 번 레벨이 높았다고 자동적으로 상위 레벨이 되는 게 아니다. 절대평가인 역량 레벨에서 좋은 성적을 받으면 연봉도 인상된다. 연봉 산정률에서 2019년에는 기술 역량 레벨 평가를 50% 반영했고, 2020년 75%로 올라갔고, 2021년부터는 100% 반영한다.

기술 역량 레벨 평가제를 도입한 이유는 나이와 직급에 상관없이 역량이 뛰어난 직원에게 더 많은 보상을 해주기 위해서다. 역량 레벨을 도입한 후에는 연차에 상관없이 모두 승진 대상자가 되고, 역량 우수자가 유리하다. 2020년부터 역량이 더 뛰어난 S급 인재를 선별해 더 많은 보상을 주는 패스트 트랙도 만들었다. 인재 우대주의, 능력주의 체제를 구축한 것이다. 그 결과 최상위 등급에 해당하는 레벨 4~5 인력이 매년 증가해, 2021년 기준 2,400여 명(클라우드 1,000명, AI 400명, 빅데이터 400명 등)으로 전체 임직원 중 40% 정도다. 최상위 인재가 늘어나는 건 기업에도 이익이고, 구성원 개인에게도 이익이다. 회사를 통해 역량이 높아지고 전문가로 진화하는 것이고, 이는 곧 회사의 실적으로 드러난다.

제도 도입 이후 LG CNS는 매년 매출, 영업이익에서 최대치를 경신하고 있다. 2017년 3조 원 정도였던 매출이 4년

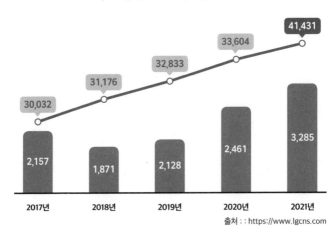

TCT 제도 도입 후 LG CNS의 매출과 영업이익   단위 : 억 원

	2017년	2018년	2019년	2020년	2021년
매출	30,032	31,176	32,833	33,604	41,431
영업이익	2,157	1,871	2,128	2,461	3,285

출처 : : https://www.lgcns.com

간 1조 원이 더 늘어나 2021년부터 4조 원대로 올라섰다. 2021년 매출은 4조 1,431억 원으로 전년(3조 3,604억 원) 대비 23.3%, 영업이익은 3,285억 원으로 전년(2,461억 원) 대비 33.5% 증가했다. 2022년 1~3분기 누적 매출이 3조 2,024억 원, 누적 영업이익 2,476억 원으로 전년 동기 대비 매출 22%, 영업이익 24% 증가했다. 이런 추세를 감안하면 2022년 연매출, 영업이익도 역대 최대가 전망된다.

LG CNS는 영업이익률이 국내 SI 업계에서 가장 높고, 국내 IT 서비스 시장 점유율도 가장 높다. 회사의 실적이 높아지니 성과급도 높아진다. 기술 역량 레벨 평가제 적용 이후 퇴사율도 크게 줄었다. 결과적으로 직원들도 만족하고, 회사도 성장했다. 물론 이렇게 자리 잡기까지 문제가 없지는 않았다. 새로운 제도 도입에 직원들이 반발하기도 했지만, 기술 중심 회사로 변하지 않으면 생존할 수 없고 이를 위해선 기술 역량 레벨 평가제가 필요하다는 CEO의 메시지와 함께, 기술 역량 레벨 평가제를 도입하기 위한 공청회를 30회 이상 열었다. 끈질긴 설득과 소통으로 결국 제도가 도입되고, 자리를 잡았고, 기업의 성과는 좋아졌다.

LG CNS에서 흥미로운 사실이 또 하나 있다. 서로를 이기려고 경쟁하듯 공부하는 게 아니라, 스터디그룹을 만들어 함께 공부한다는 사실이다. 직장 동료이자 공부 공동체인 것이다. 공부를 해서 시험을 잘 치고 실력을 검증하는 건 회사에서만 쓰이는 게 아니다. 결국 자신의 역량을 높이는 것이기에 직원으로선 자기계발이 된다. 시험 결과로 연봉과 승진에 영향을 받다 보니, 자칫 시험으로 조직 분위기가 경직되고 서로를 경쟁상대로 여겨 불필요한 갈등이 생길까 봐 우려하는 사람도 있다. 하지만 TCT는 상대평가가 아니라 절대평가다. 모두가 협력해서 레벨을 올리고 유능한 인재가 되자는 분위기라고 한다.

2022년 7월 19일 〈중앙일보〉에 LG CNS의 최연소 팀장과 최연소 엑스퍼트의 인터뷰 기사가 실렸다. 연매출이 4조 원대이고, 직원 수 6,600여 명인 대기업에서, 최연소 팀장은 2022년 기준 31세인 김명지 언어인공지능AI랩장이고, 최연소 엑스퍼트는 29세 임승영 총괄이다. TCT 성적으로 레벨 4부터 총괄 컨설턴트가 될 수 있고, 모든 건 나이가 아니라 실력으로 평가한다. 저연차 직원이라도 역량이 충분하면 권한과 기회를 주고, 그것을 구성원 모두가 인정한다. 가장 이상적인 문화다.

앞선 인터뷰 기사에서 최연소 팀장이 한 말이 인상적이었다. **"선배라서 무조건 더 많이 알고, 후배를 가르쳐야 한다는 생각에 갇혀 있지 않아요. 연차에 관계없이 역량이 뛰어난 '고수'에게 배울 수 있고, 서로 도움을 주는 문화가 가장 큰 장점입니다."** 우리가 왜 상대평가를 버리고 절대평가로 공부해야 하는지, 우리가 왜 기업에서 수평적 문화를 받아들여야 하는지, 우리가 왜 서로를 성장시킬 공부 공동체를 가져야 하는지 보여주는 말이다.

과연 LG CNS의 사례를 다른 기업에도 적용할 수 있을까? 적용해야 하는 것이 맞다. 하지만 현실적으로 쉽지 않다. 이미 많은 기업이 시도했다가 실패했기 때문이다. 설령 회사를 위해 필요한 제도라고 해도, 공부하고 시험 치는 것을 스트레스로 여기는 직원이 많다면 제도는 자리 잡기 어렵다. 공부하고 시험 치는 건 학교 다닐 때만 하는 것이고, 직장에선 좀 편하게 일하고 싶다는 생각을 지워야 한다. 공부는 직장인이 제일 많이 해야 한다는 인식을 가져야 미래에도 살아남는 인재가 되고, 기업의 미래도 긍정적일 수 있다. 성과는 인재가 만든다. 인재는 나이만 먹고 시간만 흐른다고 자동적으로 되는 게 아니다. 기업의 직장인들이 프로페셔널 스튜던트로 거듭나게 만드는 것은 기업의 교육 부서만의 일이 아니라 경영전략에서 중요한 과제다.

"혁신을 추진할 경우, 반드시 기존의 이해 당사자들이 그 변화의 방향에 대해 모두 저항한다는 것입니다. 그것은 당연한 일입니다. 혁신으로의 방향 전환이 결국 자기 자신에게 손해를 끼칠 것이라고 생각하기 때문입니다. 따라서 혁신으로 방향을 정했을 경우에는, 반드시 사람을 교체시켜야 합니다. 좀 심하게 들릴지 모르지만 그것이 현실입니다. 기존의 인력을 교육해서 혁신의 방향으로 내부 분위기를 전환시킨 사례는 매우 드뭅니다."

베스트셀러《초격차》의 저자이자, 삼성전자 대표이사 회장을 지내고, 삼성종합기술원 회장까지 역임한 권오현 회장이 한 말이다. 왜 기존 인력을 교육해서 혁신의 길로 가는 게 어렵다고 했을까? 치열하게 공부하고 성장하는 것을 적극적으로 받아들이는 구성원이 적인 조직이라면, 교육 하느니 물갈이 하고 새로운 인재로 재구성하는 것이 낫다는 경고 메시지다. 결국 기존 직장인이 급변하는 위기의 시대에도 살아남으려면, LG CNS 같은 사례가 보편적이어야 한다.

학력과 직무능력은 상관없다고? 직무능력을 위한 공부는 따로 있다!

아이오와대 프랭크 슈미트Frank L. Schmid 교수와 미시간주립대 존 헌터John E. Hunter 교수는 1998년에 발표한 논문 〈인사 심리학의 선발 방식에 따른 타당성과 유용성The Validity and Utility of Selection Methods in Personnel Psychology〉에서 구직자의 학력과 실력(직무능력)은 상관이 없다는 결론을 내렸다. 상관관계는 0~1 사이로 평가되는데, 0이면 상관관계가 전혀 없다는 의미이고, 0.5 이상이면 상관관계가 강하다는 의미다. 논문은 3만 2,000명의 직장인을 대상으로 분석했는데, 학력(교육기간)과 직무능력의 상관관계가 0.10이었다. 학력은 고졸, 4년제 대학, 석사 박사 등 교육 기간의 차이가 직무능력과는 거의 상관없었다는 것이고, 경력도 연차가 길거나 짧거나 차이가 별로 없다는 뜻이다.

이 결과는 학교에서 배우는 공부와 기업에서 필요한 직무가 별 상관없다는 의미이고, 이건 대학이 반성할 일이다. 비싼 등록금 받아서 졸업장 주는 역할에 그치는 것은 들이는 돈과 시간이 너무 아까운 일이다.

경력(연차)의 상관관계도 낮았는데, 0.18이었다. 경력은 직무 입문 단계인 2년차 정도에서나 유의미했을 뿐, 그 이상에선 상관관계가 낮았다. 일한 지 오래되었다고 무조건 직무능력이 더 뛰어나다고 할 수 없는 것이다.

논문의 결과에 따르면, 학력과 경력은 참고만 할 뿐, 그것이 채용에서 당락을 결정해선 안 되는 것이다. 그동안의 편견은 고학력자가 일도 더 잘한다는 것이었다. 이것이 학력 차별, 명문대와 지방대 차별을 만들었다. 왜 글로벌 기업들이 점점 학력(학위)를 따지지 않거나, 참고사항(기본조건)으로만 여기는지도 생각해볼 일이다.

상관관계가 높은 것은 0.54인 작업 테스트였다. 채용 후 맡길 일을 미리 시켜보는 것이 채용 시 직무능력을 파악하는 데 가장 유용하다는 얘기다. 직무면접 0.51, 동료 평가 0.49, 직무 지식 테스트 0.48, 행동 일관성 0.45, 정직성

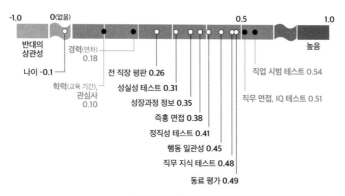

채용 시 전형 요소와 직무능력의 상관성

-1.0 0(없음) 0.5 1.0

반대의 상관성 높음

나이 -0.1

경력(연차) 0.18

학력(교육 기간), 관심사 0.10

전 직장 평판 0.26

성실성 테스트 0.31

성장과정 정보 0.35

즉흥 면접 0.38

정직성 테스트 0.41

행동 일관성 0.45

직무 지식 테스트 0.48

동료 평가 0.49

직업 시범 테스트 0.54

직무 면접, IQ 테스트 0.51

출처 : 아이오와대 프랭크 슈미트&미시간주립대 존 헌터의 연구

0.41 등이 상관관계가 높았다. 논문의 결과만 보면, 학력보다 정직한지 따지는 게 더 유용한 셈이다.

블라인드 테스트를 약자 보호용이라 여기는 사람이 있다. 과연 그럴까? 기업에서 인재 선발은 아주 중요하다. 사회를 위해서, 실업자를 구제해주기 위해서가 아니다. 인재가 있어야 기업이 돈을 벌고 성장할 수 있기 때문이다. 그러니 정치적 관점에서 블라인드 테스트를 생각하면 안 된다.

가령, 카카오는 개발자 채용 1차 서류 전형에서 지원자에게 4가지만 적게 한다. 이름, 이메일, 전화번호, 지원 부서가 전부다. 서류 전형에 참여하면 모두가 1차 코딩 테스트를 받는다. 여기서 결과에 따라 2차 코딩 테스트가 이어진다. 실제 개발 업무에서 필요한 실무 역량을 검증하는 단계다. 코딩 테스트를 통과한 사람에게 경력과 자기소개를 요청한다. 신입이면 학교에서, 경력이면 직장에서 어떤 프로젝트를 진행했는지 제시하는 것이 경력 정보다. 자기소개에서도 직무능력 중심으로 쓰면 된다. 이 과정을 거쳐 최종 합격자에게 인사시스템에 등록하기 위해 학력 정보를 요청한다. 학력이 채용 당락과 아무런 상관이 없는 것이다. 이렇게 해도 고학력자, 명문대 출신이 꽤 입사한다. 하지만 그들은 학력이 아니라 온전히 실무능력으로 합격한 것이다.

학력 정보에 대한 블라인드 채용을 하는 경우에도 명문대 출신은 많이 합격한다. 하지만 학력을 블라인드 하지 않았던 때보다는 지방대 출신의 비율이 더 높고, 입사한 사람들의 학교 분포도 더 다양하다.

엄밀히 블라인드 채용은 비명문대 졸업자를 위한 게 아니다. 기업을 위한 것이다. 더 유능한 인재를 선발해, 성과를 더 잘내기 위해서다. 공부 열심히 하고 수능 잘 보고 명문대에 갔다는 것은 그 학생에겐 인생의 중요한 성취이고 우대받고 싶은 훈장일 테지만, 기업의 입장에선 그 학생을 위해 채용하는 게 아니다. 철저히 기업의 이익을 위해 채용할 뿐이다.

채용은 복지가 아니다. 지방대라고 더 배려해서도 안 된다. 어떤 학교든 우대도 차별도 없이 실력 자체를 평가받아야 한다. 블라인드 테스트는 약자 보호가 아니라, 진짜 실력자를 실력만으로 가려내는 일이어야 한다.

당신은 기존의 대기업에서 하던 신입사원 정기 공채가 우수 인재를 뽑는 데 효과적이었다고 생각하는가? 시험 잘치는 능력과 실제 기업에서 필요한 업무능력이 비례한다고 생각하는가? 한국의 기업들이 신입사원 공채를 계속 줄이고 있다. 직무능력이 있는 경력자 중심으로 상시채용을 확대하고, 기존 직원의 교육을 강화해 내부 인재를 질적으로 성장시키는 데 투자한다. 기업은 일자리 없는 청년들 취업시키려고 존재하는 게 아니다. 기업은 청년취업률 낮추려고 사업하는 게 아니다. 능력 없는 사람들 데려다 월급 주고 일 가르치는 게 기업의 역할이 아니다.

직장인이
고 3처럼 공부한다면?

직장인의 애환을 담은 〈윤직원의 태평천하〉를 그리는 일러
스트레이터 윤직원이 인스타그램에 올린 내용 중 시선을
끈 그림이 있다. 긴 설명 없이도 누구나 공감할 수 있다. 대
부분의 사람에게 공부는 입시를 위한, 취업을 위한 것으로
여겨졌다. 살면서 한 공부를 초중고 시기와 취업 직전에 몰
아서 다 했다고 해도 과언이 아니다. 기성세대는 이렇게 했
어도 평생 살면서 아무런 문제가 없었다. 그만큼 세상이 빨
리 바뀌지도 않았고, 한번 들어간 직장은 평생직장이 되어
계속 일자리를 제공해줬다. 명문대 졸업장이 가진 힘이 아
주 셌던 시기다. 그런데 이건 과거의 얘기다. 더이상은 통하

지 않는 세상이 되었고, 앞으로는 더할 것이다. 미래의 누군가가 다음 그림을 고쳐서 다시 그릴 것이다. 수능 보기 직전과 취업 직전이 가장 열심히 공부하고 가장 똑똑했던 순간이 아니라, 취업하고 나서 직장인으로서 생존하기 위해선 계속 열심히 공부하고 똑똑해야만 하기 때문이다.

평균 수명 80~90세인 시대, 60세에 정년 퇴직하는 건 너무 이르다. 그런데 60세가 되기 전 4050대에 퇴직하는 경우도 많은 것이 현실이다. 일찍 은퇴해서 낚시하고 등산하고 골프만 하고 살 수는 없다. 노후 자금을 넉넉히 확보해두었

직장인의 애환을 그리는 일러스트레이터 윤직원의 그림

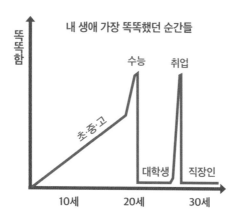

출처 : 인스타그램@jikwon.yoon

다면 몰라도, 그런 사람은 극소수다. 적어도 70대까지는 경제 활동이자 사회적 역할이 필요한데 너무 일찍 퇴직하는 건 안타까운 일이다. 그런데 더 안타까운 건 실무능력이 떨어져 재취업하기 어려운 사람이 많다는 점이다. 대기업의 팀장급, 부장급을 지낸 사람이나 퇴임한 임원도 갈 데가 마땅치 않다. 말은 잘하는데 실무능력이 약하기 때문이다. 새로운 기술에도 취약하고, 새로운 문화도, 글로벌 역량도 부족하다. 왜냐하면 공부를 하지 않아서다. 꾸준히 학습하고 자기계발하면 채워질 역량이지, 나이가 많다고 채우기 어려운 역량이 절대 아니다. 조직의 힘과 개인의 능력은 다른데, 조직의 힘만 믿고 자신의 성장을 위한 공부에 소홀했기 때문이라고도 할 수 있다. 특히 갑 입장의 기업에 있던 사람은 나이가 들수록 전문성을 유지하지 못하는 경우가 많다. 오히려 을 입장의 기업에 있던 사람은 전문성이 좀 더 오래 유지된다. 이 점은 생각해볼 일이다.

"저는 발표 자료 직접 만듭니다. 다른 임원들도 시키지 마세요."
2021년 12월, 삼성전자 경계현 사장이 취임 후 첫 임직원 간담회 때 한 말이다. 그는 삼성전자에 입사한 뒤 승진을 거듭해 부사장까지 되었고, 삼성전기 사장으로 갔다가, 다시 삼성전자 사장으로 왔다. 삼성전기 사장일 때도 조직의 수

평과 능력주의를 강화했는데, 삼성전자에서도 마찬가지다. 기업은 인재가 이끌고, 인재를 우대하는 환경을 만드는 건 경영자에게 중요한 일이다.

"실력이 없기에 권위적인 것이고, 실력이 없기에 몰입이 안 되고 생산성이 떨어지는 것입니다." 이건 삼성전자 의료기기사업부장 전동수 사장이 2016년에 조직 혁신을 촉구하며 한 말이다. 사실 삼성만 해당하는 얘기가 아니라, 모든 기업에서 생각해볼 얘기다.

보스와 리더는 다르다. 보스는 지시만 한다. 자기가 더 높은 지위임을 강조하고 권위를 누린다. 리더는 지시가 아니라 함께 행동한다. 말로 하는 게 아니라 행동으로 후배들을 끌고 가는 것이다. 능력이 없을수록 보스가 일하기 쉽다. 능력이 들통날 리도 없고, 권위와 직급으로 밀어붙이면 된다. 하지만 그런 조직의 미래는 없다.

어떤 직장에 있든 조직의 시스템과 조직의 구성원들이 만든 성과를 자신의 역량이라 오해하면 안 된다. 냉정하게 자신을 들여다봐야 한다. 퇴직 이후 갈 곳이 없어 고생하며 자존감 떨어지는 상황을 맞기 전에, 치열하게 자신의 가치를 높여야 한다. 뒤늦게 후회하지 말고, 퇴직하기 전부터 고 3처럼 공부하자. 결국 믿을 건 실력뿐이다. 고 3 때 공부하듯 자신의 전문성을 높이는 데 시간과 노력을 쏟는다면 기회는 더 많아질 것이다.

미래를 보지 못하는 사람은 과거에 집착한다. 미래를 보는 눈을 가진 사람은 나이와 무관하게 미래에 대한 자신감이 강하다. 다가올 기회와 위기를 늘 살펴보다 보니 누구보다 더 빨리 대응하고 적응할 수 있기 때문이다. 노련한 서퍼는 높은 파도가 와도 두렵지 않다. 파도를 피하려 들지도 않고, 파도를 즐길 수 있다. 미래는 늘 파도와 같이 온다. 아찔한 위험과 함께 매력적인 즐거움을 동시에 보여주기 때문이다.

물론 사람에 따라선 아찔한 위험만 보이기도 한다. 그건 자신감보단 두려움이 커서다. 그러다 보니 과거의 안락하고 평온하던 기억에 집착하기 쉽다. 미래와 싸울 의사가 없어서고, 용기와 능력이 없어서기도 하다. 사실 모든 지나간 과거는 더 매력적으로 보이기 쉽다. 하지만 그 과거가 미래를 매력적으로 바꿔주는 데 기여하진 못한다. 위안이자 도피에 불과하다. 미래를 보기 위해서도, 미래에 대한 자신감을 갖기 위해서도 필요한 건 결국 공부다.

Part 3

스스로
아웃스탠딩
티처가 되라!

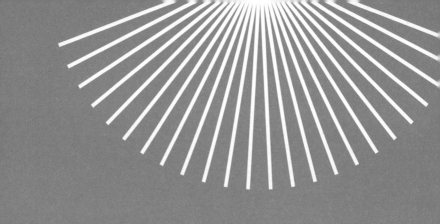

: 내가 나의 선생이

될 수는 없을까?

왜 스스로
아웃스탠딩 티처가
되어야 할까?

찾아보면 세상에 탁월한 선생은 많다. 문제는 그런 선생이 당신 곁에 없다는 사실이다. 우린 세상의 모든 탁월한 선생에게 관심 있는 게 아니라, 내 옆에 있을 선생에게 관심 있는 것뿐이다. 당신의 모든 것을 파악해 최적의 교육을 제공해주고, 당신의 미래까지 체계적으로 이끌어줄 당신만의 선생은 존재할까? 안타깝지만 없다. 당신이 엄청난 부자라면 특별한 개인교수를 채용할 수 있겠지만, 현실적으로 당신은 그럴 수 없다. 이건 단순히 입시용 과외 선생과는 다르다. 입시는 정답이 존재한다. 단기간에 점수를 높이는 전문가는 얼마든지 있다. 하지만 당신의 미래엔 정답이 없다. 산업의 변화, 세상의 변화, 기술의 변화, 그리고 당신의 실력과 성장을 모두 고려해 미래를 설계하고, 그에 따라 교육도 설계해야 하는데 그럴 수 있는 선생이 과연 얼마나 있을까?

입시 시장은 아주 오래전부터 발달한 대규모 산업이다. 효율적인 시스템과 답이 얼마든지 존재하고, 그에 따라서 탁월하게 성과를 만드는 선생도 존재했다. 하지만 입시가 아니라 당신의 진짜 미래에 대한 얘기라면 다르다. 입시용 사교육은 대학 가는 것이 역할의 전부다. 원하는 대학에 진학시키는 것이 학교와 선생이 가진 최고의 소임이다. 명문대만 나오면 미래가 보장되던 시대에는 잘 통했던 역할이다.

하지만 이제 달라졌다. 학교와 선생도 과거의 관성에서 벗어나 과감히 변신해야 하고, 학생도 더 진화해야 한다. 학생은 초중고대만을 얘기하는 게 아니다. 직장인도 사업가도 새로운 공부를 통해 자신을 성장시키고자 한다면 그들도 학생이다. 바로 프로페셔널 스튜던트다.

프로페셔널 스튜던트가 진화하면 아웃스탠딩 티처가 된다. 단순히 학생이 선생이 된다는 의미로 받아들이면 안 된다. **자신의 성장을 위해 끊임없이 공부하는 프로페셔널 스튜던트는, 자신이 새롭게 배워야 할 방향과 전략을 결정하는 스스로의 아웃스탠딩 티처가 되는 것이다. 가르치는 것이 목적이 아니라 수단**

이자 도구가 되어, 자신의 공부를 더 심화시키기 위한 전략으로 남을 가르칠 만큼 공부하는 것이다. 이것이 아웃스탠딩 티처의 가장 중요한 역할이다. 최고의 선생은 결국 자기 자신이다.

세상에 정보는 많고, 교육 콘텐츠도 많고, 책도 많고, 함께 공부할 동료도 많다. 이걸 결정하고 행동하는 것은 오로지 자기 자신이다. 남에 의해 강압적으로 이끌려다니며 하는 것이 아니라 자신이 주도하며 공부를 설계하고 미래를 개척해가는 것이 바로 아웃스탠딩 티처다. 우린 미래에도 살아남는 인재가 되기 위해 프로페셔널 스튜던트가 되어야 하고, 탁월한 인재로 크기 위해서라도 아웃스탠딩 티처가 되어야 한다. 우린 학생이자 동시에 선생이고, 프로페셔널 스튜던트이자 아웃스탠딩 티처다. 두 개의 서로 다른 역할이 아니라, 이젠 한 사람이 다 갖춰야 할 두 가지 필수 역할인 것이다.

더이상 과거의 선생에게 우리의 미래를 맡길 수 없다. 기존 선생들도 자신의 미래에 대한 확신이 서지 않는데, 어떻게 그들만 믿고 있을 수 있겠는가? 아웃스탠딩 티처는 입시 점수 잘 올려주는 쪽집게 선생을 의미하는 것도 아니고, 명문대 나온 스펙 좋은 선생을 의미하는 것도 아니다. 이제 우리에게 필요한 탁월한 선생은 프로페셔널 스튜던트로 거듭난 우릴 이끌어줄 수 있어야 한다. AI와 로봇, 자동화가 초래한 일자리 구조와 인재상, 교육관이 바뀌는 시대를 살아가는 우리에게 필요한 실용적인 가르침을 줄 수 있어야 한다.

과거가 아닌 빠른 변화가 이뤄지는 현재, 그리고 다가올 미래에 대한 대비를 누구보다 열심히 해야 하고, 그러기 위해선 선생 스스로가 프로페셔널 스튜던트가 되어야 한다. 과거의 지식이 아닌 미래에도 쓰일 지식을 쌓는 데 적극적이어야 한다. 학생과 선생의 경계를 스스로 넘나드는 선생이야말로 지금 시대가 원하는 탁월한 선생이고, 결국 모든 학생과 모든 선생은 더이상 수직적 관계가 아닌 수평적 관계로, 함께 공부하며 같이 진화해가는 공부 공동체의 동료가 되어야 한다. 공부에 대한 과거의 관성을 파괴해야 하듯, 선생에 대한 관성도 파괴해야만 더 진화할 수 있는 세상을 맞이했다.

자기주도적인 셀프 스터디

: 내 미래는 내가 설계한다

"배움(공부)은 평생 해야 할 일이자 책임입니다. …… 어떤 직업이든, 누구든 항상 일관되게 배워야 한다고 생각합니다. 난 지금도 내 시간의 50~60%를 배우는 데 쓰는데, 책 읽는 것이나 다른 사람의 말을 경청하는 것, 여행도 배움입니다. 이것이 글로벌 세계에서 최고를 유지하는 유일한 방법입니다. Learning is a life long thing. …… it is your responsibility. I think if you or I or any profession at all you have to do it consistently, all the time. I think I spend 50-60% of my time learning, reading, listening to people, and traveling. It's the only way you can keep on top of this global world of ours."

JP모건체이스JP Morgan Chase 제이미 다이먼Jamie Dimon CEO

가 2009년 하버드 비즈니스 스쿨Harvard Business School 졸업생에게 한 연설 중 한 부분이다. 당신은 과연 자신의 시간 중 몇 퍼센트를 배우는 데 쓰고 있는가? 우리는 배운다는 의미를 너무 제한적으로 가둬놓지 말아야 한다. 뭔가를 배운다고 하면 교육기관을 떠올리고, 강의실에서 선생과 학생으로 만나 교육받는 것부터 떠올리는 걸 버려야 한다. 그것은 가장 전형적이지만 가장 오래된 교육의 관성이다. 그런 교육이 무용하다는 것이 아니라, 그런 교육에 대한 관성이자 선입견이 우리가 새로운 것을 수시로, 쉽게 배우는 데 장애물이 되기 때문이다.

여러분이 학교 다닐 때 선생님이 자습하라고 하면 어떻게 받아들였던가? 독학이란 말을 들으면 학교 자퇴하고 학원도 다니지 않고 혼자서 외롭게 검정고시 준비나 입시 준비하는 것으로 느껴지는 사람도 있을 것이다. 우리에게 독학은 비주류로 여겨졌다. 학교는 공교육, 학원은 사교육, 이렇게 서로 태생적 기반은 다르지만 두 가지 모두 공부 방식은 비슷하다. 누군가(교사, 강사)에게서 하향식(일방적)으로 배우는 방식이란 점은 같다. 하지만 성인의 공부에선 어떨까? 직장을 다니는 성인이 정규적인 교육기관에서 배우는 것은 어려울 수 있다. 결국 자습, 독학, 자학자습 모두 성인에겐 필수적인 공부 방법이다. 온라인으로 배우든, 책을 통해서 배우든 교육의 주도권은 자기 자신에게 있다.

다음 3가지 단어의 사전적 의미는 과거에는 비주류 느낌으로 다가왔을지 모르지만, 미래로 갈수록 주류가 될 수밖에 없다. 기술이 점점 우리가 혼자 공부하기 수월하도록 도와줄 것이기 때문이다.

- **자습**自習 - 혼자 힘으로 배워 익히는 것. Independent Study
- **독학**獨學 - 스승이 없이, 또는 학교에 다니지 않고 혼자서 공부함. Self-study, Self-education, Teach oneself
- **자학자습**自學自習 - 남의 가르침을 받지 않고, 혼자의 힘으로 배우고 익힘.

독학은 자기 통제가 중요하다. 선생님에게서 배우는 강제적, 주입식 방식이 아니라 스스로 모든 걸 해야 하기에 자기 통제력과 집중력은 독학의 전제 조건이 된다. 입시 공부를 독학하라는 게 아니다. 입시는 단기적 성과도 중요하고, 제한된 시간 내에 거둘 효율성도 중요하기에 쪽집게 선생에게서 주입식으로 배우는 게 더 효과적일 수 있다. 시험 점수 높이는 공부는 수동적이어도 된다. 시키는 대로만 해도 점수가 올라가고, 학습의 성과를 거둔다. 그런데 그런 공부는 학교에서나 통한다. 사회에선 그런 공부는 공부가 아니다. 특히 프로페셔널 스튜던트는 공부는 하기 싫은데 누가 억지로 시켜서 하는 게 아니다. 자신에게 필요한 공부를 스스로 판단하고 선택해 자발적으로 하는 것이다. 그래서 중요한 것이 자기 통제와 주도권이다.

당신이 지금 공부하는 것이 당신의 내일을 만든다. 공부는 대신 해주는 게 아니다. 결국 최종의 선생은 자기 자신이다. 그러니 '나에게 좋은 선생이 없어서' 내가 지금 이 정도밖에 안 된다며 자책하지 말자. 그냥 당신이 공부를 하지 않았을 뿐, 선생 탓이 아니다.

게임이 그에겐
아웃스탠딩 티처였다

윌리엄 스틸William Still은 1992년생이다. 손흥민과 동갑인 그는 유럽 5대 축구 리그 중 하나인 프랑스 리그1 스타드 드 랭스Stade de Reims 팀의 감독 대행이다. 유럽 5대 리그 주요 팀들의 감독은 50대가 가장 많다. 다른 팀들의 감독들보다 10~20세 이상 어린 것이다. 감독에게 필요한 경기를 읽는 눈과 경기 경험과 선수단 장악 능력 등은 시간이 쌓이며 더 좋아지는 축적의 힘이 필요할 수 있다. 그런데 30세의 나이에 어떻게 최고의 축구 리그에서 감독을 맡을 수 있었을까? 심지어 그는 유럽축구 연맹UEFA 감독 자격증이 없어서 팀은 매 경기 2만 5,000유로의 벌금을 내고 있다. 팀이 계속 벌금을 내면서까지 그의 감독 대행을 이어가는 건 성적이 좋아서다. 원래 그는 수석코치였는데, 팀이 성적 부진으로 감독을 경질하고 그를 감독 대행으로 선임한다. 놀라운 건 성적이 최악이던 팀이 그가 감독을 맡고 난 후부터 성적이 급반등한다. 2022~2023년 시즌 초반 10경기에서 1승 5무 4패라는 성적을 기록해 감독을 경질했는데, 그가 감독을 맡은 후 치른 초반 15경기에서 연속 무패(7승 8무)를 거두며 같은 선수들로 완전히 다른 팀을 만들어낸 것이다. 시즌 성적도 하위권에서 중위권으로 올라섰고, 그는 감독으로서의 역량을 인정받아 감독 대행이 아닌 잔여 시즌 동안 정식 감독이 되었다. 이는 프랑스 리그1에서만 화제가 아니라, 유럽 축구 전체에서도 뉴스가 되었다.

만 30세 감독이 보여준 놀라운 지도력의 원천은 어디에서 나왔을까? 흥미롭게도 그는 풋볼 매니저에서 쌓은 경험이 감독 역할에 좋은 자산이 되었다고 밝혔다. 게임 속에서 그는 수많은 선수와 셀 수 없이 많은 경기를 치르며 감독 연습을 한 셈이다. 누구나 콘테가 되어보고, 퍼거슨이 되어볼 수 있는 게 축구 시뮬레이션 게임이다.

FM이라고 불리는 풋볼 매니저Football Manager는 스포츠 인터렉티브에서 개발한 축구 시뮬레이션 게임이다. 축구선

축구 시뮬레이션 게임 FM Football Manager, 풋볼 매니저

수를 육성하고 구단을 운영하고 세계 최정상 축구팀을 만드는 시뮬레이션으로, 가상으로 감독과 구단주를 경험해볼 수 있는 게임이다.

축구에 관심 없는 사람도 축구광으로 만드는 게임으로도 불리고, 세계 3대 악마 게임으로도 불린다. '풋볼 매니저', '문명', '히어로즈 오브 마이트 앤 매직', 이 세 가지 게임은 한번 시작하면 시간 가는 줄 모르고 게임에 빠져들어 폐인을 양성한다는 이유 때문이다. 풋볼 매니저는 2005년 시

작되어 현재 2023년 버전까지 나왔는데, 여전히 인기 많고 플레이어 많은 게임이다.

벨기에서 태어난 윌리엄 스틸은 어릴 때부터 축구광이었고 축구선수였다. 그리고 풋볼 매니저 게임 마니아기도 했다. 초등학생 때부터 이 게임을 너무 많이 해서 부모가 게임을 금지시킬 정도였다. 축구 하고, 축구 시뮬레이션 게임을 하는 게 전부였던 소년은 자신이 선수로서의 재능이 없다는 걸 17세에 깨달았다. 그가 선택한 길은 축구 지도자였고, 벨기에를 떠나 영국으로 갔다. 결국 19세에 유소년 팀 코치를 시작으로, 실력을 인정받으며 20대 중반에 프로팀 코치, 20대 후반에 벨기에 프로팀 감독을 거쳐, 만 30세에 세계 최고 축구 리그인 유럽 5대 축구 리그에서 감독(정식 감독은 아닌 감독 대행)을 맡았다.

축구밖에 모르는 소년이 축구선수가 되는 것은 포기했지만, 축구 지도자로서는 성공적인 길을 걷고 있다. 축구는 경기에서 뛰면서, 체력 훈련하면서 실력을 쌓아갈 수 있다. 하지만 축구 감독으로서의 실력은 그렇게 쌓긴 힘들다. 축구 시뮬레이션 게임이 실제 축구팀, 실제 축구선수를 중심으로 다양한 데이터를 활용해서 진행하는 것이기에, 축구 감독으로서 선수를 발탁하고 기용하고, 경기에서 주전으로 내보내고 교체하는 등 감독이 하는 수많은 선택을 실제로 해볼 최선의 기회다. 윌리엄 스틸이 9세 때부터 풋볼 매니저 게임을 했다고 하니 그가 게임 속에서 감독으로서 한 일들은 20여 년 내공이 쌓인 셈이다.

누군가에겐 게임은 즐거운 놀이다. 하지만 게임은 아주 효과적인 교육방법이기도 하다. 실제로 교육과 게임이 결합되는 사례는 무수히 많다. 즐겁게 배우는 방법이기도 하고, 시뮬레이션을 통해 결과를 확인해보는 데 효과적인 방법이기도 하다. 누군가는 지금도 게임을 하면서 자신의 실력을 쌓고 미래를 키운다. 게임을 하면서 게임 개발자가 되기도 하고, 게임광이던 소년이 나중에 게임회사를 창업해 세계적인 기업으로 성장시키기도 한다. 게임도 선생이다. 아주 탁월한 선생. 그러니 게임을 잘 활용하며 배우는 것도 관심 가져볼 일이다. 같은 맥락으로 우린 메타버스에서도 선생을 만날 수 있다. 더이상 전통적 관점에서 학교 교실에서만 선생을 만난다는 생각은 내려두자.

선생 쇼핑의 시대?
내 선생은 내가 고른다

위 글제목에서 선생을 쇼핑한다는 말 자체에 거부감을 가질 사람도 있을 것이다. 어디 감히 스승을 물건 사는 것에 비유하다니 하면서 불쾌감을 가질 교수, 교사도 있을 것이다. 하지만 명확히 해두자. 선생을 위해 학생이 존재하는 게 아니다. 선생은 학생을 위해 존재한다. Part 1에서 '선생을 버려야 하는 진짜 이유 네 가지'를 얘기하면서, 선생에게 비판적 사고를 가지고 맹목적으로 수용하지 말아야 하고, 선생도 권위를 버리고 실력(교육 내용)만으로 평가받아야 한다고 한 그 맥락과 이어지는 것이 바로 선생을 쇼핑하듯 고를 수 있어야 한다는 주장이다.

자본주의 시장경제에서 더 좋고, 더 가치 있고, 더 갖고 싶은 상품의 가격은 올라갈 수밖에 없다. 남들이 미처 가치를 인식하지 못할 때 미리 그 상품을 소비하는 사람은 얼리 어답터가 되고 트렌드 세터가 된다. 당연히 먼저 누린 그들에겐 기회가 많다. 반대로 모두가 가치를 알게 되어 다 갖고 싶어 하는 시점에서 사려고 하면 더 비싼 값을 치러야 한다. 명품은 비싸도 오픈런 하면서까지 산다. 기업은 인재를 명품 쇼핑하듯 스카웃한다. 연봉을 대폭 올려주고서라도 데려온다. 투자할 만한 가치가 있기 때문이다. 이는 아주 오래전부터 유효했던 얘기다.

"기업은 사람이다. 나는 내 일생을 통해서 한 80%는 인재를 모으고 기르고 육성하는 데 시간을 보냈다. 삼성이 영원한 것도 유능한 인재를 많이 기용한 결과다." 삼성 창업자 이병철 회장이 1980년 7월 3일 전경련 강연 중에 한 말이다. 무려 40여 년 전에도 알고 있던 사실이다.

모두가 인재는 아니다. 인재와 그렇지 않은 사람의 차이는 크다. 인재를 잘 영입하고 잘 키워내는 기업이 오래가는 건 당연하다. 지금도 세계적 기업일수록 인재에 대한 투자가 적극적이다. 기업의 가치를 높이기 위해서 인재를 영입해야 하듯, 여러분의 가치를 높이기 위해선 스스로 인재가 되어야 한다. 인재가 되기 위해선 제대로, 잘 배워야 한다.

치열하게 공부하는 것만큼이나 좋은 선생을 잘 고르는 것이 중요하다. 기업은 인재 영입에 적극적이면서도 아주 냉정하다. 철저하게 인재인지 아닌지 가린다. 여러분도 필요한 선생인지 아닌지, 도움될 선생인지 아닌지, 지금 시점에서 선택할 선생인지, 차후에 선택해야 할 선생인지 냉정하게 가려야 한다. 선생이 가진 인지도나 권위에 눌려 충동 구매 하거나, 과장된 상품을 구매해선 안 된다. 온라인 쇼핑할 때 조금이라도 더 싼 데서 사려고 비교하고 할인쿠폰 챙기면서, 왜 공부를 위해 선생을 선택할 때는 소극적이고 수동적인가? 더 큰 돈을 쓰고, 자신에게 더 큰 영향을 줄 선택인데 왜 그러는가?

MKYU, 3ProTV, 클래스101 등 비즈니스, 트렌드, 마케팅, IT를 비롯해 다양한 분야 전문가들의 유료 온라인 강의를 제공하는 곳은 많다. 새로운 전문가도 계속 발굴되고, 기존 전문가의 콘텐츠도 계속 새롭게 추가된다. 우린 돈만 내면 언제든 전문가들이 가진 최신 지식정보와 인사이트를 시간과 공간에 제약받지 않고 배울 수 있다. 대학 등록금에 비하면 엄청나게 싼 값이다.

반대로 보면 대학 등록금은 졸업장을 주는 것 빼곤 교육의 양과 질에 비해서 과하게 비싼 값이다. 물론 대학의 공간 사용료나 대학 교수와 교직원 운용비용, 심지어 대학의 운동부 운영비용 등에 이르기까지 부담하는 셈이라 비쌀 수밖에 없기도 하다. 정작 등록금이 온전히 학생의 교육에 투입되지 않고, 학생은 등록금을 내는 소비자지만 학교에선 힘이 별로 없다. 자본주의 시대, 시장 논리로 보면 말도 안 되는 일이다.

언제 어디서나 대학 강의를 들을 수 있는 대규모 온라인 공개 강좌인 무크MOOC, Massive Open Online Course는 국내에서도 수많은 대학에서 하고 있다. 서울대, 연세대, 고려대, 카이스트 등을 비롯해 수많은 대학의 수업을 무료 동영상으로 제공한다. 공짜로 쇼핑할 수 있는 것이다. 학교와 교수 이름에 주눅들지 않고 수업을 선택해서 보고, 미흡하다 싶으면 언제든지 더 나은 수업을 찾으면 된다. 미국에는 코세라Coursera, 유데미Udemy, 유다시티Udacity, 이디엑스edX, 칸아카데미KhanAcademy, 링크드인러닝LinkedIn Learning 등 수많은 MOOC 서비스가 있다. 유럽, 일본, 중국 등 전 세계 유수 명문대들은 대부분 MOOC 서비스를 하고 있다. 이렇게 좋은 쇼핑 환경이 어딨는가?

흥미롭게도 학원 선생을 고를 때는 철저하게 소비자 관

점이 된다. 실질적으로 도움이 되는지 철저하게 따지고, 효과 없다면 주저 없이 선생을 갈아치울 수 있는 게 소비자로서의 학생이다. 그래서인지 입시에서 가장 탁월한 효과를 만들어주는 곳은 학교가 아니라 소위 일타 강사가 있는 학원이자 쪽집게 과외 같은 사교육이다. 적어도 학생의 니즈를 충족시키기 위해 집중하기 때문이다.

무엇을 배우고 싶은지, 그것을 배워서 어떤 역량을 쌓고 싶은지는 자신이 판단한다. 선생이 판단해서 시키면 시키는 대로 따라가기만 하는 수동적인 학생이면 안 된다. 학생이 능동적으로 배울 것을 계획하고 설계해야 한다. 그것이 프로페셔널 스튜던트다. 학생이 선생을 쇼핑하듯 공부하면, 선생도 아웃스탠딩 티처로 진화할 수밖에 없다. 환경에 적응하는 것만 살아남는 적자생존適者生存, Survival of the fittest은 교육에서도 유효해야 한다. 학생은 소비자다. 권리를 누려라!

유명한 선생이 아니라 유능한 선생이 필요하다

옛날 사람일수록 '누구한테 배웠다', '누구 제자다'라는 것을 중요하게 강조한다. 수십 년 내공 쌓인 장인의 철저한 도제식 수업일 때는 중요하다. 탁월한 석학의 소수정예 치열한 연구실에서도 중요하다. 그런데 같은 과에 있긴 해도, 학교 다니면서 수업 한두 번 들은 것이 전부인데도 선생의 유명세에 숟가락 얹듯 수제자인 양 이름을 대는 이들이 있다. 유명 전문가가 하는 강연에서 같이 사진 찍은 것을 자랑하며 마치 자신이 계속 관계를 맺고 있는 사제지간처럼 구는 이들도 있다. 한마디로 염불보다 젯밥에 관심 있는 사람들이다.

옛날엔 그렇게 해도 되었다. 세상이 빨리 바뀌지도 않았고, 산업적, 기술적 진화도 더뎠기에 선생 이름 빨, 학교 간판 우려먹으며 자신의 가치를 포장해도 쉽게 들통나지 않았다. 그런데 이젠 다르다. 유명한 선생이 유능하기도 하고, 그런 선생과 지속적 관계를 맺으며 공부할 수 있다면 금상첨화다. 하지만 그게 안 된다면 자신과 지속적 관계를 맺으며 공부할, 설령 유명하진 않더라도 지금 시점에서 자신이 선택할 수 있는 최선의 선생이 더 유용하다. 더이상 간판 따는 공부가 아니라 내실 다지는 공부가 필요해졌기 때문이다.

그러니 지금 이 시점에서 가장 효과적인 배움을 줄 수 있는 선생을 찾는 게 당신이 지금 할 일이다. 뭐든 많이 공부한다고 좋을까? 당신에게 시간과 돈이 무한하다면 그렇게 해도 된다. 하지만 우린 한정된 시간과 돈으로 공부를 한다. 그러니 공부를 무식하게 하면 안 된다. **많이 공부하는 것보단 필요한 것을 공부하는 것이 좋고, 열심히 공부하는 것보단 효과적으로 공부하는 것이 좋다. 공부의 양만큼이나 중요한 것이 질이고, 공부의 방향과 전략이 중요하다.**

예를 들어보자. 기후변화와 탄소중립은 전 세계적으로 가장 중요한 어젠다다. 그런데 기후변화 자체가 핵심이 아니라 기후변화가 초래한 위기를 해결하는 것이 핵심이다.

그 해결을 정부가 정치적으로 하면 될까? 학자들이 학술적으로 하면 될까? 아니다. 결국 기술의 힘으로, 자본의 힘으로 한다. 기후변화, 아니 기후위기를 초래한 것은 산업적 성장 때문이다. 온실가스와 대기오염 문제는 수십 년 전부터도 인식했다. 그런 문제가 있을 줄 모르고 제조 공장을 열심히 가동하고, 전 세계가 산업 규모를 키워온 게 아니다. 알고서도 했다. 사악해서 지구를 망치듯 작정한 게 아니라 돈이 주도하는 자본주의가 가진 태생적 한계 때문에 그런 선택을 해왔다.

그런데 시간이 한참 지난 지금 ESG 열풍을 촉발하고, 탄소중립 어젠다에 목소리를 내는 건 자본주의의 중심축인 금융자본이다. 그들이 갑자기 각성해 지구를 살리려는 게 아니라, 지금 시점에선 그것이 더 이득이 되어서다. 클린테크Clean Technology, 기후테크Climate Technology, 그린테크Green Technology 등은 모두 기술을 통해 기후위기를 비롯한 환경 문제를 해결하려는 것이고, 그 기술을 통해 막대한 미래 시장을 만들어내는 것이다. 돈을 벌기 위해 기후위기를 초래한 이들이, 나중에 기후위기를 해결하는 과정에서 또 돈을 버는 것이다.

그렇다면 기후변화를 비즈니스 관점으로 어떻게 대응하

고, 기술의 관점으로 어떻게 대안을 만들어낼지는 누가 잘 알까? 환경 관련 학과의 교수들이 잘 알까? 환경 단체에서 잘 알까? 기후변화가 왜 생겼고, 어떤 문제를 초래하는지, 이를 해결하지 않으면 어떤 영향이 생기고 얼마나 악화될지는 그들이 잘 안다. 하지만 원인을 알았다고 문제가 해결되지는 않는다.

우린 공부에 대해 너무 학술적 관점을 갖고 있다. 뭐든 다 학계, 교수가 풀어낼 거라 생각한다. 하지만 문제는 기업이 풀 것이다. 비즈니스 관점을 가진 이들이 풀 것이고, 클린테크, 기후테크, 그린테크 등도 기술 자체가 아니라 그 기술을 통한 비즈니스가 핵심이다. 이것이 우리가 기후변화와 탄소중립 문제를 공부할 때도 기술적 관점과 함께 비즈니스적 관점을 중요하게 다뤄야 할 이유다.

미래를 바꾸는 건 대안과 실행이다. 문제를 아는 것만으론 안 된다. 그러니 환경의 관점, 의식주와 개인의 관점으로 기후변화와 탄소중립을 바라보고 공부하는 데는 한계가 있다. 물론 자신이 공부하는 목적에 따라 다를 수 있다. 교양으로만 보고 현재 문제를 인식하는 것이 목적이라면 상관없지만, 그 속에서 비즈니스 기회를 도모하는 것이 목적이라면 방향을 잘 잡아야 한다.

이건 메타버스, 코딩, NFT, AI 등을 공부할 때도 마찬가지다. 사람들은 '뜨는 분야'에 '먼저 진입'한다는 말에 너무 쉽게 혹한다. 빨리 진입하는 것보다 제대로 진입하고, 해당 분야의 진화 방향과 속도에 대응해 비즈니스 기회를 만들어야 하는 것에는 상대적으로 둔하다. 그래서 진입 장벽이 낮은 쪽에서 공부는 소홀히 하며 미래에 대한 판타지만 품으며 자아도취한다. 모든 사람이 같지 않다. 그러니 각자에 맞게 미래의 기회를 찾아야 한다. 남들에게 좋다고 당신에게도 좋다는 보장은 없고, 괜히 들러리만 서다가 시간과 노력, 돈을 허비할 수도 있다.

참고로, 다음은 빅테크 기업들이 중요하게 다루는 미래 산업 분야다. 순서는 중요도에 따른 것이 아니다. 리스트를 보면 별걸 다 한다고 생각하거나, 도대체 어디까지 장악할 거냐고 생각할 수도 있지만, 이것이 테크가 가진 확장성이자 힘이다. 현재를 만들어낸 것도 기술의 힘이지만, 미래도 결국 기술이 이끈다.

- 메타버스Metaverse & AR, VR, XR, MR와 실감형 콘텐츠
- 클린테크Clean Technology, 기후테크Climate Technology, 그린테크Green Technology

- 초거대 AI Hyperscale AI, AGI Artificial General Intelligence,
  생성형 AI Generative AI

- 지능형 로봇과 가정용/서비스 로봇

- 자율주행과 배송, 모빌리티 비즈니스로 확장

- 디지털 헬스케어 Digital Healthcare, 원격의료, 바이오 & 신약개발

- 후불결제 서비스 BNPL Buy Now Pay Later, 가상화폐

- 표적 광고 Targeted Advertising

- 애그테크 AG Tech, Agriculture Technology, 농업기술과 미래 식량 분야

- 스페이스테크 Space Tech, 민간 우주개발, 위성 인터넷 플랫폼,
  위성 클라우드 서비스

- 빅데이터, AI를 활용한 기존 IT 서비스와 비즈니스의 고도화

모르는 것을 배우는 게 공부다

: 왜 공부할 분야를 스스로 제한하는가?

아마도 빅테크 기업들이 중요하게 다루는 미래 사업 분야 리스트를 보면서 '나와는 상관없는 분야다'라고 생각하는 사람도 있을 것이다. 이런 판단을 하는 이유는 관련 분야와 무관하게 살았기 때문이라 여겨서다. '나는 공대 나오지도 않았고, 테크 분야를 전공하기는커녕 잘 모르는데'라고 생각하며 관심을 끊고 기회를 포기해선 안 된다. 내가 지금 모르는 건 공부가 해결해줄 문제고, 그 공부는 학교가 아니라 현장에 있다. 다음 사례를 보며 잘 생각해보라.

바이오 전공과 무관한 사람이 창업한 회사가 국내 대표적 바이오 기업이다. 셀트리온은 2022년 연매출 2조 3,854

억 원, 시가총액 24조 원 정도의 국내 대표적인 바이오 회사다. 2002년 서정진 회장이 창업했는데, 그는 학부에서 산업공학, 대학원에서 경영학을 공부했다. 1983년 삼성전기에 입사해 직장생활을 했고, 1985년 한국생산성본부로 옮겨 대우자동차 경영컨설팅 프로젝트에 참여했다. 이때 인연으로 대우자동차로 1991년 스카웃되었는데, 34세에 임원으로 발탁되었다. 하지만 대우그룹이 부도나며 직장도 잃게 되었다. 1999년 넥솔을 창업해(2009년에 셀트리온홀딩스로 변경) 일자리를 잃은 대우자동차 시절 동료들과 함께 모여 IT 사업을 비롯해 다양한 사업을 준비했는데, 당시로선 국내에서 완전 미개척 분야인 바이오 산업이 유망하다고 판단해 2000년부터 뛰어들었다. 대우자동차 출신 10여 명이 함께 창업했는데 이들 중 생물학 전공자는 한 명도 없었다. 바이오 산업에 뛰어들지만 바이오 분야는 독학한 것이다. 서정진 회장은 1년간 40여 개국을 다니며 외국의 유명 바이오 연구자들을 만나 인터뷰하고 바이오 분야의 최신 트렌드를 배웠다. 그렇게 2002년에 셀트리온이 설립되고, 130억 원의 자기 자금에 초기 투자 470억 원을 받아 본격적인 바이오시밀러 회사가 시작되었다.

만약 서정진 회장이 바이오 산업이 유망하다고 생각하

면서도, 바이오 전공자가 아니니까 대학의 관련학과에 진학하는 것부터 해야겠다고 생각하는 사람, 혹은 바이오 전공자가 아니니 그 분야는 포기하고 자신이 전공하거나 경험한 분야에서만 기회를 찾아야겠다고 생각하는 사람이라면 어땠을까? 그랬다면 셀트리온은 세상에 없었을 수 있다. 실제로 전 세계적으로도 바이오 기업을 창업한 이들 중에서 바이오 관련 전공과 무관한 이들이 많다. 창업은 비즈니스를 하기 위해서지, 관련 연구자가 되려는 게 아니기 때문이다. 관련 전공 연구자들은 고용하면 해결될 문제다.

서정진 회장이 사업 초기 만났다는 40여 개국의 유명 바이오 연구자들은 과연 어떻게 연결되어서 만날 수 있었을까? 서정진 회장은 이들과 인맥이 있기는커녕 전혀 알지 못하는 사람들이었다고 한다. 신문에 나오는 이름을 보고 무작정 찾아갔다는 것이다. 문전박대를 당하고 퇴짜도 맞았다. 그럼에도 계속 들이대고 도전했다.

공부는 그렇게 하는 것이다. 그런 태도로 공부하면 남들보다 훨씬 더 많은 것을 얻는다. 당신이 엄청난 부자에 세계적 영향력을 가진 사람이라면 (가령 빌 게이츠 정도 된다면) 각 분야 전문가에게 만나자고 연락했을 때 그들이 반갑게 맞아주고, 중요한 얘기도 다 들려주겠지만 우린 그런 사람이 아니다. 모르는 것을 공부하는 데 부끄러울 것이 뭐 있겠는가? 공부를 통해 자신이 얻을 기회와 미래를 생각하면 적극적으로 들이대지 못할 게 뭐 있겠는가? 공부하는 이런 태도야말로 우리에게 가장 필요한 선생이다. 우리 안에 아웃스탠딩 티처가 있다. 우린 그걸 각성시키고 끄집어내야 한다.

　모르는 걸 공부하는 게 내 직업이다. 내 직업은 연구자다. 공부하는 것이 직업이고, 공부한 것을 파는 것이 직업이다. 공부의 결과가 책이 되고, 파는 상품이 강연과 컨설팅, 책과 같은 지식정보가 된다. 프로페셔널 스튜던트이자 아웃스탠딩 티처로 살아가고 있다. 그리고 연구하는 분야가 트렌드와 미래, 사회 변화다. 과거의 흐름이 현재 어떻게 바뀌었고, 앞으로 어떻게 이어질지 궁금해서 연구하는데, 정치, 경제, 사회, 문화, 기술, 산업 등 다양한 분야가 결합되는 것이 트렌드와 미래 연구다. 그리고 이미 답을 알고 있는 것을 연구하는 게 아니다. 연구를 통해 답을 찾아가고 알아가는 것이다. 곧 내가 하는 연구는 나도 답을 갖고 있지 않은, 나도 잘 모르는 것을 연구를 통해 답을 찾는 것이다. 그럴 수밖에 없는 것이 트렌드와 미래는 멈춰 있지 않고, 현재가 바뀌면 그에 영향을 받아서 바뀐다.

　계속 새로운 주제를 연구하고, 책도 많이 출판하니까 쉽게 쓴다고 생각하는 사람도 있는데, 결코 그렇지 않다. 남들 놀 시간에, 잘 시간에 공부하고 쓰는 것일 뿐, 아주 고된 작업이다. 이런 작업을 25년 정도 해왔다. 매년 1~2권씩 꾸준히 써왔고, 총 40여 권(공저까지 포함하면 50권이 넘음)이 된다. 그중에서도 가장 집중적으로 쓴 건 최근 3년이다. 2020~2022년까지, 이른바 코로나19 팬데믹 기간에는 매년 3권 정도를 썼다. 이 책도 이 기간 중에 작업한 책 중 하나다. 강연과 컨설팅 등 외부 일정을 소화하면서 책을 많이 쓰는 건 1년 내내 머리가 쉬지 않는다는 걸 의미한다.

나는 왜 이런 가혹한 삶을 살아갈까? 팬데믹 때문이다. 팬데믹은 급속도로 세상이 바뀌는 시기다. 트렌드를 연구하며, 미래와 변화를 누구보다 많이 관찰하고 공부한 필자로서도 팬데믹 기간은 멀미 날 정도로 빠른 변화를 목격하며 놀란다. 그래서 이 변화를 최대한 빨리 독자들에게 전하려고 팬데믹 3년간 연구를 더 많이 했다.

가령, 팬데믹 초기에 출판한 《언컨택트》를 통해 코로나19 팬데믹 시대가 맞을 비대면 사회의 방향, 비대면이 우리의 욕망에 어떻게 작용하는지 인사이트를 제시하고, 이에 대한 강연을 통해 책에서 다루지 않은 더 깊고, 더 다양한 관점까지 가르치면서 더 공부하고, 더 배우게 되었다. 이런 과정을 통해 과연 팬데믹이 초래한 변화의 시대에 살아남을 인재상을 고민하며 《프로페셔널 스튜던트》를 썼고, 수많은 독자들이 이 책을 읽으며 공감한 덕분에, 그다음의 진전된 문제의식을 이어갈 《아웃스탠딩 티처》를 쓰게 되었다. 분명 이들 세 권이 책의 장르는 다르지만, 그 속에 담긴 공통된 배경은 팬데믹이 초래한 급변하는 시대이자 위기에서 어떻게 살아남을 것인가에 대한 문제의식이다.

그리고 지금 겪고 있는 인플레이션과 경기침체 등 경제적 위기 상황도 팬데믹과 연관된다. 따라서 우리가 겪는 빠른 변화는 2023~2024년에도 유효하다. 트렌드와 미래 분야 연구자가 쉴 수 없는 시대다.

지금 시대는 모두가 새로운 변화에 대한 공부를 쉴 수 없다. 변화가 빠른 데다, 그 변화에서 위기와 기회가 쏟아지기 때문이다. 앞서 제시한 빅테크의 미래 산업 분야들이 대표적이다. 공부한 사람만이 기회에 더 다가갈 수 있는 분야들이다. 대학에서 관련 분야를 전공했느냐 안 했느냐는 중요치 않다. 안 했다면 지금부터 공부하면 된다. 해당 산업 분야에서 모두가 기술 연구자가 될 필요도 없고, 그럴 수도 없다. 어떤 분야든 우린 그 기술이 만들어낼 비즈니스 기회를 공부하는 게 필요하기 때문이다.

책을 쓰듯 공부하라

: '책쓰기'는 아웃스탠딩 티처다

위 글제목은 책을 출간하라는 말이 아니다. 책쓰기를 공부
법으로 활용하자는 것이다. 어떤 주제를 공부한다고 생각해
보라. 아마 가장 먼저 관련된 책부터 찾을 것이다. 앞서 소
개한 빅테크의 미래 산업 분야들을 공부할 때도 마찬가지
일 것이다. 책과 논문을 찾고, 관련 전문가의 동영상을 찾는
것으로 시작한다. 우린 새로운 것을 배울 때 이미 나와 있는
지식정보를 흡수하는 것부터 한다. 최적의 우선 순위가 아
니라 그냥 눈에 먼저 띄는 대로 한다. 계속 초보적인 내용에
서 맴돌 수도 있고, 너무 학술적이거나 어려운 것을 접해서
공부를 포기하게 되기도 하고, 한쪽에만 치우쳐 해당 분야

의 다양한 관점과 전체적인 인사이트를 놓치기도 한다.

어떤 분야든 수많은 책과 논문, 영상이 있고, 그 분야 내에서도 세부적인 전문성에 따라 우선 순위나 전략, 방향도 차이가 있을 수 있다. 그래서 기본적인 개념 이해와 그 분야의 최근 이슈까지 어느 정도 이해하고 나면 '내가 만약 이 분야 최고 전문가라면' 어떤 책을 쓸지 생각해보라. 당연히 이런 책을 당신이 쓸 수는 없다. 하지만 어떤 것을 쓰면 내게 도움이 될지는 생각할 수 있다. 그것이 책의 목차가 되는 것이다. 답은 몰라도 질문을 찾아내는 작업이 목차 구성이다. '내가 무엇을 알아야 할지', '무엇을 찾아보고 어떤 답을 얻으려 공부해야 할지' 이것을 알아내는 게 공부에서 가장 중요하다.

책의 목차는 일종의 공부 계획이자 연구의 설계도다. 한 번 만든 목차나 설계도는 완벽하지 않아도 된다. 아니 완벽할 수가 없다. 많은 책을 쓴 나도 목차는 책을 쓰는 과정에서 여러 번 바꾼다. 미세 조정도 하지만 완전히 틀을 바꿀 때도 있다. 그럴 수밖에 없는 것이, 답을 찾기 전과 찾고 나서의 관점이 같을 수가 없다. 숨겨진 이슈가 보이기도 하고, 기존의 관점에서 오류를 찾아내기도 한다. 이런 과정이 치열하게 연구하고 있다는 증거기도 하다.

당신이 할 공부에 대한 방향이 설계되어 있으면, 관련 분야 책을 읽을 때도 저자의 주장을 맹목적으로 흡수하기만 하는 게 아니라, 비판도 하고 부정도 하면서 읽을 수 있다. 여러 저자의 책을 보며 비교하고, 그 속에서 더 논리적이고 합리적인 답을 찾으며 좀 더 구체화된 답을 그려내기도 한다. 애초에 설계가 없었다면 우린 더 많은 시간을 허비하고 나서야 이런 답에 도달한다. 목차를 설계하기 위한 방법은 관련 분야의 책, 논문, 리포트 등 수십 개 이상을 찾아 놓고 시작한다. 수십 개에서 담고 있는 목차와 주제, 문제를 다 리스트로 만들고, 이를 연관성과 중요도에 따라 분류한다. 여기까지 하는 것이 이미 공부다. 읽지 않고서는 연관성과 중요도를 파악해서 분류하는 게 어렵기 때문이다.

이렇게 기본 설계가 되면, 각 이슈별로 당신이 지금 아는 것과 아직 모르는 것, 앞으로 알고 싶은 것을 적는다. 이것을 체크리스트 삼아 무엇을 더 공부할지, 어떤 자료를 더 읽고, 어떤 답을 찾아야 할지 판단하고 실행한다. 책을 쓰는 과정이든, 새로운 분야를 공부하는 과정이든 다르지 않다. 내가 아는 것과 내가 모르는 것을 명확히 안다면 이미 절반은 공부한 것이다. 공부하지 않으면 내가 무엇을 모르는지 제대로 알 수 없기 때문이다. 모르는 것이 뭔지 모르는데 어떻게 무엇을 공부해야 할지 알겠는가?

세상이 좋아졌다. 예전 같으면 수많은 정보를 찾고 분석해야만 가능했지만, 지금은 누구나 당장 원하는 목차를 얻을 수 있다. ChatGPT에서 메타버스가 만들어낼 미래와 비즈니스 기회에 대한 책의 목차를 구성해달라고 했더니 놀랍게도 몇 초 만에 6개 이슈로 구성된 목차와 관련 자료 리스트까지 제시해줬다.

ChatGPT가 구성한 책의 목차

TR 메타버스가 만들어낼 미래와 비즈니스 기회에 대한 책을 쓰고자 합니다. 책의 목차를 구성해주세요

1. Introduction to Metaverse: Definition and background of the concept of metaverse and its potential impact on society and business.
2. The technology behind the metaverse: An overview of the technologies that are driving the development of the metaverse, such as virtual reality, augmented reality, and blockchain.
3. Business opportunities in the metaverse: Discussion of the various business opportunities that the metaverse presents, including e-commerce, entertainment, gaming, and education.
4. Use cases for the metaverse: Examples of how the metaverse is already being used in various industries, and potential future use cases.
5. Challenges and considerations: Discussion of the technical, legal, and ethical challenges that need to be addressed in order to fully realize the potential of the metaverse.
6. Conclusion: Summarize the key points discussed in the book, and provide insights on the future of the metaverse and its impact on society and business.
7. References: List of resources and further reading materials for those who want to explore the topic in more depth.

출처 : OpenAI

1. **메타버스 소개** : 메타버스 개념의 정의와 배경, 사회와 비즈니스에 미치는 잠재적 영향.

2. **메타버스 이면의 기술** : 가상현실, 증강현실, 블록체인 등 메타버스의 발전을 주도하는 기술에 대한 개요.

3. **메타버스의 비즈니스 기회** : 전자상거래, 엔터테인먼트, 게임 및 교육 등 메타버스가 제공하는 다양한 비즈니스 기회.

4. **메타버스 사용 사례** : 메타버스가 다양한 산업에서 어떻게 활용되는지에 대한 사례와 미래의 잠재적 가능성.

5. **과제 및 고려사항** : 메타버스의 잠재력을 완전히 실현하기 위해 해결해야 하는 기술적, 법적 및 윤리적 과제

6. **결론** : 메타버스의 미래와 메타버스가 사회와 비즈니스에 미치는 영향에 대한 인사이트.

6개 이슈를 하나씩 되물으면서 그 속에 담긴 세부적인 것을 물으면 목차는 더 상세하게 만들어질 수 있다. 이 답을 찾아가는 것이 메타버스 분야에 관심 갖는 사람들의 공부 계획이 될 수도 있다. 이건 하나의 예시다. 각자 자신의 관심 분야, 자신이 원하는 미래를 고려하며 공부 계획을 설계해보라. 그 공부가 쌓여 답을 다 찾아내고 심화된다면 그 내용을 묶은 것이 당신만의 책이 된다. 책을 읽기만 하는 사

람보다는 쓰는 사람이 훨씬 많이 얻어간다. 책 한 권을 쓰기 위해선 책 분량보다 수십, 수백 배 많은 분량을 읽어야 하고, 책으로 정리하고 논리적 문장으로 다듬는 과정에서 지식은 머릿속에 새겨진다.

일부 사람이 공부는 별로 하지 않고 자신을 과시하거나 홍보하기 위해서도 책을 쓴다. 시중에 책쓰기를 도와준다는 고액의 유료 강좌나 컨설팅도 있는데, 솔직히 쓸데없다. 정치인 되고자, 선거 나가고자, 책 냈다고 이력서에 한 줄 쓰고 싶거나 작가 행세 하고 싶어서라면 상관없다. 어차피 그런 책은 누가 읽어주지도 않을 테고, 표지만 번듯하면 된다. 그런데 책을 써서 진짜 자신의 가치를 높이려 하거나, 책을 베스트셀러로 만들어 부와 명성을 얻으려 한다면 그런 엉터리 강좌 듣고 날림으로 출판하는 건 손해가 될 가능성이 아주 크다.

앞서 말한 공부법으로서 책쓰기 연습이 충분히 쌓이면 그때 도전하라. 책 쓰는 기능적 스킬이 필요한 게 아니라, 남들이 사줄 만한, 자신의 전문성을 드러낼 만한 콘텐츠이자 인사이트를 갖는 게 필요하기 때문이다.

내가 날 위해 가르친다

: 공부법으로서의 '가르치기'

다른 누군가를 위해서가 아니라, 자기 자신을 위해서 우린 '가르치기(티칭)' 공부법을 해야 한다. 배우는 자보다는 가르치는 자가 훨씬 더 많이 알게 되기 때문이다. 상대에게 가르칠 수 있을 만큼 아는 것이 진짜 공부다. 더 좋은 학생이 되기 위해 자발적으로 선생이 되어본다는 의미다. 솔직히 '가르치기'보다 더 좋은 공부법은 없다. 오해하면 안 된다. 강의 스킬을 배우려 스피치 학원이나 강사 양성과정을 다니란 얘기가 아니다. 강의하는 요령이나 말재주를 배우라는 게 아니다. 자신이 공부한 내용을 논리적으로 설명하고 주장하는 법을 배우라는 것이다.

책 쓰는 것과 다르지 않다. 강의할 내용을 가장 효과적으로 설명할 내용(주장과 사례)으로 논리적인 시나리오를 구성해본다. 이를 토대로 직접 강의한다고 생각하고 시뮬레이션하고, 이를 동영상으로 찍어도 좋다. 찍은 영상을 보며 자신이 설명한 내용이 객관적으로 이해가 잘 되는지 스스로 확인해보라. 자기가 하는 말을 들었을 때 '제대로 모르면서 외워서 말하네' 하는 티가 날 것이다. 유명 강연자나 전문가의 강연을 유튜브나 테드에서 보고, 그들이 어려운 얘기를 얼마나 쉽고 명쾌하게 설명하는지도 계속 경험해보라. 어느 정도 연습이 되었고, 자신이 봐도 설명을 잘한다고 생각되면 남들에게 해보라. 처음엔 해당 분야를 조금 공부한 사람들에게 해보고, 점점 나아졌다고 생각되면 문외한이나 아이들에게도 해보라. 그들마저 이해시킨다면 당신은 그 내용을 충분히 이해한 것이다.

《프로페셔널 스튜던트》에서 'Part 4. 프로페셔널 스튜던트를 위한 진짜 공부는 무엇일까'를 얘기하면서, 네 번째 챕터로 다룬 것이 '공부 공동체 : 함께 공부할 친구가 있는가?'이다. 이 부분을 시작할 때 인용한 것이 "자기 분야를 (남에게) 가르쳐야 하는 사람만큼 많이 배우는 사람은 없다"라는 세계적 경영 구루 피터 드러커 Peter Drucker, 1909~2005의 말이다. 사실 피터 드러커는 프로페셔널 스튜던트이면서 아웃스탠딩 티처인 대표적 인물이다. 그는 기업에 경영 자문을 하고, 경영진들을 가르쳤으며, 책을 통해 전 세계 경영자와 지식노동자들에게 인사이트를 줬다.

아주 탁월한 선생인 그는 누구보다 열심히 공부하는 학생이었다. 지식노동자Knowledge Workers라는 말을 처음 만들어 쓴(1959년) 사람이 피터 드러커이고, 그는 미래를 지식사회 Knowledge Society로 규정하고, 지식노동자는 공부를 중단해서는 안 된다고 믿었고, 그렇게 살았다. 3년에 한 번씩 한 가지 분야를 선택해 집중적으로 공부했고, 경영학, 경제학, 사회학, 정치학, 통계학, 소설, 아시아 역사, 미술 등 평생 16개가 넘는 학과를 공부했다. 심지어 그는 2004년에 명나라 미술을 공부했는데, 참고로 그는 1909년생이고 2005년에 별세했다. 죽기 직전까지 새로운 분야에 대한 공부를 멈추지 않았다.

이런 공부는 단순한 지적 호기심이 아니다. 경영은 아주 복잡한 연구 분야다 보니 그가 공부한 수많은 학문이 서로 연결되며 더 깊이 있고 더 스펙트럼 넓은 인사이트를 찾을 수 있었다. 하수일수록 아주 좁게 전문성을 쌓고, 깊이가 넓이보다 우선이라고 생각한다. 하지만 고수일수록 깊이 있는 전문분야를 계속 확장하며 깊으면서 넓다. 공부에서 깊이와 넓이는 서로 대치되는 개념이 아니다. 둘 중 하나만 선택하는 것이 과거의 관점이었다면 이젠 둘 다 동시에 선택해야 한다. 변화가 많아서다. 세상이 멈춰 있지 않아서다.

피터 드러커는 지식의 반감기가 점점 짧아진다는 사실을 누구보다 먼저 알았고, 끊임없이 공부하지 않는 사람은 교육받은 인간이라 할 수 없다는 말로, 공부는 학교에서만 하는 게 아니라 평생 해야 하고, 미래에 살아남을 사람의 필수 조건임을 자주 강조했다.

배우고 가르치는 것은 서로 선순환된다. 가르치는 건 최고의 공부법이기 때문이다. 선생과 학생을 분리되는 것으로만 봤다면 이제 둘을 합쳐라. 내가 더 배우기 위해, 누군가를 가르치고, 이것이 반복되면 스스로 아웃스탠딩 티처로 진화한다.

사실 나는 배우고 가르치고, 연구하고 글쓰는 것이 직업이다. 아니 일상이다. 20여 년 이상 그렇게 살아왔고, 강연만 수천 번을 했고, 책도 40여 권을 썼고, 수백 건의 컨설팅 프로젝트에 참여했다. 누군가에겐 선생으로, 누군가에겐 조언자로, 누군가에겐 연구자로, 누군가에겐 작가로 보였겠지만, 덕분에 계속 공부하며 새로운 지식을 깊고 넓게 쌓아갈 수 있었다. 분명한 건 제대로 알아갈수록 강연을 더 쉽고 재미있게 할 수 있다는 사실이다.

쉽게 설명할 수 없다면
제대로 알지 못해서다

"만약 당신이 1학년생에게도 설명할 수 없다면, 그건 당신이 제대로 이해하지 못한 것이다.If you can't explain something to a first year student, then you haven't really understood." 이는 노벨물리학상(1965년)을 받은 이론 물리학자 리처드 P. 파인먼이 한 애기다. 그는 캘리포니아 공과대학칼텍, Caltech에서 이론물리학 교수로 오래 재직했는데, 과학자로서의 연구 성과와 명성만큼 교육자로서의 명성도 높다. 좋은 연구자가 다 좋은 교육자가 되지는 않는다. 둘의 관계는 별개다. 명성 높은 학자 중에도 강의를 아주 못하는 교수가 많고, 특히 이공계에는 가뜩이나 수업 내용이 어렵고 딱딱하다 보니 암기와 맹목적 이해 위주의 교수법이 되기 쉽다. 하지만 그는 이런 교수법에 반대하며, 흥미롭고 유머러스하게 물리학을 가르치는 것으로 유명했다.

그는 1961년 9월부터 1963년 5월 사이 칼텍에서 학부생 대상으로 강의한 물리학 수업을 《파인먼의 물리학 강의 The Feynman Lectures on Physics》라는 책으로 1964년 출판했다. 칼텍에서 파인먼과 함께 매슈 샌즈, 로버트 바처가 기초물리학에 현대물리학을 포함하는 교과과정 개편을 주장하며 포드 재단에서 지원금을 받아 함께 강의록을 만들고, 강의 능력이 가장 뛰어난 파인먼이 칼텍 내에서만 사용하려고 만든 것인데, 그의 명강의 소문을 들은 출판업자들이 제안하여 책으로 출판되었다. 이 책은 전 세계로 번역되었고, 지금까지 전 세계의 물리학과에서 교재로 사용한다.

파인먼 자신도 학생 입장일 때 주입식 교육을 싫어하고 학생 스스로 깨우치게 하는 교육을 좋아했다고 한다. 그는 교수로서의 역할을 잘 하기 위해 '교수가 가르치기 쉬운' 방식이 아니라 '학생이 배우고 이해하기 쉬운' 방식을 찾아내려 노력한 것이다. 잘 가르친다는 것은 타고난 게 아니라 노력의 결과이고, 이는 학생만 좋은 게 아니라 선생에게도 좋다. 아는 것을 더 심도 깊고, 더 다양한 관점으로도 볼 기회가 생겨서다. 배우는 사람만 공부를 하는 게 아니라 가르치는 사람도 공부를 한다. 오히려 잘 가르치고자 한다면, 학생보다 더 많이 공부해야 한다. 10을 가르치려면 10만 알아선 안 된다. 10만 알고 가르치는 사람과 100까지 알고서 10을 가르치는 것은 다르다. 그렇기에 더 많이 이해한 선생이 더 유능하게 가르칠 가능성이 있다.

앞서 파인먼의 말은 아인슈타인의 말과도 일치한다. "그것(이론)을 간단하게(쉽게) 설명할 수 없다면, 당신은 그것을 충분히(제대로) 이해하는 것이 아니다.If you can't explain it simply, you don't understand it well enough." 이건 화술이 부족하거나 교수법이 뛰어나지 못해서 쉽게 설명하지 못하는 게 아니다. 충분히 이해하면 할수록 겉으로 보이는 형태나 구조, 개념이 아니라 그 속에 담긴 핵심 맥락까지 제대로 알게 되고, 어려운 용어를 쓰지 않고서 익숙한 일상 언어로도 설명할 방법이 보인다. 아마 여러분도 쉬운 얘기인데도 어렵게 설명하는 사람을 본 적 있을 테고, 어려운 얘기인데도 아주 쉽고 흥미롭게 설명하는 교수나 전문가를 만나본 적 있을 것이다. 오히려 진짜 제대로 알고 있는 전문가일수록 어려운 용어를 별로 사용하지 않고서도 잘 설명한다.

참고로, 파인먼은 1939년 MIT를 졸업한 후 프린스턴대

학교 대학원에 진학해 1942년 24세에 물리학 박사학위를 받았는데, 파인먼이 대학원에서 첫 번째 논문을 발표하는 세미나 참석자 중에 프린스턴고등연구소에 교수로 있던 알베르트 아인슈타인(1921년 노벨물리학상 수상), 볼프강 파울리(1945년 노벨물리학상 수상), 프린스턴대학교에 교수로 있던 유진 폴 위그너(1963년 노벨물리학상 수상), 존 폰 노이만 등 이론물리학 분야에서 최고 석학들이 있었다. 이런 자리에 주눅들지 않을 학생이 어디 있을까? 하지만 상대의 지위나 명성이 아니라 상대의 문제 제기 내용에 집중할 수 있어야 하고, 필요하다면 자신의 이론과 주장을 고수하며 치열하게 토론하며 싸워야 한다. 그러는 과정에서 우린 더 문제의 본질에 다가가고, 더 나은 답을 찾아가게 된다.

주눅들지 않는 자가
진짜 공부에서 유리하다

파인먼은 권위에 주눅들지 않고 살았다. 노벨물리학상을 받은 세계 최고의 석학에게도 주눅들지 않고, 그들의 이론을 비판하고 문제 제기했다. 파인먼은 박사학위 취득 후 맨해튼 프로젝트에 참여한다. 제2차 세계대전 때 핵무기 개발 프로젝트로 당대 물리학계 거물들이 참여했다. 그중 1922년 노벨물리학상을 받은 닐스 보어Niels Bohr도 맨해튼 프로젝트에 참여했는데, 다른 물리학자들이 닐스 보어의 의견에는 누구도 반대 의견을 내놓지 않았다. 하지만 파인먼은 권위에 주눅들지 않고 닐스 보어와 치고 받으며 토론했고, 자신의 의견을 굽히지 않을 때도 있었다. 심지어 20대 중반에 불과한 그가 학계 최고 거물인 닐스 보어의 생각에 바보같다는 표현까지 썼을 정도로 소위 계급장 떼고 토론했다. 권위에 주눅들지 않은 정도가 아니라 권위 자체를 무시하며 토론한 것은 더 나은 답을 찾기 위해서다. 오히려 파인먼의 이런 태도를 닐스 보어가 신선하고 흡족하게 여겼다고 한다. (이런 내용은 파인먼이 인터뷰에서 밝혔다.) 보어조차 권위에 눌려 자신의 의견에 전혀 반대하지 않는 물리학자들에게 실망했기 때문이다. 닐스 보어가 당시 물리학을 공부하고 있던 아들 오게 보어Aage Bohr에게 리처드 파인먼은 나중에 크게 될 테니 지켜보라고 얘기했다는 일화도 있다. (참고로 오게 보어는 1975년 노벨물리학상을 수상했다.) 역시 거장은 거장을 알아본다.

연구에선 더 좋은 답을 찾아내는 것이 중요하지, 상대가 그동안 이룬 업적이나 나이, 지위가 만들어내는 권위에 주눅들면 안 된다. 이건 파인먼의 얘기만이 아니라 당신에게도 적용될 얘기다. 우린 앞으로 계속 새로운 것을 배워야 하는데, 그 어떤 상황에서도 선생이든 전문가든 그들의 권위가 아니라 그들의 전문성이자 지식을 논리적, 비판적으로 수용해야 한다. 그런 태도가 우릴 성장하게 만든다. 바로 권위에 주눅들지 않는 태도를 갖는다는 것은 좋은 선생을 갖는 것과 같다.

파인먼이 권위에 주눅들지 않는 태도를 갖는 데 영향을 준 사람은 그의 아버지다. 제복 세일즈맨이 직업인 아버지는 교황이 평신도와 다른 것은 그가 쓰고 있는 모자뿐이라는 얘길 했다고 한다. 지위가 만들어낸 권위를 상징하는 것이 제복이다. 하지만 제복을 벗는 순간 남는 건 그 사람의 권위가 아니라 진짜 실체이자 실력이다. 실력 그 자체에 집중하는 것이 중요하다는 건, 연구자로서 교수로서 파인먼에게 의미 있는 태도다. 파인먼의 아버지가 아주 중요한 깨우침을 준 셈이다.

주눅들지 않는 건 겁 없어서가 아니라 자기 자신을 아껴서다. 아는 것을 안다고 얘기하고, 모르는 것을 모른다고 얘기하는 것은 자신에 대한 애정이다. 자신이 옳다고 생각하는 것을 소신껏 주장하고 치열하게 토론으로 부딪혀보는 것도 예의 없는 게 아니라 자신에 대한 애정이다. 내가 옳다는 것을 내가 제대로 주장해보지도 못하고 권위에 눌려 스스로 꺾어버린다면 배움에도 한계가 생긴다. 권위에 주눅들지 않는 그는 학생들에게 권위를 내세우지 않았다.

소크라테스가 한 말로 기억하는 이들이 많은 "너 자신을 알라"는 기원전 6세기에 만든 델포이 신전 기둥에 새겨져 있는 말이다. 소크라테스Socrates, 기원전 470~기원전 399가 태어나기 전에 지은 신전이니 확실히 소크라테스가 가장 먼저 한 말이 아니다. 다만 소크라테스가 이 말을 자주 인용하고 이 말이 담긴 의미를 강조했기에 우린 이 말에서 소크라테스를 가장 먼저 떠올린다. 소크라테스가 말하는 "너 자신을 알라"는 자신의 무지를 깨닫고 진리를 찾으라는 의미다. 자신의 수준을 제대로 파악하고, 공부하고 실천하며 자신의 가치를 제대로 키워야 한다는 의미로 해석하면 자기계발의 절대적 원칙같이 보이기도 한다. 과연 당신은 얼마나 자기 자신을 알고 있는가? 자신을 안다는 건 누군가가 대신 해줄 수 있는 게 아니다.

철학을 일컫는 영어 'philosophy'는 그리스어 'philosophia'에서 왔다. philo는 사랑하다, 좋아하다는 뜻이고, sophia는 지혜를 뜻한다. 지혜를 사랑하는 학문이 철학이다. 철학哲學의 한자어도 밝다, 슬기롭다, 알다는 뜻을 가진 철哲로 지知와 의미가 같다. 인간과 세상을 연구하는 게 철학이다. 자기 자신부터, 자신과 관계 맺고 살아갈 사람과 사회, 그리고 이를 둘러싼 세상의 모든 것을 다룬다. 아주 방대하지만 가장 현실적인 공부이기도 하다. 넓게 보면 트렌드를 파악하는 일도, 자기계발하는 것도 철학과 무관치 않다. 이 모두 애정에서 비롯된다. 세상과 변화에 대한 애정에서 트렌드를 파악하고, 자신에 대한 애정에서 자기계발의 동력을 얻는다.

좋아한다like와 사랑한다love의 차이는 '희생'을 감수할 수 있느냐 그렇지 않느냐로도 볼 수 있다. 이건 사람에게만 적용되는 게 아니다. 브랜드나 사물, 공간, 일 등에 다 적용된다. 쉽게 좋아하고 쉽게 싫어하는 건 대체 가능한 것들이다. 하지만 자기 자신은 결코 대체할 수 없다. 자신을 좋아하는 게 아니라 사랑해야 할 이유다. 자신을 진정 사랑하기 위해선 '너 자신을 알라'를 실천해야 한다. 내가 날 방치하면 누가 날 성장시키겠는가? 그 어떤 희생을 치러서라도 자신을 사랑해야 한다. 자신을 위한 공부에 돈, 시간, 노력을 아낌없이 투자해야 할 이유다. 누구나 자기 인생에선 자신이 주인공이고, 가치를 높이기 위해서라도 우린 공부에서 더 질적 진화를 이루어야 한다.

파인먼 기법

: 무언가의 이름을 아는 것과 그것을 아는 것은 다르다

잘 모른다는 것을 감추기 위해서라도 더 어렵고 전문적인 용어를 써서 그럴싸하게 포장하는 사람이 있다. 어려운 용어에 주눅들어 상대는 문제 제기도 반박도 못하게 그냥 듣고 있을 수 있기 때문이다. 하지만 상대가 진짜 제대로 아는 사람이라면 망신을 톡톡히 당하게 된다. 간혹 책과 논문을 많이 읽고, 남의 지식을 외우듯 인용해서 자신의 지식인 양 과시하는 사람을 보게 된다. 지적 과시를 통해 우월감을 느끼고 싶어서 그러는지는 몰라도, 솔직히 그 사람 자신은 알 것이다. 스스로 충분히 알지 못하면서 아는 체하는 것이 부끄럽다는 사실과 제대로 아는 사람을 마주쳐 망신당할까

걱정하는 불안감을 말이다.

결국 제대로 아는지, 충분히 이해했는지 알아볼 수 있는 방법은 남에게 가르쳐보는 것이다. 전문 용어나 어려운 말을 다 빼고, 평이한 일상 언어로 설명하는 것부터 시작해야 한다. 내가 이해시킬 상대가 어린이라고 생각하고 쉽게 설명하자. 이런 교육방식을 파인먼 기법이라고 한다.

내가 관심 있는 주제를 정하고, 관련 책이나 리포트를 비롯해, 뉴스도 좋고 인터넷의 정보도 좋다. 다방면으로 조사해서 그 주제의 내용을 읽고 이해한다. 어느 정도 이해되었다고 생각하면, 지금까지 알게 된 것을 어린이에게 가르쳐보자. 어린이에게 이해시킬 스토리와 표현, 단어를 정리해서 강의할 내용을 완성한다. 이를 토대로 실제로 가르쳐보라. 이 주제에 대해 아무것도 모르는, 아니 공부를 따로 하지 않은 사람에게 설명하고 이해시키는 것이다. 당연히 한 번에 되지 않을 수 있다. 당신이 설명하다가 막히는 부분이 나올 수도 있고, 당신은 충분히 설명했다고 생각하지만 상대가 이해하지 못하는 부분이 나올 수 있다. 이것이 중요하다. 이런 부분이 바로 당신이 충분히, 제대로 이해하지 못한 부분이기 때문이다.

내가 잘 모르는 것에 대해 다시 자료 조사도 하고 공부한다. 그다음에 강의할 내용을 수정보완해서 완성한다. 그리고 앞선 그 어린이에게 설명해본다. 이때 어린이가 아니라 노인도 좋다. 상대방이 이해했다면, 이제 당신이 설명할 대상을 203040대로 바꿔서 또 강의하듯 설명해보라. 이건 당신의 강의 스킬을 높이려는 목적이 아니다. 당신이 무엇을 제대로 알고 있는지, 아니면 어설프게 알고 있는지 알아보기 위한 목적이다. 그리고 당신이 충분히 알지 못하면서 상대방을 이해시키는 것이 얼마나 어려운 일인지도 경험해보는 것이 목적이다.

"먼저 자기 자신을 가르쳐야 한다. 그래야만 남을 가르칠 수 있다." 이 멋진 말을 한 사람은 붓다(석가모니)다. 산스크리트어 '붓다'는 한자어로 부처佛陀로, 불교에선 '깨달음을 얻은 사람'이란 뜻이다. "가르친다는 것은 곧 두 번 이상을 배우는 것이다." 이 말은 프랑스 혁명 직후 판사였던, 작가 조제프 주베르Joseph Joubert, 1754~1824가 한 말이다. 제대로 공부하기 위해서 가르치기 공부법이 필요한 것은 이미 오래전부터 아는 사람들은 알고 있었다.

'안다(Know)의 10단계'가 있다. 오래전부터 (출처 미상으로) 자기계발 분야에서 회자되었는데, 어디에선 7단계, 8단계, 9단계, 10단계 등 다양하게 변주되어 쓴다. 여기서도 '안다'의 상위 단계가 가르치는 단계다.

같은 수업을 학생으로서 열 번 듣는 것보다, 선생으로서 한 번 그 수업을 직접 진행하며 가르쳐보는 것이 수업 내용을 훨씬 더 오래 각인시킨다. 들을 때는 귀에 쏙쏙 들어오는 내용도 지나고 나면 기억에서 지워지는 게 많다. 온전히 내가 다 이해하지 못한 경우엔 잠시 머릿속에 머물다 사라진다. 이해한 내용을 다른 사람에게 설명하려다 보면 더 명확하게 이해하게 되고, 가르치기는 계속할수록 향상되는 기

'안다(Know)'의 10단계

知(알 지) 단계	1단계 : 들은 적이 있다.
	2단계 : 여러 번 들었다.(기억할 수 있다.)
	3단계 : 들은 것을 말할 수 있다.(표현할 수 있다.)
	4단계 : 핵심을 정확히 파악하여 말(전달)할 수 있다.
行(다닐 행) 단계	5단계 : 말한 내용을 행동할 수 있다.(일시적)
	6단계 : 말한 대로 행동하고 산다.(상시적, 심화된 행동)
用(쓸 용) 단계	7단계 : 말한 내용을 (남이 행동할 수 있게) 시킬 수 있다.
訓(가르칠 훈) 단계	8단계 : 가르칠 줄 안다.
	9단계 : 제대로 가르칠 (충분히 이해시킬) 수 있다.
評(평할 평) 단계	10단계 : 평가할 수 있다.(분석할 수 있다.)

술이라서 더 쉽고 효과적으로 설명할 방법을 찾아낸다. 공부 공동체가 필요한 이유가 바로 서로 가르칠 상대가 되어 주기 위해서다. 아무리 유명하고 탁월한 선생을 만나도, 일방적으로 수업을 듣기만 하는 것으로는 충분히 이해하지 못하고 '이해한 척' 넘어갈 수 있다. 이제 공부는 수동적으로 흡수하고 주입받는 것이 아니다. 학생과 선생의 경계를 넘나드는 학생이 필요하다.

책도 마찬가지다. 아무리 열심히 열 번 읽으면 뭐 하나. 지나고 나면 기억에서 대부분 지워진다. 읽은 사람의 머릿속에선 지워질 수 있어도, 쓴 사람의 머릿속에선 지워지지 않는다. 그래서 가르치기, 쓰기를 중요한 공부법으로 제시하는 것이다.

경험이 선생이다

: 그중에서도 예술적 경험은 더 특별한 선생

책을 통해서, 선생의 입을 통해서 간접적으로 배우는 것이 가진 가장 큰 장점은 '효율성'과 '생산성'이다. 하지만 단점은 '획일성'과 '보편성'이다. 학습으로서는 효과적인 방법이지만, 창의력이나 개성을 키우는 데는 한계가 있는 방법이다. 그래서 직접 경험이 필요하다. 간접 경험은 역대 최고로 활발한 시대다. 책이나 유튜브, 소셜네트워크의 정보에서 우린 매일 남들의 경험을 간접적으로 접한다. 간접 경험으로 알게 된 지식정보에 직접 경험으로 현실적 인사이트나 틈새 지식정보까지 채운다면 얼마나 더 강력해지겠는가? 우리가 하는 모든 비즈니스는 책 속에만 존재하는 과거의 죽은 비즈니스가 아니라 지금 이 순간에도 새로운 것으로 진화하는 살아 있는 비즈니스다.

물건을 파는 사람이 그 물건을 직접 충분히 사용하고 경험해보지 않았다면 어떨까? 머리를 써서 소비자를 설득하기엔 점점 한계가 있다. 마음까지 공략하지 못하면 소비가 이뤄지지 않기 때문이다. 옷을 만들거나 팔겠다는 사람은 누구보다 옷을 많이 사보고 입어봐야 한다. 자동차를 만들거나 파는 사람도 마찬가지로 자동차를 많이 경험하고 진심으로 좋아해야 한다. 외국여행을 좋아하지 않고 얼마 가보지 않은 사람이 만족도 높은 외국여행 상품을 잘 만들어낼 수 있겠는가?

결국 경험을 통해서 더 밀도 높고 세밀한 것을 얻는 것은 중요한 공부다. 경험이 좋은 선생이 되려면 직접 경험과 간접 경험이 잘 섞여야 하고, 지속적으로 경험이 업데이트되어야 한다. 경험을 선생처럼 여겨야 하는 것이다.

경험 중에서도 예술적 경험은 아주 중요하다. 예술적 소양만 쌓아주는 게 아니라 창의력도 키워주기 때문이다. 창의력은 문제 해결 능력이고, 관성에 주눅들지 않고 새로운 혁신을 만들어낼 능력이다. 예술가가 되기 위해서 미술관과 전시회에 자주 가고, 오페라, 뮤지컬, 발레, 연극 같은 공연과 클래식 연주회, 팝 콘서트 등을 가라는 것이 아니다. 이것은 호사스럽고 여유로운 취미가 아니라, 창의력을 키우는 데 가장 효과적이다. 일상에서 쉽게 느낄 수 없는 예술적 자극은 그 어떤 선생보다 놀라운 가르침을 준다.

2010년 5월 서울에서 열린 세계문화예술교육대회에 기조연설자로 나온《생각의 탄생》의 저자 로버트 루트번스타인 교수는 예술이 과학적 능력을 향상시킨다면서, 노벨상 수상자 510명, 영국왕립협회 회원 1,634명, 미국국립과학원 회원 1,266명 등을 조사한 결과를 제시했다. 그의 조사에 따르면 보통 과학자와 비교할 때 노벨상 수상자들이 사진작가가 될 가능성은 2배 높았고, 음악가가 될 가능성은 4배 이상 높았다. 미술가가 될 가능성은 17배 이상 높았고, 배우나 무용가 등 공연가가 될 가능성은 22배나 높았다.

과학 분야에서 탁월한 사람이 노벨상을 받을 텐데, 그들이 예술가가 될 가능성이 아주 높다는 사실이 놀랍지 않은가? 과학과 예술은 서로 통한다는 상투적 얘길 하려는 게 아니다. 창의력은 예술과 과학 모두에 필요하고, 창의력이 높은 사람은 예술가로든 과학자로든, 심지어 사업가로든 더 성공할 가능성이 크다. 창의력은 변화를 만들어내는 능력, 혁신을 통해 기회를 만들어내는 능력이기 때문에, 어떤 분야의 전문성을 쌓고자 하더라도 문화예술에 대한 경험을 적극적으로 누리는 것은 유용하다.

예술적 경험이 중요한 이유 중 하나는 경계를 넘나든다는 점이다. 예술은 다른 분야보다 더 쉽게, 더 자주 영역 파괴를 한다. 과감한 시도에도 관대하다. 외국의 유명 공대에선 학생들에게 공학적, 기술적인 공부 외에 예술과 문화에 대한 공부를 요구하는 경우가 많다. 브라운대 화학엔지니어링과에선 역사학을 중요하게 가르치고, 컬럼비아대 공대에선 1학년에게 디자인 과목을 필수로 수강하게 했다. 공학적 논리로 설명하지 못하는 것들을 채워주면서, 동시에 이질적 경험을 통한 융복합적 사고를 위해서다.

글로벌 기업의 경영진 중에 점점 공대 출신이 많아진다. 빅테크가 산업의 주도권을 가진 시대, 디지털 트랜스포메이션이 필수인 시대, 모든 경영적 판단에서도 기술적, 공학적 전문성은 더 커졌다. 그러면서 공대 학생들에게서 경영, 문화예술 등에 대한 공부의 필요성도 더 커졌다.

이제 똑똑한 사람은 IQ 높은 사람, 암기력 좋은 사람, 시험 점수 잘 받는 사람이 아니라 창의력과 문제 해결력이 뛰어난 사람이다. 이건 경험의 질과 양이 만들어낼 능력이고, 우린 경험을 선생 삼아야 한다.

그리고 잡지도 선생이다. 전문 분야 월간지도 중요하고, 경제 주간지도 중요하다. 해당 분야의 심도 깊은 정보를 가장 잘 알려주고, 지속적으로 새로운 이슈를 잘 알려주는 건 잡지가 하는 역할 중 하나다. 잡지를 보는 데 큰 돈 들지 않는다. 도서관에 가면 볼 수 있고, 공공도서관의 온라인 사이트에서 전자잡지로 무료 제공하는 잡지도 100여 종이나 된다. 물론 직접 돈 내고 구독하며 꼼꼼히 읽는 것도 좋다. 경험의 확장을 가장 쉽고 싸게 하는 방법이 바로 잡지다. 무엇보다, 자기가 잘 모르는 새로운 분야에 계속 관심을 갖는 태도가 중요하다.

책은 모두에게 선생이 아니다!
책이 선생이 되기 위한
특별한 조건!

"독서는 자기의 머리가 아니라 다른 사람의 머리로 사색하는 것이다." 이 멋진 말을 한 아르투어 쇼펜하우어Arthur Schopenhauer, 1788~1860는 독일의 철학자다. 그가 박사학위 논문으로 쓴 〈충족이유율의 네 겹의 뿌리에 관하여Ueber die vierfache Wurzel des Satzes vom zureichenden Grunde〉(1813)는 철학(인식론)의 고전이 되었고, 20대 때 쓰고 30세에 출간된 《의지와 표상으로서의 세계Die Welt als Wille und Vorstellung》(1818)는 서양 근대철학의 진수로 평가받는 철학 고전이 되었다. 하지만 그 시대의 교수들 중에선 이 책을 인정하지 않고 무시하는 이들도 있었다. 이런 교수들의 악의적 태도를 증오한 그는 이후 대학에서 강의하다가 교수들의 파벌을 겪은 후, 대학을 나와서 평생 아무런 단체에 속하지 않고 독자적으로 연구활동을 했다. 대학을 장악한 당시의 교수들에게 환멸을 느낀 셈인데, 결국 쇼펜하우어는 철학을 대학에서 가르치는 건 부적합하다고 스스로 결론내렸다. 고독한 철학자였다. 그래서 더더욱 독서의 가치를 크게 여겼을 수도 있다. 강단의 살아 있는 교수나 학자보다, 죽었지만 책 속에 존재하는 철학자들이 그에게 더 영향을 줬을 테니까.

쇼펜하우어는 19세기 세계에서 가장 영향력 있는 사상가였으며, 철학, 문학, 예술, 과학 분야에 지대한 영향을 미쳤다. 헤르만 헤세, 프란츠 카프카, 앙드레 지드, 안톤 체호프, 톨스토이, 모파상 등의 문학가와 음악가 리하르트 바그너 등이 쇼펜하우어가 자신의 작품에 영향을 줬다고 밝혔으며, 헨리 데이비드 소로, 랄프 왈도 에머슨, 찰스 다윈, 토머스 칼라일, 카를 융, 에두아르트 폰 하르트만, 조지 버나드쇼, 마르크스, 비트겐슈타인 등도 쇼펜하우어를 탐구하고, 그에게서 영향받았다고 얘기했고, 심지어 니체는 쇼펜하우어 때문에 자신이 철학자가 되었다고 말하기도 했다.

굳이 쇼펜하우어 얘길 하지 않아도 독서가 중요하다는 걸 우리가 모르겠는가? 알면서도 안 하는 것이지, 결코 몰라서 안 하는 게 아니다. 안 읽는 사람은 어쩔 수 없다. 그냥 손해 보면 된다. 소득이 낮은 사람은 책을 덜 읽는다. 소득뿐 아니라, 학력에 따라서도 독서량이 다르다. 소득과 학력 모두 독서량과 비례한다. 이건 내 주장이 아니라 팩트다. 문화체육관광부의 2021년 국민 독서실태 조사 결과를 보자. 2년 주기로 하는 조사인데, 2017, 2019, 2021년 모두 소득과 독서율은 상관관계가 크다. 가구 소득 월 200만 원 미만의 독서율보다 월 500만 원 이상의 독서율이 무려 2.5배 높다. 학력, 직업에 따라서도 독서율의 차이가 난다. 물론 소득이 높은 사람이 책을 더 읽는 건 맞다. 그렇다고 책만 많이 읽는다고 소득이 높아지는 건 아니다. 소득이 높아질 기회에 좀 더 다가갈 가능성은 커질 수 있겠지만, 독서 자체가 부와 명예를 보장하는 건 절대 아니다.

"책을 1주일에 한 권씩 뗄 수 있다면 한 사람이 평생 동안 읽을 수 있는 책의 총수는 대략 수천 권에 이른다. 이것은 현대 도서관이 소장한 장서 중 기껏해야 1,000분의 1에 불과한 적은 양이다. 그렇지만 정말 중요한 문제는 몇 권을 읽는가보다 어떤 책을 읽는가에 달려 있다."

《코스모스》의 저자이자 가장 유명한 천문학자 칼 세이건 Carl Sagan이 한 말이다. 천체물리학자이자 NASA의 외계 지

2021년 국민 독서실태 조사

구분		2017년			2019년				2021년			
		종이책	전자책	종이책+전자책	종이책	전자책	오디오북	종이책+전자책+오디오북	종이책	전자책	오디오북	종이책+전자책+오디오북
전체		59.9	14.1	62.3	52.1	16.5	3.5	55.7	40.7	19.0	4.5	47.5
성별	남성	58.2	15.8	61.3	50.4	17.9	2.8	55.1	40.4	20.1	4.7	48.1
	여성	61.5	12.3	63.3	53.9	15.1	4.1	56.3	41.1	17.9	4.4	46.9
연령대별	19~29세	73.5	34.7	78.7	70.4	39.0	6.5	77.8	60.3	50.5	12.0	78.1
	30~39세	68.9	22.7	73.1	68.7	31.3	6.2	75.3	56.3	38.4	8.8	68.8
	40~49세	61.9	13.8	64.3	57.6	14.4	4.2	60.9	44.4	13.8	3.9	49.9
	50~59세	52.2	3.5	53.2	43.5	4.9	1.6	44.9	33.9	5.2	1.0	35.7
	60세 이상	47.8	1.3	48.1	31.5	2.0	0.6	32.4	22.7	2.3	0.6	23.8
학력	중졸 이하	44.2	1.4	44.4	20.6	0.6	0.4	20.9	12.0	0.2	0.0	12.2
	고졸/고퇴	49.3	5.0	50.7	39.0	7.0	1.3	41.8	29.2	5.6	1.4	32.0
	대재 이상	73.1	25.1	77.1	71.7	28.4	6.0	76.8	57.7	34.3	8.2	69.2
직업별	관리/전문/사무직	77.4	26.9	82.4	77.1	30.0	5.7	82.6	62.5	38.3	7.9	77.3
	판매/서비스직	53.0	13.3	56.4	46.3	14.9	2.7	51.6	38.6	17.3	3.4	45.9
	생산직	40.4	4.8	41.7	28.2	9.3	1.6	32.0	20.2	6.1	1.1	23.1
	자영업	50.6	6.8	51.8	42.0	9.4	1.9	44.8	29.8	7.9	1.9	34.1
	학생	83.1	42.3	86.7	85.6	44.8	8.3	89.4	77.0	65.2	19.6	91.1
	전업주부	60.3	6.8	60.9	46.5	7.0	3.2	47.3	34.9	8.1	3.4	36.3
	은퇴/무직/기타	65.9	5.4	67.6	43.8	6.1	1.8	44.8	36.8	5.6	1.2	38.8
가구소득	200만 원 미만	49.1	4.4	50.6	29.1	4.1	0.6	29.9	18.9	4.2	1.0	20.4
	200~300만 원 미만	52.5	8.9	54.3	45.6	11.4	1.6	47.9	28.2	8.3	1.6	31.3
	300~400만 원 미만	58.8	13.1	61.2	49.8	15.8	3.2	54.5	39.3	18.0	4.0	45.2
	400~500만 원 미만	65.6	18.6	68.7	57.9	20.4	4.0	61.9	46.0	23.6	5.5	54.4
	500만 원 이상	72.4	24.5	75.5	70.3	25.9	6.7	75.1	54.8	28.8	7.6	65.4

* 오디오북에 대한 조사는 2019년부터 시행됨.

출처 : 문화체육관광부

적 생명체 탐사 계획SETI에 참했는데, 보이저 1호가 찍은 지구의 사진 '창백한 푸른 점Pale Blue Dot'을 가능하게 한 주인공이다. 보이저 1호가 태양계를 벗어나면서 카메라를 반대로 돌려 지구를 찍는 것을 NASA는 반대했지만 칼 세이건이 설득해서 성사되었다. 지구에서 60억km 떨어진 지점에서 찍힌 사진 속 지구는 아주 작은 점에 불과했다. 칼 세이건은 《창백한 푸른 점》에서 "지구는 광활한 우주에 떠 있는 보잘 것 없는 존재에 불과함을 사람들에게 가르쳐주고 싶었다" 라면서 사진을 찍은 이유를 밝혔다. 그 작은 지구 안에서 서로 싸우고 탐욕하며 사는 이들도 많지만, 우주에서 보면 정말 지구는 먼지 같은 존재다. 우리에게 그걸 깨닫게 해주고 싶었나 보다. 마찬가지로 책에 대한 얘기도 같은 맥락이다. 책 몇 권 읽었나, 몇 권 소장하고 있나 자랑하며 과시하는 건 전혀 중요하지 않다.

책 읽고 나면 얼마나 기억하는가? 일 년간 몇십 권 읽으면 뭐하나? 지나고 나면 읽었는지 안 읽었는지도 가물가물하다면 무슨 소용일까? 이건 기억력의 문제가 아니다. 이해의 문제다. 그리고 책을 읽으면서 받은 영향으로 자신의 행동이자 현실이 바뀌어야 한다. 책은 이해했다면서 책의 내용과 반대의 행동을 한다면 그건 책을 읽지 않은 것이나 마찬가지다. 그러니 책 읽기를 양으로 측정하지 말자. 만 권이 천 권보다 우월한 게 절대 아니다. 많이 읽었다고 자랑하는 사람이 가장 위험하다. 어떤 책을 읽느냐도 중요하고, 얼마나 흡수하고 소화해내느냐도 중요하고, 어떻게 활용하고 적용하느냐도 중요하다. 책이 진짜 선생이 되려면 내 것으로 만들 수 있어야 한다. 지적 허영이 아니라, 책을 통한 진화와 성장이 필요한 것이다.

이를 위해서 책은 혼자보다 함께 읽는 것도 좋다. 책 읽는 것은 혼자 할 수 있다. 함께 해야 할 것은 읽은 책에 대해 생각을 공유하고 토론하면서 책을 곱씹어 이해하자는 것이다. 독서토론 모임은 혼자서 읽기 힘든 책을 서로 동기부여해가면서 읽는 데도 도움이 되고, 토론을 통해 활자를 살아있는 언어로 바꿔 입으로 옮길 기회를 만들 수 있다. 혼자 거울 보고 할 수 있는 게 아니다. 공부 공동체가 필요한 건 이런 이유다. 혼자 하는 것이 편한 사람도 있겠지만, 잘 맞는 사람과 어울려 공부하는 것이 주는 즐거움에 비할 수 없다. 공부 자체가 너무 신나고 즐겁지 않을 수 있으니, 그 간극을 채워서 공부를 좀 더 즐겁게 만들어주는 건 사람의 몫이다. 책도 선생이지만, 함께 책 읽으며 생각을 나눌 사람들도 선생이다.

Part 4

공부 공동체,
학생과 선생의
경계를 없애라!

왜 우리는 함께 공부해야 하는가?

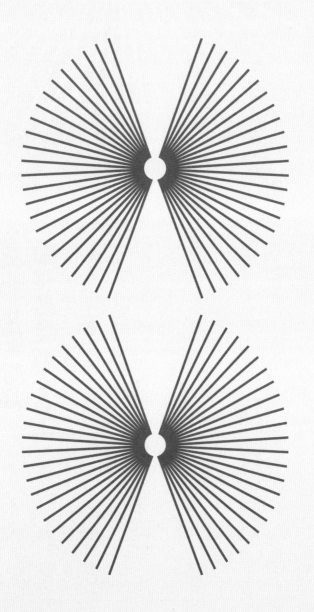

교학상장과 공부 공동체
: 왜 학생과 선생의 경계가 무너져야 하는가?

가르치는 일과 배우는 일이 모두 자신의 학업을 성장시킨다는 뜻을 가진 '교학상장教學相長'은 공자孔子와 그의 후학들이 지은 《예기禮記》의 〈학기學記〉편에 나온다. "좋은 안주가 있어도 먹어보지 않으면 그 맛을 알 수 없고, 참된 진리가 있어도 배우지 않으면 알 수 없다. 그러므로 배워야 자신의 부족함을 알 수 있고, 가르쳐야 어려움을 알 수 있다. 부족함을 알고 어려움을 알아야 나아질 수 있기에, 가르치고 배우면서 성장한다." 우린 학생이면서 동시에 선생, 곧 프로페셔널 스튜던트면서 아웃스탠딩 티처가 되어야 더 성장한다는 말과도 일맥상통한다.

놀랍게도 2,500여 년 전에 살았던 공자도 학생과 선생의 경계를 무너뜨려야 성장하는 것을 알았고, 이런 얘기는 다름 아닌 예禮를 다룬 《예기》에 있었다. '가르치기'가 중요한 공부법이라는 의미기도 하면서, 학생과 선생이 공부에선 서로 수평적 관계일 수 있다는 의미기도 하고, 공부 공동체의 구성원들이 서로 선생 역할을 하는 것이 서로의 성장을 위해 필수적이란 의미로도 해석해볼 수 있다. 스승에게서도 배우지만, 친구와 제자에게서도 배운다. 지식은 나이도 지위도, 위아래도 없다.

교학상장 敎學相長
가르치고 배우는 과정에서 스승과 제자가 함께 성장한다.

난 어릴 적 이런 경험이 있다. 초등학교(당시 초등학교) 때 어느 담임 선생님이 정해준 원칙이 같은 반에서 성적 1등과 꼴찌를 짝으로, 2등은 꼴찌에서 두 번째와 짝이 되는 것이었다. 짝이 잘 모르는 게 있으면 가르쳐주라는 의미였다. 이것이 전형적인 교학상장이다. 물론 아주 과거에나 가능했

던 낭만적인 원칙인데, 4050대 이상에선 이런 경험을 한 사람이 있을 것이다. 만약 지금 이렇게 하면 어떨까? 학부모들이 반발할 수도 있다. 지금은 자기 성적만 중요하기에 누굴 도와주려 시간과 노력을 기울이는 것도 아깝다 여길 테고, 수업 끝나자마자 학원으로 달려간다. 같은 반 친구와 어울리는 시간도 과거에 비해 상대적으로 적다.

분명 공부는 더 많이 하는데, 과연 성인이 되어서 더 많이 성장할 수 있을지는 미지수다. 그래서 지금 시대 성인들을 위한 공부 공동체가 필요한 것이다. 서로 밀어주고 당겨주고, 서로가 서로의 학생이 되고 선생이 되는 공부 공동체를 통해서 우린 계속 성장해가야 한다. 공자가 살던 시대보다 훨씬 변화가 빠르고, 새로운 기술과 새로운 비즈니스가 쉴 새 없이 쏟아지는 시대다. 더 치열하게 공부해야만 살아남는 시대, 교학상장은 생존을 위해 필수다.

나는 가끔 틀린다. 실수도 하고 오판도 한다. 트렌드를 다루다 보니 새로운 변수의 등장으로 예측한 방향에 변화가 생기기도 하고, 내가 미처 보지 못한 분야에서 나온 변수가 다른 분야에 파급을 주는 상황도 생긴다. 그래서 누군가 오류를 지적해주거나 새로운 정보를 알려주면 따끔하면서도 반갑다. 강연에서도 내가 일방적으로 가르치기만 하는 게 아니라, 수강생의 질문을 들으며 새로운 문제의식을 찾아내기도 한다. 가르치러 가서 배워오기도 하는 것이다. 책에서 오타가 나오기도 하고, 수치에 오류가 있을 때도 있다. 출판사 편집자와 크로스체크해서 최대한 실수를 만회한다. 그럼에도 놓친 것은 독자가 알려주어 고친다. 혼자서는 안 된다. 그래서 트렌드를 분석할 때나, 책을 쓸 때나, 강연 자료를 만들 때나 가까운 사람에게 먼저 확인을 받는다. 가족은 경제 공동체만이 아니라 공부 공동체, 지식 공동체이기도 하다.

한국 사람만큼 '우리'라는 말을 좋아하는 사람이 있을까? 내 집이 아니라 우리 집, 내 가족이 아니라 우리 가족, 우리 동네, 우리 학교, 우리 회사 등 언어에서 '함께 어울려 살아가는' 문화가 자리 잡고 있다. 그런데도 그동안 공부는 늘 혼자 했다. 같은 반에서 공부하는 친구들도 잠재적 경쟁자라 여기고, 내신을 위해선 서로 도와주면 안 된다. 스터디그룹을 하더라도 모여 있는 집단일 뿐, 함께 성장하자는 공동체는 아닌 경우가 많다.

만약 당신이 혼자 살아남을 자신이 있으면 혼자서 해라. 하지만 혼자서는 불안하고 두렵다면 당장 함께 할 사람들을 찾아라. 이미 존재하는 공부 공동체에 합류해도 좋고, 자신이 주변 사람들을 모

아 새로운 공부 공동체를 만들어도 좋다. 당신은 지금 능력주의 시대를 살고 있다. 믿을 건 자신의 실력이고, 이를 위해서 공부가 최선이고, 공부 공동체가 최선이다. 변화가 더딘 시대엔 선생과 학생의 역할이 온전히 분리되어도 크게 상관없었지만, 이젠 다르다.

미라클모닝과
공부 공동체의 역할

아침 일찍 일어나서 온전히 자신을 위해 집중하는 시간을 갖는 건 도움이 된다. 일찍 일어나려면 일찍 자야 한다. 결국 밤시간 유흥이나 음주, TV 보며 시간 보내기는 급격히 줄어들 수밖에 없다. 이런 시간이 고스란히 새벽에 맞이하는 자기계발 시간으로 옮겨가는 셈이다. 분명 실용적이고 합리적이지만, 문제는 일어나기 힘들다는 것이다. 뱃살 빼기, 다이어트 하기, 운동 하기 등 좋은 줄 알지만 의지가 약해서 잘 하지 못한다. 그래서 필요한 것이 바로 함께 할 사람이다. 새벽기상을 지속적으로 하기에 가장 효과적인 방법 중 하나가 바로 공부 공동체다. 서로 깨워주고, 동기부여해주고, 자극해주고, 새벽을 반갑게 맞아줄 동료들이 있어서 힘든 새벽기상을 할 수 있는 것이다. 이렇듯 공부 공동체는 혼자서는 하기 힘든 것을 함께 도와가며 하게 만드는 힘이 있다.

할 엘로드Hal Elrod가 쓴《The Miracle Morning》은 2014년 출간되었는데, 그해 아마존 종합 베스트셀러 1위를 기록했다. 판매만 잘된 것이 아니라 평점도 높았고 전 세계로 번역되어 출판되었다. 한국에는 2016년《미라클모닝》이 출간되었는데, 그 해 자기계발서 판매 1위였으며, 지금까지도 지속적으로 팔리는 스테디셀러다. 미라클모닝이 2016년, 2017년에 203040대로 번져갔고, 미라클모닝을 다루는 콘텐츠도 늘어났다.

미라클모닝을 오래전부터 실천하던 변호사 김유진은 2018년 유튜브 채널을 시작했는데 2030대 여성들의 관심을 받으며 구독자가 늘어갔고, 2020년에는《나의 하루는 4시 30분에 시작된다》를 출간해 베스트셀러가 되었다. 이후 미라클모닝에 대한 책을 두 권 더 냈고, 유튜브 채널 구독자는 21만 명이 넘었다.

미라클모닝에 대한 관심도는 코로나19 팬데믹 기간 중에도 뜨거웠다. 위기의 시대, 미래가 불안하다고 여기는 사람에게 투자와 자기계발은 중요한 관심사였다. 다들 투자로 돈을 더 벌 궁리와 함께, 미라클모닝 하면서 하루를 더 알차게 보내 자신의 가치를 높일 궁리를 했다고 해도 과언이 아니다.

인스타그램에서 해시태그 #미라클모닝은 무려 174만 개가 넘는다. '#미라클모닝챌린지'는 12만 5,000개가 넘고, '#514미라클모닝' 24만 개, '#미라클모닝514챌린지'는 3만 개다. 미라클모닝이란 말을 붙이지 않은 미라클모닝 챌린지도 많다. 대표적으로 '#514챌린지'는 게시물이 114만 개가 넘고, '#514챌린지인증'은 73만 개 정도다. 인스타그램을 통해 자신의 미라클모닝을 드러내어, 자신에게 동기부여하는 사람이 그만큼 많다는 의미다.

미라클모닝은 정해진 시간이 따로 없다. 사람에 따라 4시여도 되고 5시, 6시도 상관없다. 평소 자신이 일어나던 시간보다 1~2시간 더 일찍 일어나서 온전히 자신이 집중할 시간을 갖는 것이 목적이다. 일찍 일어나는 것이 목적이 아니라 시간을 충실히 쓰는 게 목적이다.

사실 미라클모닝이라고 해서 그렇지, 이 개념은 아주 오래전부터 있었다. 예전엔 '아침형인간'이라고 불렀다. 일본의 의사 사이쇼 히로시는 1991년 아침형인간에 대한 책을 썼는데, 처음부터 베스트셀러가 되지는 않았다. 그는 지속적으로 아침형인간에 대한 책을 썼고, 그런 끈기와 노력 덕분인지 아침형인간에 대한 지지자들이 늘어갔고, 신드롬을 만들어내며 베스트셀러가 되었다. 그의 책이 2003년 한국에 출간되어 그해 100만 부를 비롯해 총 150만 부가 팔린다.

미라클모닝 열풍과 아침형인간 열풍의 본질은 다르지 않다. 우린 늘 성장하길 원하고, 이를 위해선 시간을 투자해 자기계발해야 하고, 아침을 일찍 맞이하는 건 중요한 시간 활용이다. 그런데 실천하기는 쉽지 않다. 가끔 일찍 일어나는 건 쉽지만 규칙적으로 매일, 지속적으로 하는 건 쉽지 않다. 아침형인간 열풍이 사그러든 이유다. 하지만 미라클모닝은 아침형인간보다 오래갈 가능성이 크다. 아니 사그러들지 않고 계속 이어갈 가능성도 크다. 왜냐하면 우리가 서로 연결되어 있기 때문이다. 혼자서 하긴 어렵지만, 함께 하면 다르다. 서로가 서로를 이끌어주고, 자극도 주면 혼자라면 포기했을 일도 끈기있게 할 수 있다. 남들에게 자극을 받고자 우린 미라클모닝 챌린지를 한다. 혼자만의 약속이 아니라 남과도 약속을 하는 것이다. 우리에게 공부 공동체가 있어야 할 이유가 바로 이것이기도 하다. 혼자선 못할 일도 함께라면 가능하다.

MKYU에서 미라클모닝을 위한 새벽챌린지를 2022년 1월 1일부터 시작했다. 514(새벽 5시에 일어나는 것을 14일간 하는) 챌린지다. MKYU 김미경 학장이 새벽 5시에 유튜브 라이브를 통해 미라클모닝을 이끌었다. 한 달 중 절반은 다 같이 챌린지를 하고, 나머지 절반은 각자 알아서 챌린지를 하는 것으로 1월 한 달만 하려고 시작했다. 하지만 1월 1일 새벽 5시 1만 1,548명이 유튜브 라이브에 참석하고, 14일간 총 17만 4,358명이 참석해 하루 평균 1만 2,454명이 함께 한 것이다. 한 달만 하려던 것을 1년을 했다.

참여 인원이 많다 보니 이들을 나눠서 오픈채팅방을 만들어 서로 친목도 쌓고, 514챌린지 하지 않는 기간에 함께 챌린지를 한다. 지역별로도 나눠서 상시적으로 교류하도록 만들었고, 이는 공부 공동체로서 좋은 환경이 된다. 2022년 1년간 514챌린지에 참여한 누적 인원이 153만 8,155명이고, 심지어 1년간 514챌린지에 하루도 안 빠지고 참여한 사람이 2,075명이라고 한다. 이들이 챌린지 관련해 인스타그램 해시태그를 단 게시물만 수백만 개다. 미라클모닝을 가장 체계적이고 대규모 인원이 참여해서 지속적으로 진행한 사례가 바로 MKYU의 514챌린지다.

자기계발에서 가장 어려운 것은 실천이다. 누구나 책을

읽고, 리더의 강연을 들으며 자극을 받고 동기부여가 된다. 하지만 그 효과가 오래가진 않는다. 알아서 잘 하기란 쉽지 않다. 그만큼 강력한 의지를 모두가 갖고 있지 않기 때문이다. 따라서 자기계발에서 실천을 강제하고 효과적으로 이끌어주는 비즈니스가 필요하다. MKYU의 514챌린지는 굿잭칼리지(www.goodjjackworld.co.kr)가 되어 다양한 유료 챌린지를 제공한다.

공부는 공짜가 아니다. 공부 공동체를 만들고 운영하며 이끌어가는 것도 공짜일 수 없다. 그런 점에서 공부 공동체라는 환경을 제공하는 비즈니스, 각자의 자기계발 미션을 챌린지로 만들어 동기부여해주는 비즈니스는 점점 중요하고 커질 수밖에 없다.

인스타그램 ID '새벽거인(남경희)'은 2020년부터 하루도 빠짐없이 새벽챌린지를 하고 있다. 혼자서만 새벽 5시 일어나는 게 아니라 다른 사람들도 동참하게 만든다. 매일 라이브방송을 하며 주요 신문기사도 브리핑해준다. 그녀는 380여 명이 함께 하고 있는 공부 공동체 미사시(미래를 사는 시간)의 리더다. 미사시는 인스타그램, 메타버스 서비스 Ifland(이프랜드) 등 온라인을 중심으로 활동하는 공부 공동체다. '새벽거인'이라는 ID가 괜히 있는 것이 아니듯,

미사시(미래를 사는 시간)의 리더 '새벽거인(남경희)'님의 인스타그램

MKYU가 514챌린지를 하기 전부터 미라클모닝을 해왔다. 미라클모닝을 통해 자신도 성장하고, 미사시를 통해 서로 밀어주고 끌어주며 공부 공동체의 힘을 누리고 있다.

Ifland(이프렌드)로 모이고 있는 공부 공동체 미사시(미래를 사는 시간)

출처 : 인스타그램@giant_4am

당신은 지금 누구와 서로를 밀어주고 끌어주는 있는가?

인스타그램 ID '해피그릿(김정혜)'은 공부 공동체 내바시(내가 바뀌는 시간)를 3년간 운영하고 있는 리더다. 공부 공동체가 활성화되고 자리 잡는 데는 리더의 역할이 아주 중요하다. 그렇다고 리더는 구성원들을 도와주고 자기 것을 퍼주기만 하는 사람일 수 없다. 리더 자신에게도 이익이 되어야 남을 돕는 것도 지속할 수 있다. 어떤 일이든 한두 번 이벤트 삼아서 하기는 쉽다. 내가 손해가 되든, 시간을 들인 것에 비해 성과가 미약하든 할 수 있다. 하지만 3년을 끌고 가려면 그럴 순 없다. 그녀에게 공부 공동체 운영이 리더 자신에겐 어떤 이익이 있는지 물었더니 이 말로 시작했다.

"혼자서 공부했다면 적당히 했거나, 힘들 땐 슬그머니 그만두었을지도 모르겠습니다."

혼자가 아니라 함께 공부해야 할 가장 정확한 이유기도 하다. 지금은 규모가 큰 공부 공동체의 리더로서 수많은 이들에게 도움을 주고 누군가에겐 롤모델이 되고 있지만, 사실 그녀도 자기계발에 대해 막연했던 시기가 있었고, 빠르게 변화하는 시대에 자신만 도태되는 듯한 불안감이나 미래에 대한 두려움도 있었을 것이다.

직장을 다니는 워킹맘인 그녀는 자기계발을 위해 MKYU에서 공부를 시작했다. 부족한 공부 시간을 만들기 위해 새벽기상을 활용했고, MKYU 수석장학생도 되었다. 자신이 공부한 노하우를 공유하는 과정에서 전자책을 출간하고, 사람들과 교류하기 위해 커뮤니티도 만들었다. 자신을 위해 시작한 공부가, 자신과 남들 모두에게 도움이 되는 공부가 된 것이다.

내바시는 전국적으로 750여 명이 함께 하고 있는데, 이중 독서클럽을 운영하는 리더가 50여 명이다. 공부 공동체의 구성원들이 각자의 공부 공동체를 운영하기도 하는 셈이다. 공부 공동체의 확장이자 선순환이다. 점점 더 많은 공부 공동체 리더들이 생겨나는 것이다. 독서모임을 만들고 운영하는 노하우를 먼저 독서모임을 만든 선배들이 가르쳐 준다. 선배가 선생이 되어 자신이 가진 노하우를 아낌없이 공유한 것이다. 하나의 공부 공동체 안에서 새로운 리더가 계속 발굴되는 것이 그 공부 공동체가 성장하고 있다는 증거다. 읽는 사람보다 쓰는 사람이 더 많이 공부하고 많은 것을 얻어가듯이, 배우는 사람보다 가르치는 사람이 더 많이 공부하고 얻어간다. 마찬가지로 공부 공동체에서 가장 많이 공부하고 가장 많이 얻어가는 사람은 리더다. 리더는 공부 공동체 내에서 아웃스탠딩 티처다.

내바시는 성공적인 공부 공동체지만, 모든 공부 공동체가 그렇게 되지는 않는다. 공부 공동체를 만드는 건 쉽지만, 지속적으로 활동하며 유지되기란 쉽지 않기 때문이다. 해피그릿의 말에서 공부 공동체가 가질 핵심적인 단서를 발견한다.

"목표가 명확하지 않으면 슬그머니 사라지거나 힘을 내지 못하는 공부 공동체를 많이 보아왔습니다. 그리고 저희 공부 공동체를 고스란히 따라하는 곳들이 여러 곳 생겨났지만 멤버의 비전 확장이나 자생할 수 있는 프로그램이 유지되지 못할 경우 멤버들의 이탈도 많이 늘어나는 것을 보게 되었습니다."

공부 공동체는 친목이 목표가 아니다. 자기계발이자 성

내바시(내가 바뀌는 시간)의 리더 '해피그릿(김정혜)'님의 인스타그램

장이 목표다. 막연한 성장이 아니라 구체적인 목표가 세워져야 한다. 아울러 구경꾼이나 들러리 구성원이 아니라, 적극적으로 시간과 노력을 들일 구성원이 많아야 한다. 공부 공동체는 등가교환의 법칙이 필요하다. 많은 것을 얻고자 한다면 많은 것을 쏟아야 한다. 권리만 있고 의무가 없는 공동체는 유지될 수 없다.

원래 공동체共同體, Community는 공동의 이해관계를 가진, 상호 의무감과 정서적 유대를 가진, 질적으로 강하고 깊은 관계를 가진 조직이다. 혈연, 지연, 학연이라는 인맥이 끈끈한 것도 공동체의 속성을 갖기 때문이다. 공부 공동체도 일종의 학연이다. 다만 기존의 학연과 달리 '어디 다녔다'가 아니라 '지금 무엇을 배운다'가 중심이고, 학번이나 기수 따지는 수직적 위계, 서열 문화가 아니라 서로 선생도 되고, 학생도 되고, 동료도 되며 수평적인 문화가 중심이다.

규모가 큰 공부 공동체가 할 수 있는 것도 많고, 새로운 기회를 만들어내는 데도 유리하겠지만, 양적 규모를 키우는 게 우선이어선 안 된다. 공부를 통한 구성원 개개인의 질적 성장을 이뤄내면서, 양적 성장이 뒤따라야만 '공부' 공동체라는 본질이 지켜진다. 그리고 지속가능하려면 리더를 비롯한 소수의 운영진이 너무 희생하거나, 일방적으로 소수가 활동비를 대거나, 손해보는 걸 당연시 여기면 안 된다. 공부 공동체가 수익을 안정적으로 창출할 수 있다면 더 좋다. 구성원들을 위해 좋은 선생을 초빙하거나 공동체의 오프라인 활동을 하는 등 공부 공동체 활동에도 돈은 필요하기 때문이다.

그동안 수많은 교육 비즈니스가 있었지만 공부 공동체

를 양산하는 데 가장 효과적인 곳은 단연 MKYU다. MKYU 학생 중 30~50대 여성이 유독 많은데, 남성 중심적 사회인 한국 사회에서 혈연, 학연, 지연 중심의 인맥만 활발했다면, MKYU를 구심점으로 모인 30~50대 여성들은 공부 공동체를 통해 적극 뭉치고 있다. 혈연도 지연도 학연도 과거에 비해 퇴색되어가는 시대, 공부 공동체는 떠오르는 인맥이 될 가능성이 크다. MKYU를 기반으로 만들어진 대표적 공부 공동체로는 내바시(내가 바뀌는 시간), 미사시(미래를 사는 시간), 퓨처스쿨(성장커뮤니티, 리더 김영애), 꿈만사(꿈을 만드는 사람들, 리더 최윤미), 라브연(라이프 브랜딩 연구소, 리더 김동석) 등이 있다.

미래를 살아가는
사람들에게 필요한
진짜 인맥의 실체

나에겐 초호화군단 선생들이 있다. 노벨물리학상을 받았고, 노벨경제학상도 받았고, 퓰리처상도 받았고, 프리츠커상도 받았다. 세계적 석학이며, 초베스트셀러 저자이기도하다. 세계 최고의 빅테크 기업을 창업했고, 억만장자 순위에서도 첫손가락에 꼽힌다. 도대체 어떻게 인연을 맺었기에 이런 파워풀한 사람을 선생으로 두냐고? 나의 아웃스탠딩 티처는 책 속에 있고, TED와 유튜브 영상 속에 있고, MOOC 수업에도 있다. 내가 학교 다니며 직접 만난 것도, 같이 일해본 것도, 사적으로 만난 것도 아니다. 하지만 그들의 책, 인터뷰, 강연, 논문 등을 보면서 배웠다. 쉬운 내용이 아니기에, 시간과 노력을 엄청나게 투자할 수밖에 없다.

혼자서 공부하는 건 어렵다. 그래서 스터디그룹도 필요하고, 공동 연구자도 필요하다. 공통의 관심사를 가진 사람과 토론하며 자신이 공부한 것을 더 세밀하게 이해시키는 것도 필요하고, 서로 다른 분야 전문가들과 토론하며 관점의 차이와 전혀 생각하지 못한 지적 자극을 받는 것도 필요하다. 유명한 선생들이 아니라, 함께 토론하고 공부하는 사람들이 우리의 진짜 인맥이자 서로를 가르치는 아웃스탠딩 티처다.

자신에겐 이런 인맥이 주변에 없다고 아쉬워하는 사람이 혹시 있는가? 공짜 바라지 마라. 없으면 만들면 되고, 시간과 돈, 노력을 투자하면 된다. 인맥은 하늘에서 떨어지는 게 아니라 만드는 것이다.

'친구 따라 강남 아니라 공부하러 간다'는 말이 생기면 어떨까? 공연 전시 함께 가듯 강연 세미나 가는 것도 좋다. 좋은 건 함께 해야 한다. 같이 잘되야 더 즐겁지 않겠는가? 그런 의미로 다음과 같은 공부 공동체가 있으면 어떨까?

- 군대 내무반은 공부 공동체가 될 수 없을까?
- 아파트 부녀회는 공부 공동체가 될 수 없을까?

- 학교 교사들끼리는 공부 공동체가 될 수 없을까?
- 학부모들끼리는 공부 공동체가 될 수 없을까?
- 대학에서 같은 과 혹은 같은 동아리 선후배끼리는 공부 공동체가 될 수 없을까?
- 직장 동료들끼리는 공부 공동체가 될 수 없을까?
- 형제자매, 친척 등 가족끼리는 공부 공동체가 될 수 없을까?
- 같은 교회 사람들끼리는 공부 공동체가 될 수 없을까?
- 같은 직업 가진 사람들끼리는 공부 공동체가 될 수 없을까?
- 같은 동네, 이웃들끼리는 공부 공동체가 될 수 없을까?
- 등산이나 운동하는 모임은 공부 공동체가 될 수 없을까?
- 취미와 취향이 비슷한 사람들끼리는 공부 공동체가 될 수 없을까?

자신에게 해당하는 조건이 최소 한두 가지 이상은 있지 않은가? 당신도 이제 공부 공동체에 속할 시기가 되었다. 우린 함께 어울려 살아야 하고, 이왕이면 같이 성장할 사람들과 어울리며 미래를 대비하는 것이 좋지 않을까?

"공부벌레들에게 잘 해야 한다. 나중에 그 사람 밑에서 일하게 될 수 있다." 이 얘기는 빌 게이츠가 했다. 아주 실감나는 명언이다. 공부 공동체 내에서도 가장 열심히 하는 사람에게 잘 해야 한다. 그가 가장 성장할 가능성이 크고, 그의 미래는 지금보다 상상 이상으로 성공할 수도 있기 때문이다. 근시안적으로 계산하는 사람들이 있다. 주진 않고 받기만 하면 과연 그게 계산적으로 이득일까?

지금 당신이 공부 공동체에 속해 있다면(아니면 어떤 공부 공동체에 속하게 된다고 가정해봐도 좋다), 그곳에서 당신은 빼먹는 역할인가, 아니면 더해주는 역할인가? 세상은 공평하다. 주는 것 없이 받기만 하는 사람과 받는 것만큼 혹은 그 이상으로 주는 사람 중 누구와 더 친밀하게 지낼 것인가? 인생에서 가장 좋은 인간관계는 잘 주고 받은 관계다. 좋은 인맥 쌓겠다고 여기저기 다니며 돈 쓰고 시간 쓰고 감정 쏟아붓기보다, 당신 자신이 상대에게 좋은 인맥이 될 만한 가치를 만드는 데 투자해야 한다. 다들 빼먹기만 하려고 모여 있으면 그 공부 공동체는 금세 무너질 수밖에 없다.

우리가 이기적이어서 오히려 공동체가 필요하다고?

우리가 협동하고 공동체를 만들고, 사회적 동물로서 살아가는 것도 결국은 우리의 생존에 유리하기 때문이다. 우린 남을 위해 살아가진 않는다. 자신을 위해 살아가려면 남이 필요하고, 그러기 위해 남과 공존하고 이타적이기도 한 것이다. '이기적利己的'이라는 것은 '자기 자신의 이익만을 꾀한다'는 의미다. 영어로는 selfish인데, self-centered(자기 중심적인)도 된다. self-centered는 자급자족의, 독립적(자주적)이라는 의미가 있다. 이기적이라는 것은 사악한 일이 아니라, 자신을 지키는 일이기도 하다.

1976년 출간되어 전 세계에 엄청난 반향을 일으키고 논쟁을 만들어낸 리처드 도킨스의 《이기적 유전자The Selfish Gene》는 인간을 포함한 모든 생명체는 자신의 유전자를 후세에 남기려는 이기적인 행동을 수행하는 존재라는 주장을 펼친다. 인류의 진화는 결국 인류가 가진 생존을 위한 이기적 본성에서 출발한 셈이며, 인간의 본질에서 '이기적'이라는 의미는 생존과 진화의 원동력이 된 것이다.

남과 비교해 우위에 서는 게 목적이 아니라, 어제의 나와 비교해 더 나아지는 게 목적이다. 어제의 나에게 부끄럽지 않을 오늘의 내가 되어야 하고, 내일의 나를 위해 오늘 더 공부해야 한다. **남과는 비교하거나 싸울 게 아니라, 같이 공부하고 같이 토론하고 서로 끌어줘야 한다. 싸울 대상은 자기 자신이다. 그렇기에 공부 공동체가 필요한 것이다. 공동체의 멤버들은 경계할 경쟁 상대가 아니라 전우이자 동지다.**

혼자선 자기 객관화가 힘들다. 내 수준을 남과 비교해볼 수 있다는 점도 함께 공부해야 하는 결정적 이유다. 내가 부족한 것을 인식하려고 공부 공동체가 필요하다. 토론할 상대가 필요해서라도 공부 공동체가 있어야 하고, 가르칠 기회를 갖기 위해서도 우린 공부 공동체가 필요하다. 모이면 혼자선 할 수 없는 것도 가능해진다. 북클럽 회원 수백 명인 곳은 1인당 얼마씩 별도의 회비를 내서 유명 교수나 전문가를 초빙해 저자 직강을 들을 수도 있다. 마치 선생 공동구매 같은 식이다. 실제로 이렇게 운영하는 공부 공동체가 많다.

기업도 공부 공동체로 진화한다. 미래의 가장 탁월한 학교는 기업이다. 직원들이 프로페셔널 스튜던트가 되고, 아웃스탠딩 티처로 거듭나는 것을 기업은 원한다. 결국 인재가 기업의 핵심 경쟁력이고, 더이상 학교의 교육방식으로 기업이 원하는 인재를 제공하는 데는 한계가 있다. 대학의 미래는 어둡지만, 기업이나 개인이나 공부는 더 많이 할 것이다. 교육의 미래는 밝다.

공부했다는 착각

: 가짜 공부를 아직도 하는 사람들

〈정지용의 시를 배운 돌〉(2010)은 국내외에서 유명한 멀티
미디어 아트스트 김범 작가가 만든 12시간짜리 영상 작품
이다. 김범 작가의 '교육된 사물들' 연작 중 하나인데, 돌에
게 12시간 동안 정지용 시인의 시를 가르친다. 돌 하나를 앞
에 두고 시를 읽어주고 마치 국어 수업하듯 시를 설명하는
식이다. 작가는 '교육된 사물들' 연작을 통해 배운다는 것,
가르친다는 것의 본질이 무엇인지 묻고 있다.

처음 이 작품을 봤을 때 아주 인상적이었다. 《프로페셔널
스튜던트》를 쓰기 전이었는데, 우리의 교육 현실을 너무 시
니컬하고 명쾌하게 보여주는 듯해서다. 이런 교육환경에서

는 학생이나 선생이나 모두 장기적 관점으로 보면 손해를 봤다. 학교에서 배운 건 졸업하고 나면, 아니 시험 치고 나면 잊어버리는 휘발성 지식인 경우도 많다. 애초에 지식이 휘발성이라서가 아니라, 시험 점수 잘 받는 것이 목적인 교육이다 보니 공부의 즐거움, 깊이 있는 이해는 뒷전이고 암기와 요령이 우선되었기 때문이다. 그러니 청소년의 성적은 OECD 국가에서 상위권인데, 성인이 되어선 중위권으로 떨어진다.

과거의 교육은 주로 아이들과 청소년이 대상이었다. 입시에 매달리고, 대학을 졸업하는 게 교육의 전부였다. 취업해서 노동을 하기 시작하면 교육에서 멀어졌다. 산업 변화가 없거나 아주 느린 시대에나 통했던 방식이다. 지금처럼 새로운 기술, 새로운 비즈니스가 쉴 새 없이 쏟아져 나오는 시대에는 노동을 하면서 교육을 해야 한다. 취업 전까지의 교육보다, 취업 이후의 교육이 점점 더 중요해진다. 대학에서도 고등학교 졸업생이 핵심적 교육 대상자가 아니라, 기업에서 일하는 직장인이자 프리랜서가 핵심적 교육 대상자다. 자연스럽게 4년제 기간과 학위 중심에서 마이크로칼리지 중심으로 전환될 수밖에 없다. 평생교육 시대라는 말이 진짜 실감나는 시대가 된다. 계속 성장하고 진화하며 새로운 능력을 업그레이드하지 못하는 사람은 인재라 할 수 없고, 사회적 역할에서 도태될 수밖에 없다.

공부 잘 안 하는 사람일수록 자신을 과대평가하고, 쉬운 길을 자꾸 찾는다. 착각하지 말자. 책 몇 권 읽는 것으로, 강좌 몇 개 듣는 것으로 당신의 가치가 올라가지 않는다. 책을 읽는 것으로 그 주제에 대해 충분히 이해했다고 생각하면 안 된다. 책은 저자가 쓴 시점에서 멈춰 있다. 책이 나온 이후에도 계속 진전되는 분야에 대한 책이라면 더더욱 그렇다. 그러니 지속적인 공부가 필요하다. 더이상 학교 다닐 때 했던 공부 스타일이자 공부에 대한 태도를 성인이 되어서도 유지하면 안 된다.

가짜 노동, 허위 노동이 있듯이 가짜 공부, 허위 공부도 있다. 시키는 대로 외우고, 수동적으로 선생이 알려주는 내용을 일방적, 맹목적, 무비판적으로 흡수만 하는 건 성인을 위한 진짜 공부가 아니다. 지금 당신은 점수 올리는 공부를 해야 하는 게 아니다. 프로페셔널 스튜던트의 공부는 점수 스킬도 아니고, 남에게 보여주기 위한 공부도 아니다.

스스로에게 솔직해져야 한다. 당신이 진짜 공부를 해야 할 이유는 남이 아니라 당신 자신이 찾아야 하고, 스스로 납득해야 한다. 남이 시키는 것을 마지못해 따라가는 공부를 해봤자 결국 당신의 머릿속에 남지 않는다. 공부했다는 착각만 남을 뿐이다. 여긴 학교가 아니다. 점수 따는 요령이 필요한 입시 공부를 하는 게 아니다. 그러니 제발 자신에게 솔직해져라. 당신이 몰입하고 미칠 수 있는 공부를 찾아야 한다. 그런 공부를 할 게 아니면 굳이 돈과 시간을 들여 에너지 쏟아가며 해야 할 필요는 별로 없다. 지적 허영이 필요한 것도 아니고, 심심풀이 시간 때우기 공부가 필요한 것도 아니고, 써먹을 데 없이 자기 만족만 할 자격증이나 수료증을 모으기 위한 공부가 필요한 것도 아니다.

당신이 몰입하고 미쳐야 공부가 재미있어진다. 그래야 선생에게 주눅들지도 않고 책을 맹목적으로 흡수하기만 하지 않는다. 자신에게 더 필요할, 더 맞을 선생을 찾는 데도 적극적이고, 저자나 선생의 권위에 눌리지 않고 자신의 문제의식과 비판의식을 활발히 발동해야 한다. 지식을 복제하듯 외우는 건 내 것이 안 된다. 비판하고 사고하고 이해하고 흡수해야 내 것이 된다. 양이 아니라 질이다. 공부 시간 길다고 공부 더 잘하는 것도 아니고, 공부 모임 많다고 공부 많이 하는 게 아니다. 공부 공동체에서도 질이 중요하다.

공부에 대한 태도를 바꾸지 않으면 당신은 늘 들러리다. 변화의 시대, 성장과 공부는 선택이 아닌 필수이자 일상이다. 그렇기에 지속적으로, 즐겁게 할 수 있는 환경을 갖는 것이 중요하다. 함께 공부할 공부 공동체가 필요한 이유이자, 진짜 공부를 하기 위해서다. 진짜 공부의 시작은 바로 토론이다. 지식이 내 것이 되려면 타인에게 설명할 수 있고, 타인과 토론하며 이해의 깊이를 더해가야 한다.

토론은 절대
혼자서는 하지 못한다

토론은 말로 싸우는 게 아니다. 논리로 싸우는 것이다. 토론을 잘 하려면 논리적으로 사고해야 하고, 이를 위해선 지식정보도 충분히 갖고 있어야 한다. 토론 잘 하려면 책을 많이 읽고, 글쓰기도 많이 해야 한다. 지식과 논리를 배우기 가장 좋은 방법은 읽고 쓰는 것이다. 토론을 위해선 스피치를 배울 게 아니다. 우리가 하는 말은 입이 혼자 결정하는 게 아니라 뇌가 결정하고 선택한다. 당연히 입이 아니라 뇌를 키우는 공부가 우선이다.

토론을 하기 전까지의 공부는 혼자서 가능하다. 하지만 토론 자체는 상대가 필요하다. 아무리 논리적인 사람이라도 거울 보면서 혼자 토론할 수는 없다. 같은 생각, 같은 논리를 내세우는 상대보다는 다른 생각, 다른 관점에서 논리를 전개하는 상대에게서 더 많은 것을 배운다. 논리와 논리의 대결과 공방 속에서 자신의 논리를 더 강화할 수도 있고, 반대로 자신의 헛점을 스스로 발견할 수도 있고, 상대의 논리의 빈틈을 공략할 수도 있다. 토론의 진짜 목적은 '싸움'이 아니라 '배움'이다.

아마도 사람들이 가장 많이 경험하는 토론이 TV에서 보는 간접 경험일 것이다. 한국의 TV 토론은 정치적 이슈가 많다 보니, 싸움하는 구도만 보여주고 상대의 주장이 더 논리적이어도 수긍하지는 않는다. 상대 얘기를 제대로 듣지 않는 듯한 토론이 한국의 TV 토론이기도 하다. 토론 상대가 아니라 그 토론을 지켜보는 자신의 지지자나 자신이 속한 그룹에게 말하는 식이다. 그러니 공방만 오갈 뿐이다. 토론을 아무리 해도 의견이 좁혀지지 않고 평행선만 달린다. 토론자가 멍청해서도 아니고, 귀를 막아서도 아니라, 토론 쇼이기 때문이다. 그렇기에 사람들은 TV에서 본 토론 경험을 지워야 한다. 토론을 통해 상대의 주장을 받아들일 줄도 알고, 언제든 더 논리적이고 더 나은 대안을 찾는 열린 태도를 가진 토론을 해야 한다.

공부 공동체에서 독서 토론도 하고 다양한 교육도 하는데, 여전히 일방적 강의식 수업이 많다. 발표를 하더라도 각자 순서대로 돌아가며 말하는 정도인 경우가 많다. 공방하며 논리를 주고받는 경우는 적고, 설령 공방이 있어도 한두 번 주고받다가 금세 결론을 내려버리기도 한다. 그건 그만큼 비슷한 사람끼리 모여 있다는 의미기도 하고, 토론에서 공방하는 것을 부담스러워하기 때문이다. 그런데 이런 토론은 공부법으로서는 아쉬운 토론이다. 학술 토론에서도 학계 선후배, 사제 관계가 얽혀 있는 경우엔 너무 순한 토론을 한다. 치열하게 공방하는 경우는 별로 없다. 결국 '싸움'을 피하려다 '배움'도 손해본다.

토론을 잘 하기 위해서라도 공부 공동체는 수평적이어야 한다. 누구든 권위나 위계에 주눅들지 않고 더 나은 대안과 방향을 언제나 얘기할 수 있어야 한다. 글로벌 기업들이 조직의 수평화를 중요한 문화로 다루는 이유도 더 나은 성과를 위해서다. 수평화가 곧 성과주의가 되기도 한다. 공부 공동체는 다양성도 중요하다. 비슷한 사람끼리 모여서 비슷한 관심사로 비슷한 것만 공부하면 어떨까? 일사분란하게 잘 되긴 한다. 하지만 공부의 폭이나 깊이의 한계가 생긴다. 끼리끼리만 놀지 말란 얘기다. 시작은 끼리끼리 했어도 확장해야 한다. 애들만 싸우면서 크는 게 아니라, 어른도 토론으로 잘 싸우면서 커야 한다.

토론은 가장 오래된 공부법이다. 하지만 현대의 학교 교육에선 효율성, 생산성 등의 이유로 선호하지 않는 공부법이 되었다. 일방적인 정보 전달을 하는 선생은 차고 넘친다. 오프라인에도 많고, 온라인에도 너무 많다. 그런 선생과 하는 강의식 수업은 너무 익숙하고 경험도 많은데, 토론을 잘 이끌어내고, 토론하며 생각을 주고받으며 지식정보가 심화되는 경험은 부족하다.

공부 공동체에서 토론의 경험을 확대하려면 퍼실리테이터 역할을 하는 사람이 많아야 한다. 티처Teacher가 지식전달자이자 지시자 역할인 것과 달리 퍼실리테이터Facilitator는 조력자, 협력자의 의미로 일이 원활하게 잘 되도록 촉진하는 역할이다. 기존 교육에선 티처를 통해 학습능력 향상이 가장 중요했다면, 앞으로는 학생의 배움을 돕는 조력자로서 퍼실리테이터가 중요해진다.

퍼실리테이터는 강의, 워크숍, 회의, 포럼, 콘퍼런스 등 다양한 교육 현장에서 중요한 역할을 한다. 초중고 학교의 입시 교육과 달리 기업의 교육에선 퍼실리테이터가 교육을 이끄는 경우가 많다. 일방적으로 지식을 하달하는 것이 아니라, 생각을 꺼내고 모아가게 하는 역할이 필요한 건 학교 교육과 달리 이미 정해진 답이 아니라 더 나은 답으로 유기적 진화를 해야 하기 때문이다. 대학에서도 교수는 퍼실리테이터 역할이 중요하다. 일방적 지식 전달만이 아니라 원활한 토론을 이끌어 학생들이 문제의식을 심화시키고, 더 성장하도록 유도해야 한다. 그래서 미래의 교육에선 티처가 아닌 퍼실리테이터가 중요해진다. 결국 토론이 중요해지고, 함께 공부하는 것이 중요하다는 의미다.

질문이 선생이다

: 아웃스탠딩 티처는 답이 아니라 질문에 강하다

우린 답을 주는 선생만 익숙하다. 공교육에서 토론이 소외되었듯, 질문도 마찬가지다. 플라톤과 소크라테스는 질문을 지혜를 심화시키는 열쇠로 여겼다. 레오나르도 다빈치는 "유능한 사람에게 알고자 하는 욕망은 자연스러운 것이다"라고 했다. 아인슈타인의 특수상대성 이론은 학창 시절 하나의 질문에서 시작되었다. 스위스 칸톤학교 학생이던 아인슈타인은 '거울을 들고 빛의 속도보다 빠르게 운동한다면 거울에 비치는 상은 어떻게 될까?'라는 창의적인 의문을 갖게 된다. 15세 학생이 풀긴 어려운 의문이지만, 그 호기심이 이후 그의 학습과 연구를 이끄는 촉매가 되었고 결국 특

수상대성 이론을 완성하기에 이른다.

질문이 있으면 답을 찾아가게 된다. 토론과 질문은 가장 좋은 공부법이다. 유대인의 전통적 교육법 중 하나가 서로 질문하고 토론하는 것이다. 질문에 대한 대답을 평가하지 않고, 오히려 질문 자체를 평가하기도 한다. 답은 검색을 통해서도 찾아낼 수 있지만 질문은 문제의식이다. 모르는 것을 모른다고 하고, 궁금한 것을 질문하여 알아가는 사람들은 그렇지 못한 사람에 비해서 더 많은 것을 이룰 수 있다. 답을 찾고 싶다면 먼저 질문부터 찾아야 하고, 질문을 잘 찾으면 더 좋은 답이 나온다.

국내 최고의 기업에서 강연을 하더라도, 국내 최고 대학에서 강연을 하더라도, 강연이 끝나고 질문 시간이 되면 청중은 과묵해진다. 다 알아서 그런 게 아니다. 모르는 게 있어도 질문하지 않는다. 스스로 자기 검열을 한다. 남들 다 아는데 나 혼자 몰라서 묻는 거면 어쩌지, 끝나는 분위기인데 괜히 질문해서 시간 끌어 남들한테 눈총받으면 어쩌지, 내가 질문해도 될 위치인가, 누가 대신 하겠지 등 질문하기 전에 생각이 너무 많다. 질문을 편하게 하면서 자라지 못했기 때문이다.

유대인 부모는 아이가 학교에서 돌아오면 가장 먼저 '오늘 학교에서 무슨 질문을 했니?'라고 묻는다. 반대로 우리나라 부모들은 '학교에서 뭘 배웠니?'를 먼저 묻는다. 우리나라 부모는 아이의 호기심이나 궁금증보다 선생님에게서 배운 학습을 더 중요시한다. 주입식 교육에 길들여졌기 때문인데, 이럴 경우 아이는 절대로 선생님보다 많은 것을 알지도 못할 뿐더러 수동적으로 배우는 것에만 익숙해진다.

질문하는 아이로 키우는 것은 중요하다. 질문이 없는 아이는 호기심도 없고, 스스로 답을 찾기보단 선생이 주는 답에 의존한다. 간혹 아이에게 '쓸데없는 질문 하지 마'라고 얘기하는 부모가 있다. '넌 궁금한 게 많아서 먹고 싶은 것도 많겠다'며 호기심을 비아냥거리는 사람도 있다. 작가인 플로렌스 호위 홀은 "아이들이 질문을 한다고 나무라는 것은 잘못이다. 그것은 숨을 쉬거나 생각을 한다고 나무라는 것이나 마찬가지다"라고 했다. 세상에 태어나 새로운 것을 가장 적극적으로 접할 시기가 아이 때다. 당연히 호기심도 많고 엉뚱한 질문도 많이 할 수 있다. 그게 당연한 것이고 그런 과정을 거치면서 아이의 뇌도 창의력도 진화하고, 공부의 즐거움도 알아간다. 그런데 그걸 막는다면 어떻겠는가?

도요타 자동차에서는 문제 해결을 위해 다섯 번 '왜'라고 묻는다고 한다. 보통 문제에 대한 의구심을 한두 번 가지다 말기 쉽다. 그러면 문제의 깊은 곳까지 들여다보지 못하고 중간에서 대충 답을 내리거나 포기하는 경우가 생긴다. 다섯 번의 질문은 같은 질문을 반복하는 것이 아니라, 점점 심화되는 질문들이고, 앞선 질문의 답에서 그다음 질문이 연결된다. 숨겨진 답을 찾거나 이면을 통찰하는 데도 이런 질문 방식은 유용하다.

삼성 이건희 회장도 다섯 번에 걸쳐 '왜'라고 묻는 것을 사물의 본질 파악 수단으로 활용했다. 이를 순차적 탐색방법이라고 하는데, 더 정확한 답을 찾아내서 문제를 해결할 수 있게 만든다. 다섯 번 정도 왜라고 물으면 웬만한 일은 본질을 파악할 수 있다. 끊임없이 묻기 힘들다면, 다섯 번만이라도 물어보자.

첫째, 왜 그런가?
둘째, 이 정도로 괜찮은가?
셋째, 무언가 빠뜨린 것은 없는가?
넷째, 당연하게 생각하는 것들이 정말 당연한 것인가?
다섯째, 좀 더 좋은 다른 방법은 없는가?

모든 비즈니스는 질문이자 문제의식에서부터 시작된다. 당신이 하는 공부가 투자든, 비즈니스든, 자신의 몸값을 높이는 것이든, 실용적 목적이라면 더더욱 질문해야 한다. Part 1에서 ChatGPT 얘길 하면서도 질문 만드는 능력이 점점 더 중요해진다고 했다. 답은 인공지능이 잘 찾아낸다. 인공지능이 못하는 건 질문하는 것이고, 누가 더 문제의식이 있고, 더 날카로운 질문을 하느냐에 따라 기회를 선점할 수 있다. 질문이 곧 진짜 공부다. 질문을 주도하는 자가 아웃스탠딩 티처다.

당신과 함께 밥 먹는 사람이 당신의 선생이다

선생은 학교에만 있는 게 아니다. 학교가 아닌 곳에서 우린 수많은 선생을 만나야 한다. 그것도 아주 일상적으로 만나야 한다. 내가 모르는 것을 아는 사람이라면 다 선생이 된다. 나보다 훨씬 후배여도 내가 해보지 않은 경험을 했거나, 내가 모르는 분야의 전문가라면 나에겐 선생이다. 이런 선생을 만나 새로운 얘길 듣는 것도 공부다. 물론 책 읽기를 좋아하고, 문해력도 이해력도 좋다면 사람을 만나서 대화로 듣는 것보다 책에서 더 많은 인사이트를 얻을 수도 있다. 하지만 책에 없는 생생한 현장의 얘기나 아주 최신의 얘기는 그걸 아는 사람이 최고의 선생이다. 공자의 명언 "세 사람이 걸어가면 그중에 반드시 나의 스승이 있다"는 여전히 유효하다. 자신의 전문 분야 하나만 깊이 알고, 다른 분야는 전혀 모르는 사람은 점점 한계가 커진다. 기술도 산업도 경제도 다 경계가 사라지고 통합, 융합되는 시대다 보니 우린 깊이 있는 전문 분야를 가지면서 동시에 다양한 분야에 대한 폭넓은 식견도 필요해졌다.

스타벅스 CEO 하워드 슐츠는 매일 다른 사람과 점심식사를 하는 것으로도 유명하다. 점심식사가 밥을 먹는 자리이기보다 다른 사람의 생각을 듣고 시각을 넓히는 자리인 셈이다. 성공한 CEO나 리더, 전문가 중에 식사 시간에 다양한 사람과 식사하는 이들이 많다. 밥만 먹는 게 아니라 생각을 나누고, 서로 배우는 자리인 것이다.

여러분의 식사 시간은 어떤가? 매번 다른 사람과 먹을 수 없다면, 적어도 매번 다른 주제로 얘기를 해보려는 노력은 해볼 수 있지 않을까? 모두가 하워드 슐츠처럼 밥 먹자는 게 아니다. 사람의 성향에 따라 각자의 방식을 찾으면 된다. 혼밥 하면서 TED 강연을 한 편씩 봐도 좋다. 혼밥 하면서 스마트폰으로 유튜브 콘텐츠나 드라마, 영화 보는 이들이 많은데 이왕 뭔가를 본다면 짧고 임팩트 있게 인사이트를 주는 TED 강연이 점심 시간에 우리가 만날 선생으론 좋다. 물론 공부하기 싫은데 억지로 하는 사람들은 절대 밥 먹으면서 TED 강연 보지 마라. 체한다. 중요한 건 배우려 마음 먹는다면 너무 많은 선생이 우리 주변에 있다는 사실이다. 스마트폰 안에 전 세계 모든 전문가와 석학이 당신의 선생이 되어줄 수 있는 시대다.

어느 한 분야의 전문가가 되려면 얼마의 시간이 필요할까? 누군가는 1만 시간이 필요하다고 하고, 누군가는 10년이라고 얘기하기도 한다. 그만큼이 아니어도 몇 년만 투자해도 다른 분야 사람들이 알 수 없는 것을 아는 데는 무리없다. 누군가가 몇 년을 걸려서야 알 수 있는 인사이트를 같이 밥 먹으면서 조금씩 흡수한다면 그보다 더 이득이 어디 있겠는가? 그렇다고 대단한 전문가들을 만나야만 인사이트가 생기는 게 아니다. 서로 주고받을 수 있는 사이면 충분하다. 우리가 다른 사람들과 어울려야 하는 이유다.

점심이든 저녁이든 함께 밥 먹고 식견을 나누고, 토론도 할 수 있는 사람이 새로운 것을 더 먼저, 더 잘 받아들이는데 유리하다. 당신이 하고 싶은 것을 이미 이룬 사람들과 이야기하는 것은 가장 중요한 배움일 수 있다. 그런 사람을 교육기관에서 선생으로 만나도 좋고, 일하면서 선배나 상사로 만나도 좋고, 독서모임이나 각종 취향 커뮤니티, 사교모임, 공부 공동체 등에서 동료로 만나도 좋다.

철강왕 앤드루 카네기Andrew Carnegie, 1835~1919의 묘비에
는 "여기, 나보다 현명한 사람을 주위에 모으는 기술을 알
고 있었던 한 인간이 잠들어 있다"라고 적혀 있는데, 이 문
장은 카네기가 생전에 직접 썼다고 한다. 카네기는 19세기
에서 20세기 초반의 인물이다. 만약 그가 지금 살아 있다면
누구나 공짜로 TED나 유튜브, MOOC에서 세계적 전문가
와 석학의 강연을 볼 수 있고, 전 세계 어디에 있는 전문가
든 연락을 주고받을 수 있는 시대라는 사실을 부러워하지
않을까? 물론 공짜에는 한계가 하나 있다. 적극적이고 강력
한 의지가 있어야만 공짜에서도 좋은 배움을 얻는다. 그래
서 모두가 TED나 유튜브, MOOC만으로는 안 된다. 세상
의 수많은 책을 다 접할 수 있더라도 안 된다. 사람이 필요
한 것이다. 우리의 부족한 의지를 채워줄 사람의 역할이 필
요하다.

당신에게 필요한 교육기관을 고르고, 좋은 선생을 찾고,
교육을 위해 돈과 시간, 노력을 투자하듯이 당신이 함께 밥
먹고 어울려 토론하며 사고를 확장시킬 사람을 찾는 것도
중요하다. 이것도 일종의 공부 공동체다.

독서모임 트레바리는 1시즌(4개월)에 23~35만 원을 내

야 한다. 각 분야의 전문가인 클럽장이 있는 클럽이 더 비싼데, 전문가와 함께 어울리고 인사이트를 나누는 가치가 포함되어서다. 대개 10여 명이 정원이다. 너무 많으면 토론이 원활치 않기 때문이다. 1시즌이면 한 달에 한 번씩 4번을 독서토론을 위해 모인다. 한 달에 한 권을 읽고 한 달에 한 번(보통 3시간)을 모이는 데 돈을 내는 것이다. 읽을 책을 사는 비용은 각자가 별도로 부담한다. 1시즌에 보통 2번 정도 독서모임 외의 번개를 한다. 서로 다른 직업, 다른 전문성, 다른 관점을 가진 사람들이 어울려 책 얘기, 자신의 얘기를 나누는 데 돈을 쓰는 것이다.

전국에 수많은 독서모임이 있는데, 트레바리가 참가비가 가장 비싸고, 가장 안정적으로 토론이 이뤄진다. 비싸니 진입장벽이 있는 셈이고, 단순한 친목 도모가 아니라 사고의 확장이자 새로운 인사이트를 얻는 데 적극적인 사람들이 주로 온다.

허준이 교수와
옥효진 교사의 공통점
: 함께 공부하는 즐거움의 가치를 안다

수학계의 노벨상이라 불리는 필즈상을 받은 미국 프린스턴 대 허준이 교수가 언론 인터뷰에서 수학의 매력을 공동 연구라고 한 대목이 있다. "혼자 하는 것보다 동료들과 함께 생각하는 것이 훨씬 효율적이고 멀리 갈 수 있고 깊이 들어 갈 수 있어서다. 대부분의 연구마다 공동 연구자들과 말을 주고받으며 새로운 아이디어를 이끌어냈고 그 과정 모두가 소중하다." 그리고 한국에서 초중고 다닐 때 한 반에 50명 씩 모여 종일 생활을 같이 하면서 서로 알아가는 과정이 지 금의 자신으로 성장하는 데 자양분이 되었다고도 밝혔다.

세계적 수학자가 중요하게 꼽은 것이 '함께 공부하는' 환경이었다. 공교육이 줄 수 있는 최고의 덕목은 '함께 공부하는' 경험을 만들어주는 것이기도 하다. 공교육의 교육 콘텐츠가 아니라, 공교육이 학생들을 한 반에 '모아놓는' 환경이다. 이는 반대로 보면 공교육이 공부 공동체를 학생들에게 경험시키는 것이 가장 중요한 일이 아닐까 하는 생각도 하게 만든다.

허준이 교수는 미국에서 태어나 국적은 미국이지만, 초등학교부터 대학원 석사과정까지 한국에서 했다. 하지만 그가 수학자가 되는 데 한국의 공교육이 기여한 건 솔직히 크지 않았다. 학교에서 하는 수학은 다 입시로 귀결되기에, 한국의 수학 교육방식을 좋아하지 않았고, 고등학교 때 입시 위주의 한국 교육시스템에 적응하기 힘들어 자퇴했다고 한다. 검정고시를 치고 서울대에 갔는데 수리과학부가 아니라 물리천문학부다. 수학을 복수 전공하긴 했지만, 수학자의 길을 걸을 생각은 하지 않은 채 대학에 들어간 셈이다.

허준이 교수가 학부 4학년일 때, 세계적 수학자이자 필즈상 수상자인 하버드대 명예교수 히로나카 헤이스케 교수가 초빙석좌교수로 서울대에서 학생들을 가르쳤다. 세계적인 교수의 수업이라 수강신청자가 많았는데, 막상 수업을 하고 나니 너무 어려워서 전공 학생 대부분이 수강을 철

회했지만, 허준이 교수는 끝까지 수업을 들었다. 학생회관에서 혼자 식사하는 히로나카 헤이스케 교수에게 같이 먹자고 했고, 매일 점심을 함께 먹었다고 한다. 이때를 계기로 수학자의 길로 나서기로 했고, 히로나카 헤이스케 교수의 조언대로 서울대 대학원 수학과 석사과정에 진학했다.

만약 4학년 때 히로나카 헤이스케 교수를 만나지 않았다면, 우린 수학자 허준이를 만나지 못했을 수 있다. 수학에서 세계적 재능을 가진 그를 만약에 대학 4학년 때가 아니라 중고등학교 때 재능을 발견해 수학자의 길에 좀더 일찍 나섰더라면 어땠을까? 모든 건 가정이다. 하지만 분명한 건 세계적 수학자의 재능을 한국 공교육에선 전혀 발견하지도 살려주지도 못했다는 점이다.

"수학은 인문학이라고 생각합니다. 천문학, 물리학 등은 자연이 만든 대상을 연구하는데 수학은 사람이 만들어낸 걸 연구해요. 그런 면에서 철학, 문학과 오히려 결이 비슷하죠."

흥미롭게도 허준이 교수는 〈조선일보〉와 한 인터뷰(2022. 1. 1.)에서 수학이 인문학이라고 말한다. 그 말을 들으니, 수학 연구에서 함께 연구하고 공부하는 것이 왜 효율적이라고 했는지 이해가 되었다. 만약 학교에서 우리에게 수학을 인문학으로 이해하고 공부하게 해줬더라면 어땠을까? 수학에 대한 스트레스이자 트라우마를 가진 사람이 꽤 줄어들지 않았을까? 물론 수학만 그렇겠는가? 입시 구조가 공부하는 즐거움을 제대로 주지 못한 것이다.

부산 송수초등학교 옥효진 교사는 학생들에게 특별한 금융교육을 한다. 수업 시간에 한정된 교육이 아니라 담임으로 맡고 있는 반을 하나의 국가로 규정하고, 학생들이 직업도 가지고, 월급도 받고, 세금도 내고, 투자도 한다. 세금을 장부에 기입하고 관리하는 국세청, 미세먼지 알림판을 수정하고 환기를 담당하는 기상청, 학생들의 제출물을 정리하는 통계청 등 여러 부처가 있고 그 역할을 담당하는 직업이 있다.

학생들은 직업에 따라 월급을 받는데, 그 돈은 학급 내에서만 통하는 화폐다. 매월 월급날이 되면 학생들의 월급에서 15%의 소득세가 원천징수되고, 전기요금, 건강보험료, 자리임대료 등 세금도 낸다. 자연스럽게 직업과 노동, 월급과 세금, 실수령액 등을 이해하게 되고, 저축과 투자 상품도 있어서 각자 돈을 투자한다. 가령 선생님의 몸무게 증감을 마치 주식처럼 투자하는 상품으로 만들어 연휴나 명절이 있거나, 다이어트를 하거나 등 관련 정보를 매주 공개하고 이를 학생들이 참고해 예측하고 투자한다.

유튜브채널 '세금 내는 아이들'을 통해 이런 내용을 공유하는데, 구독자가 16만 5,000명 정도다. 이런 교육 사례가 알려지며 2019년 대한민국 경제교육대상 '대한상공회의소 장상', 2020년 대한민국 경제교육대상 '경제교육단체협의회 회장상'을 받았고, EBS 원격교육연수원 '돈으로 움직이는 교실 이야기' 직무연수 강사 활동도 하고, tvN 〈유 퀴즈 온 더 블럭〉에도 출연하여 학급 화폐를 이용한 금융교육 방식은 더 널리 알려졌다. 이를 참고해 금융교육, 경제교육을 하는 교사들이 늘어나는 데 기여했다.

옥효진 교사의 방식에서도 가장 중요한 건 공부 공동체다. 이론적인 교육이 아니라 실생활에서 몸소 겪는 현장 교육을 위해선 함께 참여하고 경험하며 공부하는 동료가 필요하다. 옥효진 교사 사례에서 무엇이 느껴지는가? 아마 두 가지일 것이다. 이런 선생은 당신의 교실에는 없다는 것과, 함께 어울려 실전 같은 금융교육을 하면 쉽고 재미있게 투자와 세금 등에 대해 배울 수 있겠다는 것 아닐까?

우린 계속 성장하기 위해서 계속 공부하는 사람이어야 하는데, 이를 위해선 공부 공동체가 필요하다. 혼자서는 힘들다. 왜냐하면 우린 함께 살아가는 세상에 존재하기 때문이다. 어떤 사람도 혼자서 살아갈 수도, 성장할 수도, 돈 벌

수도 없다. 아마 자신은 혼자서 잘 살아왔다고 얘기하는 사람도 있겠지만, 과연 당신이 먹은 음식은 누가 만들었는가? 누가 그 음식 재료를 농산물로 재배했는가? 당신이 사업을 하면 그 물건과 서비스는 누가 사줬는가? 당신이 주식에 투자했다면, 투자한 그 회사는 누가 일하고 누가 돈을 벌어 기업 가치를 높이는가? 당신이 책을 쓰면 그 책은 누가 사주고 읽어줬는가?

우린 절대 혼자서 살아갈 수 없다. 깊은 산속에 완전 고립된 자연인으로 자급자족하는 삶이 아니고선 우린 함께 살아가야 하고, 사회와 타인에게 도움을 주고받으며 공동체 속에서 살아간다. 쉬운 것을 해야 즐거운 게 아니라, 어려운 것도 함께 '서로를 챙겨가며' 하면 즐거워진다. 공부도 놀이처럼 어울려 한다면 우린 더 많은 것을 배울 수 있다.

내 미래는 내가 바꾼다,
내 선생도 내가 바꾼다!

[1]

선생에게 맡기는 시대에서 내가 선생이 되는 시대로 가고 있다. 학생과 선생의 경계가 사라지는 시대, 당신이 프로페셔널 스튜던트로 거듭났다고 확신이 든다면, 이제 아웃스탠딩 티처로 진화를 시작하라. 당신 자신을 위한 특별한 선생이 되기 시작하라. 당신과 함께 공부하는 사람들을 위한 특별한 선생이자 조언자, 퍼실리테이터가 되기 시작하라. 당신의 가치를 더 높여줄 진짜 공부이자 진화를 시작하라. 당신에게 가장 필요한 선생은 당신이 가장 잘 안다. 혼자 공부하기 힘들면 공부 공동체로 함께 하면 된다. 우린 역사상 가장 공부하기 좋은 시대를 맞았다. 이런 절호의 찬스를 그냥 보내선 안 된다.

[2]

세상이 빨리 바뀐다는 것은 그만큼 변화가 만들어내는 기회를 잡을 찬스도 많아졌다는 의미다. 반대로 보면 기회를 잡고 놀라운 성공을 거둔 사람들을 보며 부러워하고 배 아파할 기회도 더 많아진다는 의미다. 당신은 어떤 삶을 살고 싶었는가? 과연 지금은 어떤 삶을 살고 있는가? 사람들은 자신이 세운 목표와 현실이 어긋나면 두 가지 중 하나를 선택한다. 목표를 위해 현실을 바꾸려 부단히 노력하는 선택과, 목표를 잊고 현실에 안주하며 스스로를 위안하는 선택이다. 사람은 나이가 들어서 늙는 게 아니라 꿈을 포기하는 순간 늙는다. 계속 도전하고, 새로운 공부를 하며 성장하는 사람은 나이와 상관없이 청년이다. 그래서 프로페셔널 스튜던트는 영원히 청년이다.

당신은 왜 공부하는가? 당신은 왜 미래를 대비하려는가?

무엇을 진짜 이루고 싶은가? 당신에게 성공한다는 것은, 꿈을 이룬다는 것은 어떤 의미인가? 스스로에게 꼭 물어보고 답을 찾아보라. 이 답을 명확히 갖고 있지 않은 사람의 공부는 방향도, 목적도, 전략도 모호할 수밖에 없다. 우리에게 공부는 미래로 가는 길을 만드는 일이기 때문이다.

꿈을 포기하는 것보다 더 안쓰러운 것이, 꿈을 내려놓고서 '꿈 이뤄가며 사는 사람이 얼마나 있겠냐', '난 그냥 소박하고 평범하게 사는 게 좋다'고 말하는 것이다. 꿈을 이루지 못할 것 같아 포기하면서, 자존심 세우듯 자기 위안하는 것이 안타깝다. 당신이 포기하는 순간 그대로 꿈은 끝이다. 당신의 미래도 지금에서 더이상 진전되지 않는다. 당신이 포기하지 않는 한 꿈도 계속 살아 있다. 가능성이 낮다고 불가능한 건 아니다. 하지만 포기하면 아예 가능성이 제로가 된다.

[3]

경남 MBC가 2022년 연말에 경남 지역에만 방송한 다큐멘터리 〈어른 김장하〉는 입소문이 나고 재방송 요청이 늘어나자, MBC가 2023년 1월에 전국적으로 방송했다. 경남 진주에서 60년간 남성당한약방을 운영해온 김장하 선생은 자신이 세운 고등학교를 국가에 헌납(당시 가치로 100억 원 이상)한 것을 비롯해 권력이 무서워할 것이 하나는 있어야 한다며 지역언론 운영비를 댔고, 오갈 데 없는 여성을 위한 피난시설을 만드는 비용을 댔고, 문화 예술, 언론, 환경, 노동, 교육 등 지역의 수많은 분야에 돈을 댔다. 보상을 전혀 바라지 않고 자발적으로 물주 역할을 한 것인데, 이런 미담이 쏟아지는 사람이면서도 평생 인터뷰도 하지 않고 자신을 드러내지 않았다. 2022년 5월 말 자신이 세운 한약방 문을 닫고, 자신이 만든 남성문화재단을 경상국립대에 기증하고 나서야 그의 행적은 인터뷰에 담기고 다큐멘터리로 만들어질 수 있었다. "아픈 사람으로 벌어들인 돈이니까 병든 사회를 고치는 데 썼다"는 그의 말은 울림이 컸다.

당신은 어떤 삶을 살아갈 것인가? 당신은 이 세상에, 타인에게, 아니면 지인들에게 어떤 사람으로서 어떤 영향을 주고 살아갈 것인가? 위대해지자는 것이 아니고, 완벽한 사람이 되자는 것도 아니다. 우리는 각자가 다 옳다. 각자가 생각하는 삶을 살아가면 된다. 자신의 소신을 당당히 지키며 살아가면 된다. 김장하 선생만큼 이효리도 참 좋은 선생이다. 자신의 유명세를 사회적 영향력으로 행사하는 경우는 많다. 그중 이효리가 눈에 띈다. 화려하고 요란하지 않게, 조용히 영향력을 드러낸다. 그녀가 반려동물을 대하는 태도와 사회적 약자를 대하는 태도, 환경에 대한 행동은 본보기로서 충분히 선생이고 어른이다. 우린 함께 살아간다. 우리 모두 누군가에게 영향을 주고, 영향을 받으며 살아간다.

당신의 미래는 현재의 당신이 설계하고 만들어가야 한다. 다른 사람에 의해 당신의 미래가 만들어져선 안 된다. 우리가 성장하고 더 나은 미래를 만들어가려는 이유는, 자신의 소신을 지키며 당당히 살아가기 위해서다. 미래의 당신이 현재의 당신을 보며 감사해할 수 있길 응원한다.

Part 1

당신은 선생을 버릴 수 있는가?

: 선생을 버려야 하는 진짜 이유 네 가지

__ 범용 AI의 선두주자 GPT-3가 가져온 충격, 2020년 10월호, 나라
경제

__ '인간의 뇌' 닮은 초거대 AI가 온다, 2022.8.29, 한경닷컴

__ MS, '챗GPT' 개발 오픈AI에 새로운 투자 발표…12조원 규모,
2023.1.24, 연합뉴스

__ '시 쓰고 그림 그리고…' 한국도 초거대 AI 개발 '불' 붙었다,
2022.7.22, 중앙일보

__ AI가 작성한 글 구별할 수 있을까?, 2022.6.2, AI타임스

___ "초거대AI로 우리 생활 큰 변화…지금 AI팀 잘 못 꾸리면 낭패", 2022.9.13, ZDnet Korea

___ 어디에 쓰일까? 챗GPT 비즈니스 활용 전망, 2022.12.30, ZDnet Korea

___ "2시간 걸리던 코딩 2분 만에"…AI 기반 개발 시대 열려, 2022.5.25, ZDnet Korea

___ 대화형 AI 챗GPT, '구글 천하' 끝장낼까, 2022.12.23, ZDnet Korea

___ 우리가 알던 프로그래밍의 종말, 개발자의 새 역할은, 2022.12.29, ZDnet Korea

___ '챗GPT 시대'에 배운다는 의미는 뭔가, 2023.1.6, ZDnet Korea

___ 챗GPT 하루 이용자 1천만명 넘어섰다, 2023.1.26, ZDnet Korea

___ 인공지능이 만든 '휠 디자인' 현실로 탄생!…아우디, 데이터 중심 기업으로 "모든 부서에서 AI를 활용하는 것!", 2022.12.17, 인공지능신문

___ "AI 하나가 1만명 대체한다"…세계 최고 MBA 시험 통과한 인공지능, 2023.1.25, 한국경제신문

___ "인공지능 챗GPT 등 2종, 美의사시험 합격 수준", 2023.1.25, 코메디닷컴

___ "이것도 알아?" 교육 패러다임 바꾸는 챗GPT의 출현, 2023.1.16 (2742호), 주간조선

___ 바른사회운동연합 "교육부 해체·대학 절반 줄여야", 2017.4.25, 한국대학신문

___ 포스트 코로나 시대, 요구되는 교사 전문성과 교사상, 〈서울교육〉

2021 봄호 (242호), 서울특별시교육청 교육연구정보원

__ 교직 만족 33%로 곤두박질…"스승의 날 없애자" 말 나온 이유,
2022.5.15, 중앙일보

__ 교원 및 교직환경 국제비교 연구: TALIS 2주기 결과를 중심으로,
2015.12, 한국교육개발원(KEDI)

__ 교원 및 교직환경 국제비교 연구: TALIS 2018 결과를 중심으로(I)
, 2019.12, 한국교육개발원(KEDI)

__ "교과 중심만으론 못 푸는 수능, 수명 다했다", 2021.12.13, 경향신문

__ 왜 학교는 '쓸데 있는 지식'을 가르쳐 주지 않을까, 2022.12.24, SBS

__ 최재천 교수 "현 교육시스템 깨부수고 학생들에게 자유를"[박주
연의 메타뷰(VIEW) (12)], 2022.5.29, 경향신문

__ 어느 대학 나왔나요? 묻지 않는 세상이 온다, 2022.6.17, 시사IN

__ 이주호 인터뷰 "지금 초등생이 대학갈 땐 수능 없을 것", 2022.12.13,
국민일보

__ '사교육의 괴수'가 사교육 붕괴를 말하다, 2022.6.24, 시사IN

__ 교수 식당이 대학을 죽인다, 2022. 6.15, 경향신문

__ '말총머리' 바조가 집으로 초대한 한국인 교수가 있다?[칼치오위
클리], 2021.6.20, 골닷컴

__ https://www.goal.com/kr/뉴스/말총머리-바조가-집으로-초대한-
한국인-교수가-있다칼치오위클리/wm95653cafau139tmevrzzs6o

__ 성기선 교수 유튜브채널 기선TV https://www.youtube.com/
channel/UC7YsX4CgXM5062g4XbkHZkw

__ Would ChatGPT3 Get a Wharton MBA?, Christian Terwiesch,
Mack Institute for Innovation Management at the Wharton

School, University of Pennsylvania, 2023. 1

__ Performance of ChatGPT on USMLE: Potential for AI-Assisted Medical Education Using Large Language Models, medrxiv, 2022.12.19

__ Sam Altman: This is what I learned from DALL-E 2,December 16, 2022, MIT Technology Review

__ It's the end of programming as we know it -- again, Dec. 28, 2022, ZDNET

__ https://www.technologyreview.com/2022/12/16/1065255/sam-altman-openai-lessons-from-dall-e-2/

__ https://en.wikipedia.org/wiki/Henry_Adams

__ https://en.wikipedia.org/wiki/The_Education_of_Henry_Adams

__ https://openai.com/blog/whisper/

__ https://openai.com/blog/chatgpt/

__ https://openai.com/dall-e-2/

Part 2

누가 아웃스탠딩 티처인가?

: 탁월한 선생을 찾기 위한 단서와 전략

__ [베이스볼 비키니] 행동하는 오타니… 목표달성 용지엔 "책 읽자", 2015.12.30, 동아일보

__ 연간 100권 책 읽는 '손흥민 아빠'…그가 새긴 14가지 지침,

2022.5.27, 한겨레신문

__ 메이저리그 단장은 모두 엘리트 출신?, 2015.11.4, 한겨레신문

__ [김인수 기자의 사람이니까 경영이다] 기존 인력으로는 혁신이 불가능하다는 삼성전자 전 CEO의 말, 2018.10.19, 매일경제

__ 삼성 사장님들이 달라졌어요 '꼰대 탈출 작전', 2021.12.28, 조선 일보

__ [CEO 인사이드] "권위적인 삼성 문화, 능력 부족에서 비롯" 전동 수 사장의 일침, 2016.3.29, 서울경제

__ [뉴노멀-실리콘밸리] 스타트업 겨울이지만 혁신의 싹은 튼다, 2023.1.1, 한겨레신문

__ 퇴직 후 고3처럼 공부, 기술·전문지식 익히면 40년 풍요롭다, 2022.9.17, 중앙선데이

__ 美빅테크 '초고속 감원'…나간 직원들은 창업열기 '후끈', 2023.1.4, 연합뉴스

__ 레벨 테스트 보는 대기업…31살 그녀가 최연소 팀장 된 비결, 2022.7.19, 중앙일보

__ 어느 대학 나왔나요? 묻지 않는 세상이 온다, 2022.06.17 (769호), 시사IN

__ 노력의 결과인 출신학교를 '블라인드'하면 역차별?, 2021.9.15, 오 마이뉴스

__ 경력직 채용은 덧셈뺄셈 아닌 화학작용, 상효이재, 257호(2018년 9 월 Issue 2), DBR

__ 《The World Ahead 2023》, Economist, 2022.12

__ The Validity and Utility of Selection Methods in Personnel

Psychology, Frank L. Schmidt & john E. Hunter, September 1998,
Psychological Bulletin

___ 大谷翔平の根っこは菊池雄星という

___ 「教科書」を用いて築かれた, 2019.5.13, Sportiva

___ https://sportiva.shueisha.co.jp/clm/baseball/mlb/2019/05/13/
split_9/

___ ポストゲｌムショｌ（田口壮）大リｌグコｌチは指導しない？
意外な「教え魔」も, 2015年5月17日, 日本経済新聞

___ https://www.nikkei.com/article/DGXMZO86765410U5A510C1
000000/?df=3

___ https://layoffs.fyi

___ https://namu.wiki/w/세이버메트릭스

___ https://namu.wiki/w/빌제임스

___ https://twitter.com/waitbutwhy

___ https://www.instagram.com/jikwon.yoon/

Part 3

스스로 아웃스탠딩 티처가 되라!
: 내가 나의 선생이 될 수는 없을까?

___ 노벨상 수상자 리처드 파인만처럼 공부하는 법?, 2016.12.8, 동아
사이언스

___ '노벨상 수상자가 무용가 될 가능성은 보통 과학자의 22배', 박정

호, 2010.5.22, 중앙일보

__ "빌 게이츠는 어린 시절 제멋대로였던 막무가내 골칫덩어리", 2021.12.10, 조선일보

__ 《창백한 푸른 점》(칼 에드워드 세이건 저, 현정준 역, 사이언스북스, 2001)

__ 《코스모스》(칼 에드워드 세이건 저, 홍승수 역, 사이언스북스, 2004)

__ 《COSMOS》(Carl Sagan, Random House, 1980)

__ 《Pale Blue Dot: A Vision of the Human Future in Space》(Carl Sagan, Random House, 1994)

__ 《파인만 씨, 농담도 잘 하시네!》(리처드 파인만 저, 김희봉 역, 사이언스북스, 2000)

__ 《Surely You're Joking, Mr. Feynman!》(Feynman, Richard P, W. W. Norton & Company, 1985)

__ 《프로페셔널 스튜던트》(김용섭 저, 퍼블리온, 2021)

__ 《페이퍼 파워》(김용섭 저, 살림, 2009)

__ https://openai.com/blog/chatgpt/

Part 4

공부 공동체, 학생과 선생의 경계를 없애라!

: 왜 우리는 함께 공부해야 하는가?

__ "인생도, 수학도 성급히 결론 내지 마세요", 2022.1.1, 조선일보

__ 허준이 "현실에 주눅들지 말고 마음이 이끄는 대로 공부하라",

2022.7.13, 연합뉴스

__ "韓 워렌 버핏 탄생할 수도"…유재석, 교실 속 금융 교육에 '감탄',
2021.10.13, 머니투데이

__ 〈유 퀴즈〉 옥효진 선생님, 교실 속 민주 국가 이야기로 돌아오다!,
2022.5.4, 채널예스

__ '어른' 김장하 "갚아야 한다고 생각하면 이 사회에 갚아라",
2023.1.20, 한겨레신문

__ '교육된 사물들' 연작 중 〈정지용의 시를 배운 돌〉, 김범, 2010

__ 《미라클모닝》(할 엘로드 저, 김현수 역, 한빛비즈, 2016)

__ 《프로페셔널 스튜던트》(김용섭 저, 퍼블리온, 2021)

__ 《생각의 씨앗》(김용섭, 생각의나무, 2010)

__ https://www.instagram.com/giant_4am/

__ https://www.instagram.com/happygrit_kr/

__ https://www.youtube.com/channel/UC_yS9qx6-ZxS67HKPyWeXDg

__ https://www.youtube.com/watch?v=TcKPAl3wuM4

__ 두산백과 두피디아 http://www.doopedia.co.kr

__ www.MKYU.co.kr

__ www.goodjjackworld.co.kr

__ www.trevari.co.kr

더 나아질 미래를 원하는 사람들의 성장코드

아웃스탠딩 티처
OUTSTANDING TEACHER

1판 1쇄 발행 2023년 3월 24일

지은이	김용섭
펴낸이	박선영

편집	이효선
마케팅	김서연
디자인	어나더페이퍼
발행처	퍼블리온
출판등록	2020년 2월 26일 제2022-000096호
주소	서울시 금천구 가산디지털2로 101 한라원앤원타워 B동 1610호
전화	02-3144-1191
팩스	02-2101-2054
전자우편	info@publion.co.kr

ISBN	979-11-91587-38-8 (03320)

Trend Insight

더 많은 연결을 위한 새로운 시대 진화코드
언컨택트 / 김용섭(트렌드 분석가) 지음

코로나가 몰고 온 영향과 트렌드를 정확하게 분석한 책!

위기를 기회로 만드는 사람들의 생존코드
프로페셔널 스튜던트 / 김용섭(트렌드 분석가) 지음

코로나 이후 세상, 공부의 맥락을 바꿔야 산다!
위기의 실체를 알고 나를 바꾸는 진짜 공부를 시작해보자!

Z세대, 그들이 바꿀 미래의 단서들
결국 Z세대가 세상을 지배한다 / 김용섭(트렌드 분석가) 지음

미래 한국 사회를 주도할 강력한 진화 세대,
Z세대에게서 변화하는 세상의 미래를 읽어라!

자본주의가 선택한 미래 생존 전략
ESG 2.0 / 김용섭(트렌드 분석가) 지음

팬데믹 이후 급속도로 진화하고 위기가 심화된 세상,
NEXT ESG가 필요하고 NEXT Leadership이 필요하다!

더 나아질 미래를 원하는 사람들의 성장코드
아웃스탠딩 티처 / 김용섭(트렌드 분석가) 지음

내 미래는 내가 바꾼다! 선생을 버려야 진짜 선생을 얻는다!